Début d'une série de documents en couleur

BONS AUTEURS A **1** FRANC LE VOLUME

XAVIER DE MONTÉPIN

# LA PERLE
## DU
# PALAIS-ROYAL

PARIS
A. DEGORCE-CADOT, ÉDITEUR
9, RUE DE VERNEUIL, 9

A l'étranger **1** fr. **25** et par poste

**EN VENTE A LA MÊME LIBRAIRIE**

# ŒUVRES DE CH.-PAUL DE KOCK

AVEC UNE GRAVURE HORS TEXTE

ÉDITION A **2** FRANCS LE VOLUME

| | | | |
|---|---|---|---|
| L'Amoureux transi........ | 1 vol. | Le Petit Bonhomme du coin. | 1 vol. |
| Une Gaillarde............. | 2 » | Mon ami Piffard.......... | 1 » |
| La Fille aux trois jupons. | 1 » | Les Demoiselles de Magasin | 2 » |
| La Dame aux trois corsets. | 1 » | Une Drôle de maison..... | 1 » |
| Ce Monsieur.............. | 1 » | Mme de Monflanquin...... | 2 » |
| La Jolie Fille du faubourg. | 1 » | Maison Perdaillon et Cie.. | 1 » |
| Les Femmes, le Jeu et le Vin................... | 1 » | Le Riche Cramoisan...... | 1 » |
| Cerisette................. | 2 » | La Bouquetière du Château-d'Eau........... | 2 » |
| Le Sentier aux Prunes... | 1 » | La Famille Braillard...... | 2 » |
| M. Cherami.............. | 1 » | Friquette................ | 1 » |
| M. Choublanc............ | 1 » | La Baronne Blaguiskoff.. | 1 » |
| L'Ane à M. Martin....... | 1 » | Un Jeune Homme mystérieux................. | 1 » |
| Une Femme à trois visages. | 2 » | La Petite Lise............ | 1 » |
| La Grappe de groseille.. | 1 » | La Grande Ville.......... | 1 » |
| La Mariée de Fontenay-aux-Roses............. | 1 » | La Famille Gogo......... | 2 » |
| L'Amant de la Lune...... | 3 » | Le Concierge de la rue du Bac.................. | 1 » |
| Papa Beau-Père.......... | 1 » | Les nouveaux Troubadours. | 1 » |
| La Demoiselle du cinquième................ | 2 » | Un petit-fils de Cartouche. | 1 » |
| Carotin................... | 1 » | Sans-Cravate............ | 2 » |
| La Prairie aux coquelicots................. | 2 » | Taquinet le Bossu........ | 1 » |
| Un Mari dont on se moque. | 1 » | L'Amour qui passe et l'Amour qui vient......... | 1 » |
| Les Compagnons de la Truffe................. | 2 » | Madame Saint-Lambert... | 1 » |
| Les Petits Ruisseaux..... | 1 » | Benjamin Godichon...... | 1 » |
| Le Professeur Ficheclaque.................. | 1 » | Paul et son Chien........ | 1 » |
| Les Étuvistes............. | 2 » | Les époux Chamoureau... | 1 » |
| L'Homme aux trois culottes................. | 1 » | Le Millionnaire.......... | 1 » |
| Madame Pantalon........ | 1 » | Le petit Isidore.......... | 1 » |
| Madame Tapin........... | 1 » | Flon, Flon, Flon Lariradondaine................. | 1 » |
| | | Un Monsieur très-tourmenté................. | 1 » |

Il a été tiré, de chaque ouvrage, cent exemplaires sur très-beau papier de Hollande, gravure sur chine, à **5** francs le volume

F. Aureau. — Imprimerie de Lagny.

Fin d'une série de documents en couleur

LA PERLE
DU
PALAIS-ROYAL

LIBRAIRIE DEGORCE-CADOT

# COLLECTION DES BONS AUTEURS
## à 1 fr. le volume
### Étranger et par Poste, *franco*, 1 fr. 25

### GUSTAVE AIMARD
Le Lion du Désert...... 1 vol.

### ÉLIE BERTHET
Le Nid de Cigognes..... 1 vol.
Les Mystères de la famille 1 vol.
L'Étang de Précigny..... 1 vol.
Le Garde-Chasse........ 1 vol.
Le Roi des Ménétriers... 1 vol.

### CHAMPFLEURY
La Succession Le Camus. 1 vol.

### ERNEST CAPENDU
Marcof-le-Malouin....... 1 vol.
Le Marquis de Loc-Ronan 1 vol.

### CHARLES DESLYS
La Jarretière rose....... 1 vol.
L'Aveugle de Bagnolet.. 1 vol.
Simples Récits......... 1 vol.

### ARMAND DURANTIN
Mariage de Prêtre...... 1 vol.
Un Jésuite de robe courte 1 vol.

### Marquis DE FOUDRAS
Les Deux Couronnes.... 1 vol.
Soudards et Lovelaces... 1 vol.
Tristan de Beauregard... 1 vol.
Les Gentilshommes chasseurs............. 1 vol.

### DE GONDRECOURT
Médine............... 2 vol.

### HENRY DE KOCK
Les Amoureux de Pierrefonds............... 1 vol.
Les Mystères du Village. 2 vol.

Ninie Guignon.......... 1 vol.
Une Coquine........... 1 vol.
La Fée aux Amourettes.. 1 vol.
Ma Petite Cousine...... 1 vol.
Marianne.............. 1 vol.
Les Quatre baisers..... 1 vol.
Je me tuerai demain.... 1 vol.
M<sup>lle</sup> Croquemitaine...... 1 vol.
Qui est le Papa ?...... 1 vol.

### ALEX. DE LAVERGNE
Le Comte de Mansfeld... 1 vol.
La Recherche de l'inconnue............. 1 vol.

### XAVIER DE MONTÉPIN
La Sirène............. 1 vol.
Les Amours d'un fou.... 1 vol.
La Perle du Palais-Royal. 1 vol.
Sœur Suzanne......... 2 vol.
Les Viveurs d'autrefois.. 1 vol.
Les Valets de Cœur..... 1 vol.
Un Drame en famille.... 1 vol.
La Duchesse de la Tour-du-Pic.............. 1 vol.
Mam'zelle Mélie........ 1 vol.
Amour de grande dame.. 1 vol.
L'Agent de police....... 1 vol.
La Traite des Blanches.. 1 vol.

### LOUIS NOIR
Jean Chacal........... 1 vol.

### B.-H. RÉVOIL
Chasses et Pêches de l'autre monde........ 1 vol.

### ADRIEN ROBERT
Léandres et Isabelles.... 1 vol.

*A partir d'Octobre 1879, la Collection s'augmentera mensuellement de deux ou trois volumes d'Auteurs choisis.*

F. Aureau. — Imp. de Lagny

XAVIER DE MONTÉPIN

# LA PERLE
DU
# PALAIS-ROYAL

PARIS
A. DEGORCE-CADOT, ÉDITEUR
9, RUE DE VERNEUIL, 9

Tous droits réservés

# LA PERLE DU PALAIS-ROYAL

## PREMIÈRE PARTIE

### LE MOULIN DE JAVELLE

### I

*La taverne du Broc d'Argent.*

Un jour, — il y a de cela trois ou quatre ans, — en feuilletant des Mémoires historiques, j'y trouvai une anecdote de cinquante lignes qui m'intéressa vivement.

Il s'agissait des romanesques amours du prince de Lamballe avec une jeune et ravissante paysanne des environs du château d'Anet, — chastes tendresses, couronnées par un mariage parfaitement légitime quoique non déclaré, — drame intime et charmant, dénoué par une terrible catastrophe.

Ce récit me sembla si touchant, et tout à la fois si dramatique dans sa simplicité, que j'en fis le canevas d'un livre, auquel je donnai le nom de son héroïne, *Geneviève Galliot.*

Ce livre obtint un succès qui dépassa de beaucoup mon attente et que, sans doute, il était loin de mériter.

Depuis lors, mes amis m'ont quelquefois demandé pourquoi je ne donnais pas un pendant à ce médaillon, puisque notre très-haut et très-puissant seigneur, le public, avait pris le premier récit sous sa protection?

A cela je répondais qu'un roman en deux ou trois volumes me semblait beaucoup plus difficile à faire qu'une œuvre de longue haleine, — et que je n'avais pas le temps d'être court.

Quelques-uns eurent la bienveillante indiscrétion de ne point se tenir pour battus, et d'insister.

Une trop longue résistance à leurs désirs aurait été de mauvais goût.

Je cédai.

Et voilà pourquoi *la Perle du Palais-Royal* paraît aujourd'hui.

*La Perle du Palais-Royal* et *Geneviève Galliot* sont deux fleurs d'un même bouquet.

Je souhaite bien vivement qu'on leur trouve, à toutes deux, le même parfum.

§

Vers la fin du mois de juillet de l'an de grâce 1755, sous le règne collectif de madame la marquise de Pompadour et du roi Louis, — quinzième du nom, — entre neuf et dix heures du soir, un personnage assez bizarre arpentait, à grandes enjambées, une petite rue étroite et tortueuse, qui donnait dans le faubourg Saint-Antoine, non loin de la place Royale.

Ce personnage était un homme de haute taille, qu'on eût dit échappé d'une de ces planches de cuivre, où l'énergique et fantasque burin de Jacques Callot gravait ses immortelles fantaisies.

Lorsqu'il venait à passer sous un de ces rares réverbères qu'entretenait si mal la police du temps, et lorsque son ombre se projetait en avant sur les pavés, on n'aurait su dire, vraiment, lequel était le plus long, le plus maigre, le plus dégingandé du corps ou de l'ombre.

Sur les rebords à demi brisés d'un chapeau lampion, enfoncé sur l'oreille droite et penché en avant jusque sur les sourcils, on voyait étinceler deux yeux caves qui semblaient, dans les ténèbres, phosphorescents comme ceux du chat.

La tête était petite, avec de grands traits.

Le nez saillant, osseux, recourbé, — couvert d'une peau tendue et luisante, — s'avançait comme un bec d'oiseau de proie.

La bouche, très-large et garnie de dents blanches, pointues et très-écartées, n'avait pour ainsi dire pas de lèvres.

Cette bouche, quand elle était fermée, ressemblait à la cicatrice d'un coup de couteau.

Le bas du visage était tout à la fois pointu et carré.

Deux grandes moustaches noires, — semblables à celles que portaient messieurs les gardes-françaises, — soigneusement astiquées et retroussées en crocs, donnaient à cette basse et vilaine figure un aspect militaire.

L'ajustement était moitié civil et moitié soldatesque.

L'habit, — dont les galons d'or ou d'argent avaient disparu, — provenait évidemment de la défroque de quelque officier.

Quant à la culotte, — d'un vieux velours miroité et usé jusqu'à la corde, — il aurait été difficile de lui assigner une origine probable.

Une longue rapière, à poignée de cuivre, battait les mollets de notre personnage, — ou plutôt la place où ces mollets auraient dû se trouver.

Tout en marchant, et tout en tracassant de la main droite sa moustache gauche, l'homme que nous venons de décrire fredonnait, sur l'air d'un *Noël* alors à la mode, les couplets suivants :

> Monnaie,
> Monnaie,
> Il n'est pas, sans toi, de bonheur !...
> Tout homme
> Te nomme
> Un vrai brevet de grand seigneur !...

L'homme de mauvaise mine orna de quelques floritures les derniers vers de cette mauvaise chanson.

Puis il reprit :

> Le riche
> Se fiche
> Des tracas et des mauvais jours !...
> Sans cesse
> S'empresse
> Sur ses pas le Dieu des amours !...

Le chanteur, comme pour établir un contraste entre sa propre position et le bonheur qu'il célébrait, frappa légèrement sur ses goussets, d'où ne s'échappa aucun son métallique.

Ceci fait, il continua :

> En course
> Sa bourse
> Se gonfle au lieu de s'aplatir !
> Aucune
> fortune
> Pour lui ne manque d'aboutir !

> Bouteille
> Vermeille

Dans son cellier point ne tarit !...
            Et fille
            Gentille
Tout à belles dents lui sourit !...

— Ah ! coquin de sort !... — s'écria-t-il brusquement en s'interrompant, — de bon vin à discrétion et de belles filles à volonté ! en voilà une existence affriolante !... — malheureusement ce n'est qu'en chansons ! autant en emporte le vent.

Il poussa un profond soupir, tourmenta de plus belle sa moustache qui n'en pouvait mais, et reprit le premier couplet, qui sans doute était aussi le refrain :

            Monnaie,
            Monnaie,
Il n'est pas, sans toi, de bonheur !...
            Tout homme
            Te nomme
Un vrai brevet de grand seigneur !

Au moment où notre personnage achevait le dernier vers, et, selon sa coutume, l'enjolivait de fioritures prétentieuses, il arrivait devant une maison basse et de mauvaise apparence et il s'arrêtait.

Cette maison n'avait qu'un rez-de-chaussée et un étage.

Ce rez-de-chaussée était percé d'une porte et de deux fenêtres.

La porte était close et les volets fermés.

Mais, à travers les fissures de la porte, — à travers les entre-bâillements des volets, — on voyait s'échapper des traînées de lumière, — on entendait s'évaporer des bruits de voix animées, criant, chantant, vociférant.

Une petite enseigne, placée au-dessus de la porte et complètement perdue dans l'obscurité, expliquait ces rumeurs.

Lorsqu'il faisait jour, on pouvait lire sur cette enseigne les mots suivants :

## TAVERNE DU BROC D'ARGENT

L'homme maigre appuya ses longs doigts sur le loquet, — il ouvrit la porte et il entra.

Les plus abominables estaminets des plus boueux quartiers du Paris moderne, — les bouges du quartier des Halles, — les *tapis-francs* que les romanciers ont décrit, — les *souricières* que connaît la police, — ne sauraient donner à nos lecteurs une idée exacte de la taverne du *Broc d'Argent*, dans laquelle nous les introduisons.

Auprès de ce repaire infâme, les divers et ténébreux établissements que nous citons plus haut auraient semblé des merveilles de luxe et de bon goût, — quelque chose de féerique dans le goût des salles mauresques de l'Alhambra.

Qu'on se figure une salle unique, aussi large et aussi profonde que la maison dont elle occupait en totalité le rez-de-chaussée.

Cette salle, aux murailles nues, décrépites et graisseuses, tatouées de dessins obscènes tracés dans son plâtre éraillé avec la pointe des couteaux, avait un plafond noir, à solives saillantes, soutenues par des piliers de bois à peine écarris.

De longs festons de toiles d'araignées pendaient à chaque solive.

Des lampes de fer, dont les godets allongés renfermaient de longues mèches plates, repliées dans l'huile de noix comme des ténias dans des bocaux, se suspendaient à chaque pilier, éclairant la salle jusque dans ses profondeurs les plus reculées.

Un quadruple rang de tables de chênes, — longues, —

étroites, et d'une indescriptible malpropreté, — s'alignaient dans le sens de la longueur.

Les pieds massifs de ces tables étaient scellés dans le carrelage, aussi bien que les bancs et les escabeaux, — utile précaution, qui rendait impossible l'emploi du mobilier comme armes offensives et défensives, dans les rixes fréquentes dont ce bouge était le théâtre.

De distance en distance des gobelets d'étain se voyaient sur les tables, — retenus par de petites chaînettes de fer, afin que les habitués ne pussent point emporter les coupes, après les libations.

Une douzaine de tonneaux et de barils, — de toutes les tailles, et munis de robinets, — contenant du vin et de l'eau-de-vie, s'entassaient les uns sur les autres, dans l'angle de la salle le plus rapproché de la fenêtre de gauche, et à proximité d'un massif comptoir qui supportait des mesures de cinq ou six grandeurs différentes.

Le maître de la taverne du *Broc d'Argent*, petit homme à ventre de Falstaff et à trogne rouge violemment bourgeonnée, suffisait au service, avec deux garçons qu'il avait sous ses ordres.

Ces trois hommes allaient et venaient sans relâche, — répondant à chacun, et se multipliant dans ce véritable pandœmonium.

Au moment où l'on mettait le pied sur le seuil, on était saisi à la gorge par les abominables parfums des lampes fumeuses, — des eaux-de-vie frelatées, — du vin répandu et de la fumée de tabac, car plusieurs des habitués du *Broc d'Argent* fumaient de longues pipes, — chose presque complètement inusitée à cette époque.

## II

A propos de tonneau.

Avez-vous vu quelquefois un chien gourmand, maigre, crotté, affamé, entrer dans une cuisine bien garnie, à l'heure où la broche tourne et où les casseroles font entendre, sur les fourneaux, leur petite chanson monotone?

Les flancs décharnés de l'animal tressaillent de joie, — sa queue pelée frétille dans les convulsions d'une voluptueuse et avide convoitise, — ses yeux deviennent fixes et brillants, — sa tête se relève, et ses naseaux, largement dilatés, aspirent énergiquement les fumets des rôtis et la vapeur des ragoûts.

Le bizarre personnage, dont nous venons d'esquisser dans le précédent chapitre la silhouette quasi-fantastique, offrit, en pénétrant dans la taverne du *Broc d'Argent*, une pantomime à peu près pareille à celle du chien maigre et affamé.

A peine avait-il refermé derrière lui la porte du bouge, à peine les senteurs mal odorantes et les repoussantes émanations dont nous avons parlé vinrent-elles frapper son nerf olfactif, qu'il parut éprouver une sensation délicieuse.

Les papilles nerveuses de son bec d'oiseau carnassier frissonnèrent comme celles d'un vautour chauve qui sent un cadavre.

Son visage blafard s'illumina des rayonnements d'une vive jouissance intérieure.

Sa large bouche aux dents pointues se retroussa des angles, comme en un sourire.

Il tortilla furieusement ses moustaches, et, à trois reprises, il *renifla*, sans doute afin de mieux déguster et apprécier des arômes dont rien n'égalait pour lui le charme.

Ceci fait, il détacha et mit sous son bras sa longue rapière, qui n'eût point manqué d'être un obstacle à sa circulation entre les tables et les rangs pressés des buveurs.

Ensuite, plongeant par-dessus les groupes son regard de tiercelet guetteur, jusqu'au fond de la salle, ce que sa grande taille lui rendait facile, il ouvrit le compas de ses longues jambes, et il se dirigea, aussi rapidement que l'encombrement le lui permettait, vers le gros petit homme rouge que nous avons désigné comme le propriétaire de la taverne, et qui répondait aux noms charmants de Jasmin Tonneau, — vulgairement : le *père Tonneau.*

Cette double appellation était, pour les habitués de l'endroit, un sujet de facéties et de bons mots, sans cesse répétés et toujours applaudis.

Ainsi, l'un disait à l'hôte :

— Par la mort Dieu ! j'aime mieux l'odeur du *Tonneau* que celle du *Jasmin !*

Un autre :

— Ohé ! mon compère, ne mets pas *Tonneau* dans ton vin !

Un troisième :

— Je préfère ton vin à Tonneau !

Et ainsi de suite, éternellement, avec les combinaisons les plus variées.

Or, hâtons-nous d'ajouter qu'à chaque redite, Jasmin Tonneau daignait sourire, — surtout quand il avait affaire à quelque pratique soldant régulièrement et rubis sur l'ongle sa dépense.

Quant aux autres, parfois l'hôtelier n'accueillait point, sans une moue et sans un grognement, leurs jeux de mots les mieux réussis.

L'homme maigre rejoignit Jasmin qui, les bras chargés de brocs vides, — brocs de bois, et non point d'argent, comme celui de l'enseigne, — s'en revenait à son comptoir.

L'ayant rejoint, il se pencha vers lui et fit mine de le serrer dans ses bras, — assez longs pour se rejoindre sans peine autour de l'épaisse circonférence du petit homme.

Mais ce dernier esquiva l'accolade, en reculant de deux ou trois pas avec plus de légèreté qu'il n'aurait paru vraisemblable d'en attendre de son épaisse et lourde carrure.

Le personnage de mauvaise mine ne sembla point se formaliser de cette rebufade.

— Eh! bonsoir, mon cher hôte!... — s'écria-t-il, — bonsoir, mon digne ami!... — bonsoir, mon excellent petit père Tonneau!... — Comment se comporte, je vous prie, votre précieuse et inestimable santé?

— Merci, merci, monsieur le chevalier... — répliqua Jasmin d'un ton bourru, — je ne vais pas mal, comme vous voyez, — faites-moi passage, car on m'attend...

L'homme maigre ne bougea point.

— Je crois que vous m'avez appelé : *Monsieur le chevalier?* — fit-il d'un air blessé.

— Sans doute, — n'est-ce pas là le titre qui vous appartient?... à ce que vous dites, du moins...

— Oui, par la mort Dieu!... c'est mon titre!... chevalier de La Bricole!... cadet d'une maison puissante et riche... qui traite d'égal à égal avec les têtes couronnées!

— Eh bien?

— Eh bien, ce titre, en me le donnant, vous m'offensez!

— Et pourquoi?

— Parce que je vous ai dit, — non pas une fois, mais dix, mais vingt, mais cent, — que je désirais me voir avec vous, ô mon inappréciable ami, sur un pied de tendre familiarité, et que vous me désobligeriez de façon mortelle, si vous m'appeliez jamais autrement que La Bricole tout simplement.

— Alors c'est là ce qu'il vous faut?

— Oui, pardieu!

— Et, si, le faisant, je vous tutoyais en outre?...

— Vous combleriez mes vœux les plus chers!... — Il me semblerait, ô mon hôte, qu'entre nous, désormais, tout doit être commun... et Dieu sait si je le désire...

— Eh bien, je vais vous satisfaire. — La Bricole, ôte-toi de là, tu me gênes!...

Le chevalier, — puisque rien ne nous empêche, nous, de l'appeler ainsi, — se détourna en riant aux éclats, quoique d'un rire un peu contraint.

— Ah! parfait! — s'écria-t-il, en suivant pas à pas Jasmin qui venait de passer, — parole d'honneur!... c'est impayable!... il est pétri d'esprit, ce cher hôte!... — aussi vrai que je suis gentilhomme, oh! mon petit père Tonneau, je ne connais que l'eau-de-vie, l'excellente eau-de-vie de ton tonneau, qui contienne plus d'esprit que toi!

Et le chevalier, — ce disant, — eut un nouvel accès de bruyante hilarité.

Jasmin ne sourcilla pas.

Tous deux, l'hôte et le chevalier, étaient, en ce moment, parvenus près du comptoir.

L'homme maigre allongea la main.

Il prit, sur la tablette de bois noir, tout à la fois poudreuse et visqueuse, un petit broc, cerclé en fer, qui pouvait contenir environ une demi-bouteille.

Ce broc était vide.

Le chevalier le tendit à Jasmin, avec un geste de supplication indescriptible.

— Qu'est-ce que vous voulez que je fasse de ça? — demanda l'hôte.

— Eh! quoi!... vous ne devinez pas, bon ami?
— Ma foi non!...
— Chose étonnante!... — vous, si perspicace! — Je m'explique, — ce broc est vide...
— Eh bien?
— Remplissez-le.
— De quoi?
— D'eau-de-vie... — de votre admirable et incomparable eau-de-vie vieille, issue des côteaux du Languedoc... tout aux environs de Cognac...
— Le remplir!... et pour qui?
— Pour moi, pardieu!... — pour votre dévoué La Bricole...

Jasmin secoua la tête d'un air négatif et éminemment goguenard.

— Oh! que nenni! — murmura-t-il.
— Eh! quoi, Tonneau, vous me refusez vos bienfaits?
— Parfaitement.
— Et pourquoi donc cet outrage, — être si cher à mon cœur?
— Pourquoi?
— Oui.
— Pour trente-trois raisons...
— Lesquelles?
— Parce que, — et vous le savez aussi bien que moi, — vous me devez trente-trois livres tournois environ, — une livre tournois par raison...

La Bricole prit un air de grandeur offensée.

— N'est-ce que cela? — s'écria-t-il.
— Il me semble que c'est bien assez.
— Ah! fi! Tonneau!... fi! que c'est petit!... — en bonne conscience, je devrais à ma dignité de quitter sur-le-champ ces lieux où les saintes lois de l'amitié sont mécon-

nues !... — je devrais secouer sur le seuil de votre porte la poussière de mes semelles en m'écriant : — *Tonneau ! je ne boirai plus de ton eau... de-vie !* — oui, je le devrait... mais un reste de tendresse me retient encore !... — je reste, et je vous dis : Tonneau réglons nos comptes.

Le chevalier replaça le petit broc sur la tablette du comptoir, et fit le geste de fouiller à sa poche.

— Quoi ! — s'écria Jasmin en le regardant d'un air stupéfait, et avec ses gros yeux écarquillés, — quoi, chevalier, vous payez ?...

— Pardieu ! — répliqua La Bricole.

— Et, intégralement ?

— Un homme tel que moi dédaigne les à-comptes !...

— Voilà qui va bien, et je vais effacer votre dette... — dit l'hôtelier, en prenant dans le comptoir une petite baguette plate, toute tailladée de crans et toute zébrée de caractères hiéroglyphiques.

La Bricole fouillait à sa poche plus que jamais.

## III

#### Deux vilaines figures.

— Il y a trente-trois livres, trois sous et quatre deniers, — fit Jasmin, après avoir étudié les crans et les hiéroglyphes du morceau de bois, — mais ne parlons que des trente-trois livres... le reste se retrouvera avec autre chose...

Soudain la main de La Bricole, — un instant disparue dans les profondeurs de ses poches, — reparut.

Elle était vide.

L'homme maigre s'en servit pour tordre sa moustache en s'écriant d'un ton tragique :

— Fatalité !...

— Quoi ? — demanda vivement l'hôte, — qu'y a-t-il donc ?

— Il y a que j'ai oublié ma bourse !

— Ah ! ah !...

— Décidément, le diable s'en mêle !...

— C'est ce que je commence à croire... — répliqua Jasmin en goguenardant, — il doit se mêler de vos affaires, en effet, car il loge dans votre bourse, et vous le tirez sans cesse par la queue !...

— Mon digne ami, ne raillez point ! — fit La Bricole.

— Railler !... je n'ai garde !... — comment me permettrais-je, moi, pauvre hère, de railler un si parfait gentilhomme, — un cadet d'une riche et puissante famille qui traite d'égal à égal avec les têtes couronnées !... — je sais trop bien ce que je dois à monsieur le chevalier pour cela ?...

— Toujours gai !... toujours plaisant ! — dit l'homme maigre d'un air aimable, en frappant du plat de sa main sur le gros ventre de son interlocuteur, — ce cher Jasmin !... Il me donne des coups de boutoir sans me dire gare !... eh bien, je l'aime ainsi...

— C'est bien de l'honneur que vous me faites...

— Tenez, mon bien bon, — soyez franc avec moi... convenez que vous n'ajoutez pas foi à cette histoire de bourse oubliée...

— Heu... heu...

— Ah ! ce Jasmin !... quelle perspicacité ! quelle finesse !... on ne peut rien lui cacher !... — Eh bien ! vous aviez raison... j'ai ma bourse...

— En vérité ?

— Seulement elle est vide...

— Voyez-vous ça !...

— Mais cet état précaire n'est que momentané... — dès demain, je rentre dans une somme importante...

— Tant mieux pour vous.

— Je touche des fonds que m'envoie ma noble famille...

— Cela fait son éloge.

— Jasmin, ne me croyez-vous point?

— Fort peu.

— Sur ma foi de gentilhomme, je vous jure que je dis la vérité...

— Tant mieux, car alors, étant en argent, vous me payerez.

— Oui, Jasmin, — et avec une volupté pure, — mais, en attendant...

— En attendant?...

— Montrez-vous un ami véritable, — sachez reconnaître la confiance que je vous témoigne... — Ouvrez-vous pour moi, ô Tonneau !...

— Ah ! que nenni !...

— Jasmin, cher Jasmin, la soif me dévore...

— Allez vous désaltérer ailleurs.

— Laissez-vous fléchir..

— Tarare !...

— Je meurs de la pépie...

— Point d'affaires!

— Une tigresse vous a abreuvé de son lait !...

— Je ne vous abreuverai pas de mon vin...

— Donnez-moi à boire... demain je payerai.

— Payez aujourd'hui, et vous boirez...

Arrivé à ce point, La Bricole comprit qu'il était inutile de pousser plus avant un dialogue qui ne le conduirait pas à son but, et que ses supplications se briseraient contre une résolution inébranlable.

Il redressa sa haute taille, — il affila les crocs menaçants de ses moustaches, et, s'efforçant de donner à sa physionomie et à toute sa personne quelque chose de majestueux, il s'écria :

— Je ne m'abaisserai pas davantage devant vous, lourde panse bouffie d'orgueil et doublée de sottise ! — il est des gens, mieux avisés que vous, qui s'empresseront de me cautionner, et ces gens, peut-être, ne sont pas loin...

— Monsieur le chevalier, — dit Jasmin avec ironie, — je le souhaite pour vous.

L'homme maigre poursuivit :

— Avez-vous eu l'honneur de voir aujourd'hui mon noble ami, don Gusman, Perez, Alonzo, Belcolor, y Fueros, y Panamas, y Tulipano ?

— Non, de par tous les diables ! — s'écria Jasmin, — non, je ne l'ai pas vu et j'en rends grâce au ciel, — et je souhaite de tout mon cœur ne revoir jamais, ni peu ni beaucoup, ni de loin ni de près, sa vilaine figure !...

— Hôtelier ! — fit La Bricole avec un courroux plein de solennité, — savez-vous bien que vous insultez un grand d'Espagne !...

— Joli, le grand d'Espagne !... et jolie la grandeur !... — le diable m'emporte, chevalier de La Bricole, si j'avais beaucoup de pratiques comme ce Tulipano et vous, il ne me resterait qu'à fermer boutique... — Si vous tenez à rencontrer votre damné compère, allez donc le chercher hors de chez moi, car j'espère bien qu'il n'y remettra jamais les pieds...

Et, après avoir prononcé ces dernières paroles. Jasmin Tonneau tourna le dos à La Bricole et se dirigea du côté de quelques buveurs qui, depuis un instant, l'appelaient à grands cris.

Le chevalier, l'œil morne et le gosier sec, pirouetta sur

ses talons et se disposa à quitter ce logis peu hospitalier, en fredonnant philosophiquement ce premier couplet de sa chanson, — couplet dont il était à même, plus que jamais en ce moment, d'apprécier la parfaite justesse :

> Monnaie,
> Monnaie,
> Il n'est pas sans toi de bonheur !...
> Tout homme
> Te nomme
> Un vrai brevet de grand seigneur !

Déjà il atteignait le seuil de la taverne du *Broc d'Argent*, quand la porte s'ouvrit.

Un personnage, — plus bizarre encore peut-être que La Bricole, — entra.

Deux cris joyeux partirent à la fois, et l'arrivant, se jetant dans les bras du chevalier qui lui rendit avec effusion cette chaude accolade, s'écria avec un accent étranger très-prononcé :

> Ah ! puisque je rencontre un ami si fidèle,
> Ma fortune va prendre une face nouvelle !...

— C'est plutôt la mienne, — murmura La Bricole à part lui, — pourvu toutefois que Tulipano ait de l'argent !...

Don Gusman, Perez, Alonzo, Belcolor, y Fueros, y Panamas, y Tulipano, — car c'était bien lui qui venait d'entrer, avait, nous le répétons, une apparence plus extravagante encore que le chevalier.

La taille de ce prétendu grand d'Espagne, était pour le moins aussi haute que celle de son ami, avec lequel il pouvait lutter de maigreur.

Son visage, presqu'aussi basané que celui d'un mulâtre, était taillé, — comme on dit vulgairement, — en lame de couteau.

Dans cette figure olivâtre, on ne distinguait que deux traits, — un nez prodigieusement long et tranchant, et un œil d'un éclat insoutenable.

Nous disons *un œil*, — et nous le disons à dessein.

En effet, soit que Tulipano fut borgne naturellement, — soit tout autre motif, — un bandeau de taffetas noir couvrait entièrement son orbite gauche.

Un costume de velours, jadis noir, maintenant blanchi et semblable, en plus d'un endroit, à une guipure, tant d'épaisses reprises s'enchevêtraient dans son tissu déchiré, — dessinait avec une déplorable exactitude les maigres formes et les membres quasi-diaphanes de l'Espagnol.

Sa tête, longue et pointue, disparaissait entièrement sous les larges bords du sombrero national.

Il portait sur l'épaule, avec une fierté nationale, le petit manteau castillan.

Mais, quel manteau!

Celui de don Cézar de Bazan, — cette guenille de génie, dans laquelle Frédérick se drapait si bien, — n'aurait pu qu'on donner une idée imparfaite.

Ici encore nous sommes forcés de renvoyer nos lecteurs aux fantaisies du grand Callot.

L'épée de Tulipano, — épée à la garde d'acier terni, — avait au moins trois pouces de plus que l'interminable brette du chevalier de La Bricole.

Cette épée, sur la poignée de laquelle s'appuyait sa main gauche, soulevait avec grâce le bord effrangé de son manteau.

Après cette chaude embrassade dont nous avons parlé, le chevalier dit à l'Espagnol :

— A l'instant je te demandais...

— Je pensais bien te trouver ici...

— Quel bon vent t'amène?

— La soif.
— Ah ! tu as soif aussi, toi !... comme moi alors...
— Oh ! plus que toi !
— C'est impossible !...
— Nous verrons qui boira le plus...
— C'est ça, buvons, — mais qui paiera?
— Toi, pardieu !
— Non pas... et pour cause... — je suis à sec.
— Et moi, je n'ai pas un sou !...
— Tu plaisantes?

Tulipano frappa sur son gousset, — prouvant ainsi, d'une façon irrécusable, que cette prétendue plaisanterie était une triste réalité.

— Cruel destin ! — soupira le chevalier, — le sort nous accable... — moi qui comptais si bien sur toi !
— Et moi sur toi !...
— Comment donc faire?
— Buvons à crédit.
— Impossible !... — Jasmin Tonneau est intraitable... et d'ailleurs, tu m'as paru fort mal dans ses papiers tout à l'heure...
— Sans doute à cause d'une bagatelle que je dois à ce croquant...
— Peut-être bien, — c'est un homme sans délicatesse, et qui ne comprend point tout l'honneur que lui font des gentilshommes comme nous, en daignant honorer son bouge de leur présence.
— C'est un cuistre !
— C'est un faquin !...
— Et avec tout cela, nous mourons de soif.
— J'entrevois un expédient...
— Voyons un peu...
— La nuit est belle, — sortons d'ici, — allons nous em-

busquer au coin de la prochaine rue, et quand nous verrons arriver quelque bonne face de bourgeois, mettons flamberge au vent et montrons-nous... ce serait bien le diable si le croquant n'avait point dans sa poche quelques vieux écus rognés qui nous désaltéreront ce soir...

— Admirable!... — tu as toujours de bonnes idées.

Les deux compagnons allaient sortir pour mettre leur louable projet à exécution, — mais un incident imprévu les arrêta.

## IV

#### Un nouveau venu de bonne mine.

Tandis qu'avait lieu, entre le chevalier de La Bricole et le grand d'Espagne Tulipano, l'étrange colloque auquel nous venons d'initier nos lecteurs, — un troisième personnage, inaperçu de nos deux compères, venait d'entrer dans la taverne.

A coup sûr, ce personnage n'était point un habitué de l'endroit.

En pénétrant dans ces vapeurs aussi infectes, aussi asphyxiantes que celles du Styx mythologique, il avait évidemment failli se trouver suffoqué, et il avait porté tout aussitôt sur ses narines un mouchoir de fine batiste, imprégné d'eau de Portugal.

Ce personnage, comparé à tous les commensaux de la taverne du *Broc d'Argent,* pouvait passer pour un homme de fort bonne mine.

Sa taille, un peu au-dessus de la moyenne, aurait été

bien prise, sans un léger commencement d'embonpoint qui en alourdissait les contours.

Sa jambe, fine encore et pourvue d'un mollet nerveux et bien détaché, se dessinait à merveille dans des bas de soie noirs, admirablement tendus.

Tout le costume du nouveau venu était simple et de couleurs peu voyantes, mais remarquable par le luxe de propreté et de soin qui avait présidé aux moindres détails, — depuis la cravate, garnie d'une assez jolie dentelle de Malines, — jusqu'aux souliers bien luisants, et garnis de leurs boucles d'argent.

Le porteur de ce costume semblait être quelque bourgeois aisé, ou quelque commerçant fort bien vu dans son quartier.

Tout ce qu'on pouvait dire de son âge, c'est qu'il n'avait pas moins de quarante-cinq ans, et pas beaucoup plus de cinquante.

Sa main, potelée et assez blanche, s'appuyait sur une haute canne, — dite à *bec de corbin*. — Il marchait d'un pas lent, mesuré, et qui visait évidemment à la majesté.

Au premier regard, sa figure large, presque carrée et enluminée d'un épais vermillon, — surtout aux environs du nez et des pommettes, — offrait un grand air de bonhomie et de jovialité, entre les petits boudins bien serrés de sa perruque poudrée à frimats.

Mais, au second coup d'œil, il était impossible, — pour si peu que l'on fût observateur, — de se laisser prendre à cette apparente bonhomie.

Le front bas et déprimé accusait des instincts pervers et des vices non réprimés.

Les yeux, très-couverts, clignotants et indécis, semblaient ne pouvoir regarder personne en face, — leur regard fuyait sans cesse devant un regard franc et loyal.

La bouche, malgré ses lèvres épaisses et sensuelles, avait un mauvais sourire.

Mais, nous le répétons, tout ceci, dans le premier moment, offrait un air de jovialité qui faisait plaisir à voir.

L'inconnu s'avança jusqu'auprès du comptoir où Jasmin Tonneau se trouvait en ce moment.

L'hôte, voyant venir à lui ce personnage de grande mine, et dont le gousset devait être amplement garni, ôta son bonnet de coton barriolé de rayures blanches et rouges, et salua respectueusement.

— Monsieur, — dit l'inconnu, — c'est vous, sans doute, qui êtes le propriétaire de cet établissement.

— Oui, monsieur... Jasmin Tonneau... pour vous servir, si j'en étais capable.

L'inconnu poursuivit :

— Et c'est bien ici, j'imagine, la taverne du *Broc d'Argent?*

Jasmin répondit affirmativement.

L'inconnu tira de sa poche un petit carré de papier, sur lequel étaient écrites quelques lignes qu'il relut avec attention.

— Vous devez connaître, — reprit-il ensuite, — un individu de fort mauvaise mine...

— J'en connais même plusieurs, — répondit Jasmin en riant. — Les mauvaises mines sont plus communes ici que les bonnes...

— Le signalement de l'homme que je cherche est caractéristique...

— Voyons un peu.

L'inconnu lut à haute voix :

« Taille, — très-élevée.

« Maigreur, — prodigieuse.

« Nez, — fort long et en façon de bec de vautour.

« Bouche, — large et sans lèvres.

« Moustaches, — noires, pointues et gigantesques.

« Dents, — longues et écartées.

« Costume, — en mauvais état, moitié militaire et moitié bourgeois.

« Epée, — à garde de cuivre, — véritable brette de coupe-jarrets.

— Ah! mais! — s'écria Jasmin Tonneau, en interrompant la lecture, — je connais ça!... je connais ça!...

— Attendez, — fit l'inconnu, — je n'ai pas fini...

Et il reprit :

— Age, — ignoré.

« Profession, — multiple.

« Domicile, — inconnu. — Cependant, on le trouve presque tous les soirs à la taverne du *Broc d'Argent*.

« Nom, — La Bricole, — et prenant le titre de chevalier.

— La Bricole! — répéta Jasmin, — c'est précisément le nom que j'allais vous dire... — le drôle était trop ressemblant pour ne pas le reconnaître sans hésiter...

— Ainsi, vous connaissez ce La Bricole?

— Que trop!

— Est-il ici, ce soir?

— Il y était du moins tout à l'heure...

Jasmin regarda à droite et à gauche, puis il reprit :

— Et, tenez, le voilà justement là-bas, près de la porte, avec un autre digne personnage dans son genre, — un grand d'Espagne, — don Guzman de Tulipano...

— Auriez-vous l'obligeance de le prévenir que quelqu'un qu'il ne connaît point, mais qui lui veut du bien, désire l'entretenir pendant un instant...

— J'y vais, monsieur...

— Attendez, — n'auriez-vous point quelqu'endroit isolé,

où il nous serait possible de nous rafraîchir, tout en causant, sans avoir autant de monde autour de nous.

— J'ai ce qu'il vous faut, — un petit cabinet à l'étage au-dessus.

— A merveille. — Allez chercher ce La Bricole, je vous prie..;

L'inconnu parlait avec le ton d'autorité d'un homme habitué à être obéi sur-le-champ.

Jasmin savait que, presque toujours, les gens qui commandent ainsi paient largement.

Aussi s'empressa-t-il de se diriger du côté de La Bricole et de Tulipano.

Les deux honnêtes gens, — après être convenus de leurs faits, — s'apprêtaient à aller tenter la fortune en un guet-apens.

Jasmin mit sa main sur l'épaule du chevalier.

Ce dernier tressaillit et se retourna vivement.

— Hôte de malheur ! — dit-il, — qu'est-ce que vous me voulez? — Sentiriez-vous donc quels torts vous avez eu ce soir avec moi, et viendriez-vous les réparer ?

— Je ne viens rien réparer du tout, monsieur le chevalier de La Bricole, — je viens vous dire qu'il y a là quelqu'un qui désire vous parler...

— Quelqu'un?

— Oui.

— A moi ?

— Oui.

La Bricole pâlit sous sa pâleur.

— Un exempt... — peut-être, — murmura-t-il.

— Je ne crois pas, — répondit Jasmin.

— Mais qui donc, alors ?

— Un particulier de bonne mine, — que je ne connais pas plus que vous... — il compte d'ailleurs arroser la conversation, car il a parlé du cabinet de là-haut et de nombreux rafraîchissements...

— Mille diables ? — s'écria La Bricole, — c'est bien différent !... — j'y cours !...

— Et moi ? — demanda piteusement Tulipano, — pendant que tu vas te désaltérer, que ferai-je ?

— Tu m'attendras là, sans bouger.

— Comme c'est gai !

— Ecoute : — Il s'agit sans doute de quelque bonne affaire qu'on vient me proposer, — tu sais... tu comprends... — je ferai en sorte qu'on ait besoin de toi, et je te viendrai chercher incontinent...

— J'y compte... — dit Tulipano, un peu rassuré par cette promesse.

— Me voici à vous, petit Tonneau, — s'écria alors La Bricole, — présentez-moi au noble étranger qui désire causer avec moi...

Et il suivit l'hôte, tout en fredonnant :

> Le riche
> Se fiche
> Des ennuis et des mauvais jours !...
> Sans cesse
> S'empresse
> Sur ses pas le Dieu des amours !...

— Monsieur, — dit l'hôte à l'inconnu, — tandis que l'homme maigre portait militairement la main à son chapeau lampion, — voici monsieur le chevalier de La Bricole...

— Fort enchanté de faire votre connaissance, monsieur... — ajouta l'ami de Tulipano.

L'inconnu s'inclina d'une façon assez dégagée, et, se tournant vers Jasmin, il dit :

— Conduisez-nous, je vous prie, à ce cabinet dont vous

m'avez parlé, et montez-nous du vin ou de l'eau-de-vie, enfin de ce qui plaira davantage à M. de La Bricole.

— Monte de l'un et de l'autre, Tonneau! — dit vivement le chevalier, — avec un saladier bien solide et beaucoup de sucre, — nous ferons brûler de l'eau-de-vie... c'est très-salutaire pour l'estomac... et je crois que le mien est un peu délabré, — je suis d'une nature si délicate!...

Jasmin prit une petite lampe de fer, et, faisant signe à l'inconnu et au chevalier de le suivre, il traversa avec eux la salle dans toute sa longueur, il gagna un escalier, ou plutôt une échelle de meunier qui conduisait à l'étage supérieur.

Là, il ouvrit une porte et il introduisit ses compagnons dans une pièce de moyenne dimension, dont les murailles étaient absolument nues et qui n'avait d'autres meubles qu'une table carrée, placée au milieu, et quelques chaises de bois.

Il plaça la lampe sur la table.

Puis il sortit, en annonçant qu'avant deux minutes il reviendrait apporter les rafraîchissements demandés.

La Bricole posa sur deux chaises son chapeau lampion et son immense brette.

V

Trio de coquins.

Tant que dura l'absence de Jasmin Tonneau, il n'y eut pas une seule parole échangée entre l'inconnu et le chevalier de La Bricole.

Les deux hommes se regardaient du coin de l'œil, et semblaient s'étudier réciproquement.

Enfin l'hôtelier reparut.

Il déposa sur la table trois grandes mesures d'étain, dont l'une était pleine d'eau-de-vie, et les deux autres de vin.

Il y joignit un immense saladier en faïence bleuâtre, à fleurs rouges, — curieux échantillon de poterie, qu'un amateur paierait aujourd'hui au poids de l'or, — une assiette remplie de morceaux de sucre, — une grande cuiller de fer, — des gobelets de ferblanc, et un paquet d'allumettes, faites de petits tuyaux de chanvre trempés dans le souffre par les deux bouts.

Cela fait, il se retira après avoir dit :

— Vous êtes servis, mes gentilshommes...

La Bricole et l'inconnu s'assirent en face l'un de l'autre.

La Bricole commença par verser dans le saladier tout le contenu de la mesure d'eau-de-vie.

Puis, au moment d'y joindre le sucre, il s'interrompit, et il demanda à l'inconnu, qui le regardait faire sans rien dire :

— L'aimez-vous bien sucrée, monsieur?

Celui auquel il s'adressait, répondit :

— Ne vous occupez pas de moi, chevalier, et faites comme pour vous.

— Je tiens cependant, monsieur, à ce que ce breuvage vous plaise... et j'ajouterai que je ne voudrais point rester au-dessous de la petite réputation que je me suis acquise en le préparant...

— Réputation dont je vous crois digne...

— Vous en serez juge.

— Non, car je ne boirai pas.

La Bricole regarda son interlocuteur pour s'assurer s'il parlait sérieusement.

Ne pouvant conserver aucun doute à cet égard, il s'écria :

— Ah ! bah ! — voici qui va mal... j'aime à trinquer.

— Vous vous en passerez pour ce soir.

— Il le faudra bien,.. — soupira La Bricole, en mettant le feu à l'eau-de-vie, qui répandit aussitôt une flamme vive et joyeuse, — tantôt pourpre et tantôt bleuâtre.

— Nous avons à causer, — reprit l'inconnu.

— Je m'en doutais.

— Etes-vous en mesure de m'écouter avec attention ?

La Bricole appuya ses deux coudes sur la table, et fit des paumes de ses deux mains un point d'appui pour son menton anguleux.

— Je suis tout oreilles... — dit-il.

— Dans ce cas, j'entre en matière sans périphrases, — c'est ma manière.

— Et c'est la bonne !

— J'ai besoin d'un hardi coquin...

La Bricole salua.

— Et vous avez pensé à votre serviteur... fit-il... c'est beaucoup d'honneur que vous me faites.

Sans se préoccuper de cette interruption, l'inconnu continua :

— On vous a indiqué à moi comme un homme de sac et de corde, — un bandit sans foi ni loi, — un mécréant, — un sacripant, digne de la potence et de la roue...

A chacun des mots de cette énumération, le chevalier tordait sa moustache et ébauchait un petit salut.

— Allons, — s'écria-t-il, — je vois qu'on n'a point flatté mon portrait... — mais il est ressemblant... — je l'achèverai en quelques mots qui en diront plus que bien des grandes phrases...

— Et, ces quelques mots ?

— Les voici : — *Pourvu que l'on me paie, je suis capable de tout...*

— A merveille ! — je vois qu'on ne m'avait pas trompé.

— Jurez-en hardiment ! — laissez-moi goûter cette eau-de-vie brûlante, et dites-moi de quoi il s'agit.

— Oh ! mon Dieu, d'une chose fort simple...

— Tant pis !

— Pourquoi ?

— Parce que plus ce que l'on demande est difficile, plus cher on paie, — c'est logique...

— Parfaitement raisonné, — mais quoique la chose soit un jeu d'enfant, on paiera royalement.

— A la bonne heure ! — ceci étant posé, *Chatouilleuse* et moi, nous sommes à votre disposition...

— Chatouilleuse ? — répéta l'inconnu avec un accent d'interrogation.

— C'est ma rapière, — répondit La Bricole en souriant, — je lui ai donné ce petit nom d'amitié, parce qu'elle est, comme son maître, fort chatouilleuse sur le point d'honneur.

— J'espère, — dit l'inconnu, — que vous n'aurez pas besoin de la dégaîner.

— Vraiment ? — il ne s'agit donc point de quelqu'un de qui vous voulez vous débarrasser ?...

— En aucune façon.

— Expliquez-vous alors, car je ne vous comprends pas.

— Il est question d'un enlèvement, — dit l'inconnu.

La Bricole appuya l'un de ses doigts sur son œil gauche, et il eut un accès de rire silencieux.

— L'enlèvement rentre aussi dans ma spécialité, — dit-il ensuite, — et je le pratique avec quelque succès... — mais je dois vous prévenir d'avance qu'un enlèvement, c'est assez cher...

— Soyez tranquille, — vous ferez votre prix, et on ne marchandera pas avec vous.

— Allons, vous entendez les affaires?... — Qui faut-il enlever ? — Est-ce une fille ? — une femme? — une veuve?

— C'est une jeune fille.

— De quelle classe ?

— Oh ! mon Dieu, tout simplement du petit peuple.

— L'affaire ira de soi ! — Le nom et l'adresse, s'il vous plaît ?

— Vous les aurez demain.

— Pourquoi pas aujourd'hui ?

— Parce que celui pour le compte duquel vous agirez se réserve de vous les donner lui-même.

— *Celui pour le compte duquel j'agirai !*... — répéta La Bricole, — ah çà, ce n'est donc pas vous qui me faites travailler ?

— Non, en vérité.

— Et qui donc ?

— Mon maître.

— Un grand seigneur, alors ?

— Vous pouvez en jurer, — un très-grand seigneur...

— Dont vous êtes ?...

— L'intendant, — le factotum et le Mercure galant...

— Je comprends, — et ce grand seigneur, comment s'appelle-t-il ?

— Peu vous importe de savoir son nom, pourvu que vous connaissiez son or.

— Cependant, pour lui rendre compte de mes démarches, pour lui conduire la tourterelle après l'enlèvement...

— Tout cela sera prévu, — ne vous inquiétez donc de rien.

— Aussi fais-je, — et je bois à la santé du grand seigneur qui veut garder l'incognito.

— Je pense, — reprit l'inconnu, — que vous aurez besoin de vous adjoindre un compagnon...

— Cela n'est pas douteux.

— Connaissez-vous quelqu'un ?

— Oui, oui, j'ai mon affaire.

— Un homme sûr ?

— J'en réponds comme de moi-même, — nous travaillons toujours ensemble... — mais tenez, il est là, sous ma main... je vais vous le montrer...

Et sans attendre la réponse de son interlocuteur, La Bricole ouvrit la porte du cabinet, se pencha vers la salle basse et cria d'une voix tonnante :

— Eh ! Tulipano... ici...

Le grand d'Espagne obéit à cet appel, comme un chien docile.

Une minute et demie ne s'était point écoulée, que ce personnage grotesquement sinistre apparaissait dans le cadre de la porte, avec son bandeau sur l'œil, — son large sombrero, — son manteau castillan et sa Durandal interminable.

Tulipano salua gravement et cérémonieusement l'inconnu, puis, sans attendre qu'on l'y invitât, il s'assit et se versa coup sur coup deux larges rasades d'eau-de-vie brûlante, qu'il avala, comme si son gosier eût été doublé de ferblanc.

En quelques mots, La Bricole le mit au courant des ouvertures qui venaient de lui être faites.

Tulipano agita la tête en signe d'acquiescement silencieux.

— Ainsi, — demanda le chevalier à l'inconnu, — vous dites que votre maître se réserve de nous mettre au courant des détails que nous devons connaître avant d'agir ?...

— Oui.

— Nous le verrons donc ?

— Sans doute.
— Quand ?
— Demain.
— A quelle heure ?
— Entre neuf et dix heures du soir.
— Où ?
— Je ne sais encore.
— Et comment le saurons-nous, nous ?
— Vous m'attendrez dans cette taverne, où je viendrai vous prendre.
— A merveille, — et quant au prix ?...
— Je vous répète que vous le fixerez vous même. — Si mon maître est content de vous, sa libéralité n'aura pas de bornes...
— Content ! il le sera, mordieu !...
— Alors vous le serez aussi.
— J'aurais une demande à vous faire... — reprit La Bricole, après un silence, avec quelqu'hésitation.
— Faites.
— Mais je crains qu'elle ne vous paraisse indiscrète...
— Dites toujours.
— Eh bien, vous conviendrait-il de nous octroyer un léger à-compte !... — je tiendrais infiniment à désintéresser dès ce soir ce brigand de Jasmin Tonneau...
— Combien vous faudrait-il ?
— Oh ! une bagatelle...
— Dix louis vous sembleraient-ils suffisants ?

La Bricole n'en croyait pas ses oreilles, et Tulipano fit un bond, malgré la gravité toute espagnole qu'il affectait.
— Vous dites ? — s'écria le chevalier.

L'inconnu répéta.

La Bricole tendit la main en disant :
— Je pense, en effet, que cela pourra nous suffire.

— Alors, voici la somme.

Dix pièces d'or tombèrent dans la main ouverte du chevalier, qui referma tout aussitôt et avidement ses doigts crochus.

L'inconnu reprit son chapeau et sa canne à bec de corbin.

— A demain soir, — dit-il en se dirigeant vers l'escalier, — je compte sur vous...

— A la vie, à la mort!... — mon noble ami!... — cria La Bricole en proie au délire de l'enthousiasme.


## VI

### Monseigneur.

Les deux honnêtes gens, restés vis-à-vis l'un de l'autre, se regardèrent en riant, — comme les augures de l'ancienne Rome.

Puis La Bricole remplit d'eau-de-vie brûlée les deux gobelets, vida le sien d'un trait, et, frappant du poing sur la table, il s'écria.

— Qu'en dis-tu ?

— Bonne affaire!... — répondit le grand d'Espagne.

— La poule aux œufs d'or, mon digne ami!... — Il s'agira de la plumer sans la faire crier!...

— Nous sommes de force.

— Je m'en pique; — à propos, te faut-il de l'argent ?

— Pardieu!

— Combien veux-tu ?

— La question me paraît plaisante!...

— Pourquoi donc ça!

— Mais, tu as reçu dix louis, — il m'en revient cinq.
— Non pas.
— Comment !
— C'est moi qui suis la cheville ouvrière de l'affaire, — c'est moi qu'on cherchait, — c'est moi qui t'ai raccolé, — en bonne justice, je ne te devrais que le quart des bénéfices... mais je tiens à me montrer grand et à ce que tu sois content de moi, — voici trois louis.

Tulipano. — tout en grommelant sur l'irrégularité de ce partage, — empocha la somme.

Les deux buveurs, — après avoir achevé l'eau-de-vie, — vidèrent la double mesure de vin.

Ensuite ils regagnèrent la salle basse.

La Bricole marchait fièrement, — la tête haute, — le jarret tendu, — la moustache plus en crocs que jamais, — bref, il affichait cet aplomb de l'homme qui a de l'or dans sa poche, et, du bout des dents, il fredonnait ces couplets, de sa chanson favorite, tout en y introduisant une légère variante, que la situation présente justifiait :

En course,<br>
*Ma* bourse<br>
Se gonfle au lieu de s'aplatir !...<br>
Aucune<br>
Fortune<br>
Pour *moi* ne manque d'aboutir.<br>
Bouteille<br>
Vermeille<br>
Et mon cellier point ne tarit !<br>
Et fille<br>
Gentille<br>
Tout à belles dents *me* sourit !...

Comme il achevait de parler la cadence de ce dernier vers, il se trouva face à face avec l'hôte de la taverne.

— Eh bien ! mon petit père Tonneau, — lui dit-il en lui frappant familièrement sur le ventre, — vous voyez bien qu'il était écrit là-haut que je boirais chez-vous ce soir...

— Mais il est écrit également, monsieur le chevalier, — que ce ne serait pas vous qui paieriez...

— Ah ! vous croyez ça?...

— Dam ! ça m'en a tout l'air, — le particulier de tout à l'heure a soldé la dépense...

— C'était son droit et son devoir... — mais notre ancien compte... ce compte qui vous tenait tant à cœur, vous n'en parlez plus?...

— A quoi bon en parler, puisque ce seraient des paroles perdues...

— Peut-être.

— Parlons-en donc, mais pas longtemps, car je suis pressé...

— Et moi !... croyez-vous que je ne le sois pas... — j'ai rendez-vous pour ce soir avec deux comtesses et trois marquises... — passons au comptoir, père Tonneau...

— Pourquoi faire?

— Pour que je solde cette misère... cette bagatelle... trente-trois livres...

— Me jouez-vous encore, chevalier... allez-vous de nouveau avoir oublié votre bourse?...

— Je l'ai retrouvée, mon bon...

Jasmin Tonneau hocha la tête d'un air d'incrédulité.

Cependant il se dirigea vers le comptoir et reprit en main la baguette hiéroglyphique dont nous avons déjà parlé.

La Bricole tira de sa poche deux louis, et, les jetant à l'hôtelier d'un air de grand seigneur, il lui dit majestueusement :

— Bonhomme, payez-vous !...

— Ah ! fichtre !... — s'écria Jasmin.

— Ma monnaie, s'il vous plaît, Tonneau ?

— Voilà, chevalier, voilà. — Ah ! ça, mais, le particulier de tout à l'heure vous apportait donc le Pérou dans sa poche ?...

— A peu près.

— Il arrivait, ma foi, fort à propos pour vous !... Qui diable ça pouvait-il être ?...

— Quoi, vous n'avez pas deviné ? — Ma foi, non.

La Bricole se gonfla comme la grenouille de la fable de La Fontaine, et il répondit, en se carrant :

— C'est l'intendant de ma noble famille, — celui dont je vous parlais il y a une heure, — Il m'apportait ce soir quelques fonds, — demain il doit me compléter cent mille livres, et, la semaine prochaine, je compte acheter une compagnie dans Royal-Champagne, — père Tonneau, pourriez-vous vous charger du dîner de bien-venue qu'il sera de bon goût d'offrir à mes camarades les officiers ?...

Jasmin eut l'air de prendre fort au sérieux cette gasconnade et répondit affirmativement.

— Et votre ami, don Gusman de Tulipano, — reprit-il, ensuite, — a-t-il aussi reçu des subsides ?

L'Espagnol s'approcha gravement.

— Payez-vous, — dit-il à son tour, en jetant une pièce d'or à Jasmin.

— Allons, — murmura ce dernier en rendant trois livres au grand d'Espagne qui lui en devait vingt et une, — c'est aujourd'hui la soirée aux miracles !...

— J'espère, mes gentilshommes, — ajouta-t-il ensuite, — que vous me conserverez votre honorable pratique...

— Ah ! nous ne le devrions peut-être point, — dit La Bricole, — car vos procédés envers nous ont été mesquins... mais nous sommes bons, jusqu'à la faiblesse... nous reviendrons.

— Tous les tonneaux qui se trouvent ici, — moi compris, — sont à votre disposition... — dit Jasmin en jouant agréablement sur les mots.

— Pardieu ! j'y compte, — répliqua le chevalier, — je retiens le cabinet pour demain soir, — vous aurez soin d'y mettre quantité d'eau-de-vie, et de votre plus vieille, — car c'est là que l'intendant de ma noble famille viendra me demander.

— C'est convenu.

La Bricole et Tulipano quittèrent la taverne et s'acheminèrent vers un tripot fangeux, situé dans la rue Saint-Antoine, et où quelques individus dans leur genre exploitaient de malheureux *pigeons* fourvoyés, avec des cartes préparées et des dés pipés.

Ils y passèrent fort agréablement le reste de la nuit.

§

Le lendemain soir, dès huit heures, nos personnages s'attablaient dans le cabinet que nous connaissons.

— Une demi-heure environ après leur arrivée, la porte s'ouvrit pour laisser pénétrer auprès d'eux le mystérieux intendant du grand seigneur inconnu.

La Bricole et Tulipano le saluèrent jusqu'à terre.

— Êtes-vous prêts ? — demanda-t-il.

— Toujours ! — répliqua le chevalier

— Alors, venez. — Mon maître attend !

— Où ?

— Vous verrez.

— C'est juste.

Les trois hommes quittèrent ensemble la taverne.

L'intendant leur fit monter la rue Saint-Antoine, dans la direction de la place de la Bastille.

La prison d'Etat dessinait à peine, sur le ciel sombre, les

profils imposants de ses donjons et de ses tours, — les ténèbres étaient profondes et la solitude absolue.

— Nous approchons, dit l'intendant.

— Quel titre devrai-je donner à votre maître ? — demanda La Bricole.

— Appelez-le : *Monseigneur*.

— Suffit !

Derrière la forteresse se trouvait un terre-plein, — désert le jour, à plus forte raison la nuit.

Sur ce terre-plein stationnait un carrosse attelé de deux chevaux noirs.

Ce carrosse ne portait pas d'armoiries et ses lanternes étaient éteintes.

L'intendant s'avança jusqu'auprès de l'une des portières.

— Monseigneur, — dit-il, — voilà l'homme.

— Bien, — répondit une voix, depuis l'intérieur du carrosse, — qu'il vienne me parler...

L'intendant poussa La Bricole qui s'approcha de la portière, son chapeau lampion à la main, et en courbant sa longue échine, comme s'il avait été possible de voir ses saluts.

— Me voici aux ordres de monseigneur... — dit-il d'un ton qui n'avait plus rien de son arrogance accoutumée.

— Vous savez déjà de quoi il s'agit ? — demanda la voix.

— Oui, monseigneur, — je sais qu'il s'agit d'un enlèvement, — et je mettrai tous mes soins à justifier la confiance...

La voix interrompit le chevalier.

— Ecoutez, — dit cette voix. — La personne qu'il s'agit d'enlever se nomme Nanette Lollier... — Vous souviendrez-vous de ce nom ?

— Parfaitement, monseigneur.

— La jeune fille a quinze ans, — elle habite avec sa famille dans la rue Aubry-le-Boucher...

— A merveille, monseigneur.

— Sa famille est tout ce qu'il y a au monde de plus petit peuple... mais ses parents sont des gens honnêtes et considérés dans leur quartier... le père est employé à la Halle, — la mère est marchande de marée... — Il y a huit enfants, — le fils aîné est sergent aux gardes-françaises, — Nanette est la plus jeune de la famille... — vous retiendrez tous ces détails ?...

— Je n'en oublierai pas un mot, monseigneur.

— La petite est très-entourée, — très-surveillée, — très-connue, — très-aimée de tous ses voisins... — Il faut éviter avec soin tout éclat, — tout scandale, — l'enlèvement sera difficile...

— Un zèle comme le mien, monseigneur redouble avec les obstacles.

— Je tiens à ce que ce soit une affaire faite dans huit jours...

— Avant, monseigneur. — Avant !

— Examinez dès demain la position, et prenez rendez-vous avec mon intendant pour lui rendre compte de vos démarches...

— Oui, monseigneur.

— Vous vous entendrez avec lui, relativement aux moyens que vous jugerez convenables d'employer... — Seulement, il ne doit paraître en quoi que ce soit dans tout ceci.

— Soyez tranquille, monseigneur !

— L'argent dont vous aurez besoin ne vous manquera pas... et, quand vous aurez réussi, je saurai récompenser dignement votre activité...

— Que de bontés, monseigneur !

— Le jour où vous remettrez la jeune fille entre les mains de qui de droit, vous toucherez trois cents louis.

— Plutôt que de ne pas réussir, je me ferais tuer trois cents fois.

— C'est bien.

La Bricole, à l'accent avec lequel furent prononcées ces paroles, comprit que l'entretien était fini.

Il salua de plus belle.

La voix appela :

— Grain-d'Orge...

— Me voici, monseigneur, — répondit l'intendant.

— Donne de l'argent à cet homme, et prends rendez-vous avec lui.

— Oui, monseigneur.

Le carrosse partit au grand trot de ses chevaux, et disparut dans l'obscurité.

— Voici quinze louis, — dit au chevalier l'intendant que nous venons d'entendre appeler *Grain-d'Orge*, — un nom de guerre sans doute. Demain soir j'irai vous rejoindre à la taverne du *Broc d'Argent*. D'ici-là, bonne besogne, et n'oubliez rien...

— *Rue Aubry-le-Boucher*. — *Nanette Lollier*, — vous voyez que je me souviens. Soyez tranquille, et comptez sur moi.

— A demain, donc.

— A demain.

L'intendant se perdit dans les ténèbres comme avait disparu le carosse.

La Bricole se rapprocha de Tulipano, qui s'était tenu un peu à l'écart, sur la recommandation de Grain-d'Orge.

— Combien t'a-t-on donné ce soir? demanda le grand d'Espagne.

— Combien ? répéta le chevalier qui songeait à nier qu'il eût rien reçu.

— Oui, — j'ai entendu le bruit de l'or.

— Eh bien ! on m'a donné dix louis, — comme hier. — En voici trois, — je pense que ta promenade est bien payée.

Tulipano empocha.

— Et combien t'a-t-on promis ? — demanda-t-il ensuite.

— Cent louis.

— Que ça !

— Tiens !... c'est assez joli, je crois !... — Si je suis content de toi, je t'en donnerai quarante.

Le grand d'Espagne, — selon sa coutume, — grommela, mais ne répondit rien.

Puis tous deux, comme la veille, regagnèrent le tripot, dans l'honnête intention d'y tenter quelque friponnerie.

## VII

La famille Lollier. — Le rosier de Nanette.

Nous croyons, — sans cependant prendre sur nous de l'affirmer d'une façon absolument positive, — que la rue Aubry-le-Boucher vient de disparaître dans les récentes démolitions d'où Paris va sortir tout neuf et vêtu de blanc, comme une fiancée le jour de ses noces.

Dans tous les cas, en aucun temps, la rue en question n'a rien offert qui soit digne de fixer l'attention, par conséquent nous n'avons quoi que ce soit à en dire, si ce n'est qu'elle était étroite, tortueuse, obscure et sale, — surtout à l'époque où se passent les faits dont nous sommes le très-fidèle historien.

La famille Lollier occupait le rez-de-chaussée de l'une des maisons les plus rapprochées de la rue Saint-Martin.

Cette famille, — nous avons entendu le grand seigneur inconnu le dire à La Bricole, — était nombreuse. Elle se composait de dix personnes, — le père, la mère et huit enfants. André-Thomas Lollier était *employé à la propreté* du carreau de la Halle. Nous supposons que cette expression, — que nous reproduisons servilement d'après les mémoires historiques qui nous guident, — équivalait à celle de *balayeur*.

Marie-Jeanne Ladure, femme Lollier, avait à la Halle un étal de marchande de marée. Nulle part on ne trouvait des raies, des turbots, des soles et des homards plus frais que chez elle. Ajoutons à cela que, contre la coutume de ses collègues en poissonnerie, elle se montrait accorte avec la pratique. Aussi son commerce prospérait, que c'était merveille.

Les époux Lollier se seraient trouvés, grâce à leur industrie et à leur courage, dans une fort honnête aisance, si le nombre toujours croissant de leurs enfants ne les avait souvent mis dans l'embarras. Mais ils avaient pris gaîment leur parti de toutes les difficultés, et ils les avaient surmontées, comme il arrive presque toujours aux honnêtes gens qui ne prennent pas le chagrin à cœur et ne se laissent pas décourager. Tous les enfants, du reste, tournaient admirablement, et les garçons se faisaient un point d'honneur de ne rester que le moins longtemps possible à la charge de leur famille. C'est ainsi que le fils aîné, Eustache Lollier, superbe garçon de vingt-huit ans, était déjà parvenu au grade éminent de sergent aux gardes-françaises, — ce qui n'était point un médiocre honneur pour de petites gens, et suscitait aux Lollier bien des jalousies dans leur quartier.

Nanette Lollier, — l'héroïne de ce récit et la cadette des

huit enfants, — était venue au monde le 29 décembre de l'année 1740. Quoiqu'on trouvât généralement qu'elle arrivait mal à propos, et que Marie-Jeanne, sa mère, eût mieux fait de se reposer sur ses lauriers, sa jolie mine, ses gentillesses, son *caquet* fin et spirituel, la rendirent chère à ses parents, — plus chère peut-être que ses autres sœurs. Voici en quels termes s'expriment à son sujet les Mémoires dont nous parlions il n'y a qu'un instant :

« Une dame Grimaud, veuve d'un huissier, femme honnête et dans l'aisance, habitant la même maison que la famille Lollier, devint la marraine de la petite fille, à laquelle elle donna son nom de *Nanette*. A mesure que la filleule grandit, la marraine la prit en affection et se fit son institutrice. Elle lui enseigna tout ce qu'elle savait, c'est-à-dire à lire, à écrire et à compter. — Nanette devint ainsi, — (pour son époque et pour la classe à laquelle elle appartenait), — un véritable phénomène d'érudition, — un puits de science, — un oiseau rare, — *rara avis*. La veuve Grimaud lui forma aussi le cœur et s'occupa tout à fait spécialement de sa voix, que la petite Nanette avait fort belle, pleine, mélodieuse et admirablement juste. Cette éducation musicale fut si bien conduite que Nanette n'avait que douze ans lorsque M. le curé de la paroisse, — lequel considérait fort la famille Lollier et la favorisait, — fit chanter à l'enfant un *Noël* qui enleva tous les suffrages. Les paroissiens et surtout les paroissiennes du quartier se pâmèrent d'admiration et ne jurèrent plus que par Nanette et par sa belle voix. Peu s'en fallut que Marie-Jeanne n'en perdît la tête de contentement.

« L'année suivante, la supérieure du couvent des Filles-Dieu, qui avait beaucoup entendu parler de Nanette, demanda l'enfant pour chanter aux offices de la semaine sainte. Nanette chanta en effet un *Stabat* et un *O filii et filiæ*, et tout si agréablement, qu'à partir de ce moment, elle cessa d'être confondue avec les autres petites filles de son âge. Ces distinctions, ces louanges, ces éloges tournèrent la tête de la mère, — et un peu aussi celle de la fille. Marie-Jeanne, — qui ne voyait pas d'état plus beau que celui de marchande de marée, — aurait bien voulu que Nanette s'associât à son commerce, afin de se mettre à même de pouvoir lui succéder à son étal, — mais voyant sa fille si jolie, si délicate et si distinguée, une sorte de crainte instinctive lui empêchait de lui dévoiler ses désirs secrets. Nanette, de son côté, avancée comme elle était, et *fine comme l'ambre*, comprenait à merveille ce que sa mère ne lui disait pas, — mais elle éprouvait une insurmontable répugnance en présence de tous les détails peu attrayants du commerce de poissonnerie, — la seule idée d'enfoncer ses doigts blancs et délicats dans les ouïes sanglantes d'une barbue, lui donnait un petit frisson.

« Cependant, le temps passait et Nanette, ne quittant guère le logis maternel, avait pour toute attribution de tenir en bon ordre et en bon état le linge un peu usé du ménage. »

§

Les pages qui précèdent et dont nous n'avons qu'à peine rajeuni le style ingénu, expliquent à merveille, ce nous semble, les premières années de la jeune fille. A l'époque où commencent les événements de ce récit, Nanette, — nous le savons, — avait quinze ans.

Pénétrons maintenant, — si vous le voulez bien, — dans la pièce principale du très-humble logis des Lollier.

Cette pièce, prenant jour sur la rue par une porte et par une fenêtre, servait tout à la fois de cuisine, — de magasin, — de salle à manger, — et de salle commune. Son ameublement était plus que simple et consistait en une grande table carrée, — deux bahuts, — une armoire écornée, — et une douzaine de chaises de bois, le tout propre, net et brillant comme dans un ménage hollandais. Une grande cheminée, sous le manteau de laquelle il était facile de se tenir debout, — occupait le centre de l'une des parois latérales. Dans cette cheminée, trois ou quatre crémaillères soutenaient autant de chaudrons, dont l'un, — gigantesque, — destiné à cuire les homards, les langoustes et les crabes, que Marie-Jeanne portait ensuite à la Halle, fermes et savoureux sous leur cuirasse écarlate. Malgré l'exquise propreté dont nous parlions tout à l'heure, une odeur de marée, bien prononcée, régnait dans cette pièce. Un gros bouquet de fleurs des champs, — placé sur un bahut, dans un vase de faïence blanche à enluminures bizarres, — avait mission de combattre par ses parfums la senteur du poisson de mer. A coup sûr, c'était Nanette qui, de ses blanches mains, avait composé ce bouquet, dont les couleurs éclatantes se nuançaient avec une harmonie peu commune. A coup sûr encore, c'était elle qui le rendait aussi vivace, en l'arrosant d'eau fraîche deux ou trois fois par jour. Nanette avait la passion des fleurs. Peut-être ne se serait-elle pas dérangée pour ramasser des bracelets d'or, — cependant nous ne l'affirmerions pas sous la foi du serment, — mais nous pouvons hardiment répondre qu'elle eût fait de grand cœur trois ou quatre lieues, pour aller cueillir un bouquet de roses, ou quelques-unes de ces grappes parfumées qui sont les odorants panaches du lilas.

La jeune fille regardait presque les fleurs comme des créatures animées. Elle leur parlait, — elle en écoutait les mystérieuses réponses, — elle s'enivrait de leurs pénétrantes émanations.

Un jour, une de ces voisines, — marchande de fleurs sur le quai qui touche au Palais-de-Justice, — lui avait fait présent d'un petit rosier. — Triste cadeau, car l'arbuste etait rachitique et d'une pitoyable venue. Nanette folle de joie, — avait eu pour lui de tels soins qu'il s'était peu à peu ranimé. Ses feuilles, — jaunes et décolorées, — avaient repris leur belle couleur verte, — la tige ployante s'était relevée. L'arbuste vivait ! Au printemps suivant, un bouton parut,— puis deux, — puis dix. Aux boutons succédèrent les roses. Ce fut pour Nanette une ivresse véritable, — un délire dont nous ne saurions donner une idée.

Marie-Jeanne, dans sa tendresse de mère, était jalouse du rosier, et prétendait que Nanette l'aimait moins depuis qu'elle avait ainsi donné son cœur à l'arbuste. Quelques mois se passèrent, — l'automne arriva. Les roses se flétrirent et tombèrent effeuillées, l'une après l'autre. Nanette se consola, en se disant qu'au printemps prochain boutons et roses reviendraient. Hélas ! il en devait être autrement. Un mal inconnu se déclara. L'arbuste fut atteint d'une de ces consomptions sans remède qui s'attaquent aux frêles plantes emprisonnées dans l'argile d'un vase trop étroit pour leurs racines. Et puis, sans doute, l'air et la lumière manquaient. Nanette essaya, pendant bien des jours, de lutter contre l'évidence. Mais enfin la triste vérité éclata. L'arbuste avait cessé de vivre. Quand l'enfant ne put plus conserver l'ombre d'un doute ni d'une espérance, — on la vit pâlir et chanceler — quelques larmes ruisselèrent sur son visage morne, — puis elle tomba évanouie. Lorsqu'elle revint à elle, une fièvre ardente se déclara. — Nanette était bien malade, et, durant plus d'une semaine, on crut qe'elle allait mourir avec son rosier. Une fois guérie, et même longtemps après, — on ne parlait jamais devant elle du pauvre petit arbuste qu'elle avait tant aimé, — car son cœur se serait serré, et on aurait vu ses beaux yeux se remplir de larmes soudaines.

Voilà comment Nanette Lollier aimait les fleurs.

## VIII

Nanette et Rosette. — Les fiancés.

Depuis le commencement de ce volume, nous n'avons mis pour ainsi dire sous les yeux de nos lecteurs que de fort vilaines figures. La Bricole, — don Gusman de Tulipano, — Grain-d'Orge, — sont des modèles achevés de laideur physique et morale. Il est grand temps, ce nous semble, de reposer un peu les regards, en esquissant de plus gracieux visages, en traçant des tableaux moins odieux. C'est ce que nous allons essayer de faire.

Dans le chapitre précédent, nous avons décrit rapidement la pièce principale de l'habitation de la famille Lollier. Voilà le cadre. Plaçons-y maintenant les personnages.

Ces personnages étaient au nombre de trois, — deux jeunes filles et un jeune homme.

C'était d'abord une grande et belle fille, blonde et fraîche — à la lèvre rouge et mutine, — aux grands yeux de velours bleu, sous une double rangée de longs cils. Cette jeune fille, vêtue du charmant déshabillé de toile peinte des grisettes parisiennes à cette époque, semblait une vivante personnification de la gaîté vive et de l'humeur franche et joyeuse. Elle riait sans cesse et à tout propos. On eût dit qu'il y avait une perpétuelle coquetterie dans ce rire intarissable, qui laissait voir l'émail humide de ses petites dents, aussi blanches que celles d'un jeune chien, et qui creusait de mignonnes fossettes à son menton et au coin de sa bouche. Mais nous prenons sur nous d'affirmer que la coquetterie n'y était pour rien. Rosette, — ainsi se nommait la joyeuse fille, — aurait ri tout autant, quand même le rire l'eût rendue moins jolie. Elle était assise sur une chaise de bois, dont le dossier s'appuyait à la table carrée qui se trouvait au milieu de la chambre. Ses mains rosées, — cachées à demi par de petites mitaines de fil blanc, — jouaient nonchalamment avec quelques fleurs, enlevées sans doute au bouquet dont nous avons parlé. Tout en les effeuillant elle riait. En face, et tout auprès d'elle, se tenait debout un grand et beau jeune homme, portant le galant uniforme de sergent aux gardes-françaises. Rien ne seyait mieux que ce costume à sa taille élevée et bien prise, — à ses épaules larges et parfaitement effacées, — à sa figure mâle et expressive, et d'une régularité qui n'excluait point l'expression. On devine que ce beau jeune homme n'était autre qu'Eustache Lollier, le fils aîné de Marie-Jeanne.

— Oh ! Rosette, — murmurait-il, — ravissante et méchante fille ! — pourquoi me tourmenter ainsi ?...

— Le menteur !... — interrompit Rosette avec un frais éclat de rire, — pourquoi dire que je suis méchante quand il n'en pense pas un mot !... — je vous tourmente, moi ?... — et comment ?

— Vous le savez bien !..

— Nenni, da !...

— Pourquoi, quand je vous en prie si fort, refuser de convenir que vous m'aimez ?...

— En doutez-vous ? — demanda moqueusement Rosette.

— Non... mais...

— Eh bien ! puisque vous prétendez le savoir, pourquoi demander que je vous le dise ?

— C'est si bon à entendre !...

— Est-ce donc la mode, aujourd'hui, que les honnêtes

filles parlent d'amour aux gardes-françaises !... — s'écria Rosette en riant de plus belle.

— Oui, certes, quand le garde-française et la jolie fille doivent se marier dans huit jours...

— Eh bien !... attendons que le mariage soit fait... et alors...

— Alors ?...

— Nous verrons... — peut-être vous dirai-je après ce que je ne veux pas vous dire avant... — et ne vous plaignez point de cela, mon pauvre Eustache, — ajouta Rosette avec son rire étincelant, — il y a tant de maris dans Paris à qui tout le contraire arrive, et à qui l'on dit avant ce qu'on ne leur dit plus après...

Il y avait dans ces paroles un aveu déguisé qui n'échappa point au jeune homme.

— Vous êtes un ange, oh ! Rosette !... — s'écria-t-il avec transport.

— Tiens ! je ne suis donc plus méchante !...

— Oui, un ange !... et je vous adore...

Et le garde-française, s'emparant d'une main que la jeune fille ne défendit pas trop, la couvrit d'une demi-douzaine de bon gros baisers bien sonores. Et Rosette, pendant ce temps, que faisait-elle ? Elle riait. — Cependant, une autre jeune fille, — assise tout auprès de la fenêtre qui ne laissait pénétrer qu'un jour assez douteux à travers ses petits carreaux verdâtres, enchâssés dans du plomb, — semblait s'absorber entièrement dans le travail de couture qu'elle était en train de mener à bonne fin. Mais du coin de l'œil elle regardait avec une curieuse attention le gracieux tableau dont nous venons d'esquisser les lignes.

Cette jeune fille était Nanette Lollier. Jamais plus radieuse beauté n'avait mérité mieux d'attirer tous les regards et de faire battre tous les cœurs. Jamais le ciseau du sculpteur et le pinceau du peintre, s'unissant pour créer un chef-d'œuvre, n'auraient réussi à produire un ensemble aussi parfait, aussi complétement irréprochable. Nanette était le type idéal de la perfection et de la beauté. Non point de cette beauté froide, — de cette beauté classique et convenue, qu'on admire et qui glace, — mais de la beauté vraiment féminine et parisienne, dans ce qu'elle a de plus gracieux et de plus souriant. Sous ses longs cheveux bruns, d'une richesse et d'un éclat merveilleux, — relevés sur les tempes et formant, à la hauteur de ses petites oreilles nacrées, deux accroche-cœurs irrésistibles, se voyait un front pur et d'une inaltérable blancheur. Le galbe un peu allongé du visage ne nuisait en rien à la rondeur des joues qu'on eût dit recouvertes de ce délicieux velouté qui fait le charme des pêches mûres. Ses grands yeux noirs, — doux, rêveurs et vifs à la fois, — étaient expressifs comme la parole, et lançaient parfois les étincelles d'un feu voilé. La bouche, — cette petite bouche des femmes de Watteau, dont aujourd'hui le dessin est perdu, — semblait, — malgré la chasteté candide de ses lignes, et pour nous servir d'une expression empruntée au langage du temps, — *l'arc du petit dieu Cupidon*. Cette tête idéale s'attachait aux épaules par un cou aussi pur, aussi parfait que devait l'être plus tard celui de la belle et malheureuse princesse de Lamballe. La taille, souple et cambrée comme celle d'une Espagnole, était un peu frêle peut-être, mais le corsage promettait de bientôt offrir ces formes arrondies et voluptueuses qui manquent à la première jeunesse, et dont l'absence à quinze ans est une grâce de plus. Les duchesses, — et nous disons les plus fières de leur pied aristocratique et de leur main patricienne, — eussent envié le pied et la main de Nanette Lollier. Pas une femme peut-être, à Paris, n'aurait pu mettre les petits gants de soie qu'elle se tricotait elle-même, — et pas une, à coup sûr, n'aurait chaussé ses souliers à talons, — auprès desquels la pantoufle de Cendrillon eût semblé large. Eh bien ! tout ce que nous venons de dire n'a servi qu'à nous prouver à nous-même l'impuissance dans laquelle nous nous trouvons de faire de Nanette un portrait ressemblant. Il nous faudrait les crayons de Latour ou les pinceaux de Boucher pour faire revivre dignement cette idéale figure. Plus heureuse que *Nanette Lollier*, — *Geneviève Galliot* avait trouvé un peintre, — et quel peintre ? l'immortel Greuze ! La pauvre Nanette est morte tout entière, — et nous ne savons pas la ressusciter !...

Tout à coup, et au moment où Eustache Lollier venait d'embrasser si bruyamment la main de sa rieuse fiancée, — Nanette jeta son ouvrage, — un superbe caraco de sa mère, presque neuf et qui n'avait servi que pendant deux ans, — elle se leva et s'approcha légèrement des deux jeunes gens.

Nous ne saurions dire combien de grâces nouvelles recélait sa démarche. C'est pour elle que semblait devoir être fait, cent ans plus tard, ce vers charmant d'un grand poète :

Même quand l'oiseau marche, on sent qu'il a des ailes !

— Cher frère, — bonne petite sœur, — dit Nanette, — comme vous êtes enfants tous deux !... — vous vous taquinez presque sans cesse pour vous raccommoder ensuite, — ne vaudrait-il donc pas mieux vous aimer tout simplement ?... — Toi, mon pauvre Eustache, tu crois toujours que Rosette ne t'aime pas assez, et tu n'as pas raison, car elle t'adore... j'en réponds !... — Toi, Rosette, tu ris souvent quand mon frère te parle d'amour, et c'est bien mal, car ton petit cœur au fond, est tout à lui...

— Ah ! par exemple !... — dit la jolie blonde.

— Oui, *tout à lui*, — reprit Nanette en appuyant malicieusement sur ces mots, — et tu me le répètes sans cesse quand nous ne sommes que nous deux...

— Oh! trahison!... — fit Rosette en riant.

— Oh! bonheur! — s'écria le garde-française.

— Accordez-vous donc bien vite, — poursuivit Nanette, — et puisque tout est convenu entre vous et entre nos familles, décidez, sans plus tarder, quel jour et en quel endroit nous danserons à votre noce...

## IX

### L'homme propose et la femme dispose.

La dernière proposition de Nanette ne rencontra point d'opposants.

Au fond, la jolie blonde, — ainsi que l'avait affirmé traîtreusement Nanette, — adorait le garde-française.

Elle riait de ses paroles d'amour, parce qu'elle riait de tout, — elle le contrariait volontiers, porce qu'elle était d'humeur moqueuse, — mais son cœur battait bien fort lorsqu'elle se disait que, dans quelques jours, elle serait à lui, — bien à lui.

— C'est cela! — s'écria Eustache, — convenons de tout! — cette noce, — cette belle noce, où la ferons-nous?...

— D'abord, — dit Nanette, — je prétends avoir voix délibérative au conseil...

— Parbleu! — répliqua Eustache, — cela va sans dire...

— Oh! oui, petite sœur, — fit à son tour la fiancée du garde-française, donne-nous ton avis... tout ce que tu voudras, moi, je le voudrai...

— Avant tout, — reprit le jeune homme, — il nous faut un endroit où la place ne manque pas... — songez que nous serons cinquante ou soixante personnes, au moins...

— Tant que cela ? — fit Nanette.

— Je crois bien ! — compte donc un peu, — nos deux familles et les amis de nos familles, — et, grâce à Dieu, nous en avons quelques-uns, et des bons, — ensuite tous mes amis à moi, les sergents aux gardes-françaises... — En grande tenue !... et de la musique, — j'aurai les fifres et les tambours, — mon lieutenant me l'a promis...

— Vraiment !... s'écria Rosette en riant aux éclats et en frappant ses deux petites mains l'une dans l'autre, — mais ce sera charmant.

— Charmant, chère Rosette !.. — dis donc magnifique !.. — ah ! l'on parlera longtemps de la noce d'Eustache Lollier et de Rosette Pierrefitte, la plus jolie fille du quartier Saint-Martin !...

— Après Nanette, — s'écria la rieuse, en sautant au cou de sa sœur future.

— Oh ! — répliqua Nanette. — les sœurs ne comptent pas... pour leurs frères du moins... d'ailleurs tu es plus jolie que moi, toi, Rosette...

— Non pas...

— Je t'assure que si...

— Je te jure que non...

Ce fut au tour d'Eustache à se mettre à rire.

Il coupa court à la discussion en disant :

— Vous avez raison toutes deux, car vous êtes aussi jolies l'une que l'autre !...

Rosette récompensa son fiancé par un sourire.

Puis elle demanda :

— Eh bien, que décidons-nous ?

— Je propose les *Porcherons*, — fit Eustache.

Une petite moue charmante vint aux lèvres de Nanette.

— Oh! les Porcherons... — fit-elle.

— Est-ce que cela ne te sourit pas, ma sœur?...

— Franchement, non.

— Pourquoi?

— C'est un vilain endroit, les Porcherons... — répondit la jeune fille, — on prétend qu'il y vient des seigneurs déguisés... — je crois que nous n'y serions pas tranquilles... — d'ailleurs ce n'est pas assez champêtre, on n'y voit point une pauvre fleur...

— N'en parlons plus, — dit gaîment Eustache.

— Repoussé avec perte!... — s'écria Rosette en riant.

— Méchante! — riposta gaîment Eustache, — je suis battu, c'est vrai, mais vous paierez les frais de la guerre!...

— Et comment?

— Vous allez voir.

Tout en parlant, il l'embrassa.

Rosette rougit jusqu'au haut de son front si blanc, — puis elle se mit à rire, et dit :

— Tant pis pour vous, après tout!... — vous vous volez vous-même...

— Ah! bah! je me restituerai mon bien plus tard.

— Voyons, — fit Nanette, — autre chose?

— Que dites-vous des *Près-Saint-Gervais?*

— C'est mieux, — répliqua la jeune fille.

— Ce n'est donc pas encore tout à fait bien?

— Non, — je crois qu'on peut trouver mieux encore...

— Je parie, sœur, que tu as une idée...

— C'est possible.

— Dis-la, — dis-la vite, ton idée, petite sœur! — s'écria Rosette, — je parie, moi, qu'elle est excellente!...

— Eh! bien puisque vous le voulez, je songeais au *Moulin de Javelle*...

— Oui !... oui !... oui !... — dirent à la fois les deux jeunes gens, — Nanette a raison ! adopté ! adopté ! vive le moulin de Javelle !...

Et le garde-française se mit à chanter, d'une voix de stentor, cette vieille chanson de l'époque, qui n'est pas beaucoup moins mauvaise que certains couplets de vaudevilles modernes :

>Au moulin de Javelle
>Vont deux à deux
>Les amoureux !...

>Au moulin de Javelle
>Que la beauté soit fidèle
>Car au moulin de Javelle
>    Les amoureux
>    Sont heureux !...

>Le plus beau séjour du monde
>C'est celui-là, je le crois !...
>Chacun y vient, à la ronde
>S'amuser comme des rois !...

>C'est au moulin de Javelle
>Que le plaisir nous appelle !...
>Vive ce charmant séjour
>De l'hymen et de l'amour !...

Quand Eustache eut achevé, les deux jeunes filles se prirent par la main, et se mirent à tourner joyeusement autour de la table, en répétant :

>C'est au moulin de Javelle
>Que le plaisir nous appelle !...
>Vive ce charmant séjour
>De l'hymen et de l'amour !...

§

Nanette et Rosette n'avaient point achevé leur ronde

lorsque Marie-Jeanne, portant sur sa tête une grande manne d'osier, qui renfermait une demi-douzaine de bourriches, parut dans le cadre de la porte, en s'écriant d'un ton de bonne humeur :

— Allons !... allons !... mes p'tites chattes, v'là qui va ben !... — j'vois qu'ici l'on n'engendre point de mélancolie !... — N'vous gênez pas pour moi, les enfants !... si le cœur vous en dit encore, dansez, sautez, trémoussez-vous !... — Jarniguienne !... sans mes vieilles jambes, j'crois, ma fine, que j'en ferais tout autant !...

Marie-Jeanne était une grande et forte femme, vêtue de couleurs éclatantes à la mode des poissardes de ce temps, et portant un mouchoir de coton rouge, noué d'une façon pittoresque autour de ses cheveux grisonnants.

Sa haute taille était droite encore, — ses traits réguliers, quoique flétris par les nombreuses fatigues de sa vie, — et l'on voyait que, quelques vingt ans auparavant, — elle avait dû être fort belle.

Seulement il n'existait en son apparence aucun vestige de cette distinction exquise qui rendait sa plus jeune fille si admirable.

Nanette et Rosette l'aidèrent à se débarrasser de sa manne, — les bourriches, — remplies de poisson qui n'avait pas été vendu, — furent rangées dans un coin, — puis les deux jeunes filles embrassèrent l'une après l'autre, et avec expansion, la poissarde.

— Ah ! Rosette, ma mignonne Rosette, — dit Marie-Jeanne, — comme te v'là donc gentille au jour d'aujourd'hui !... — t'es plus fraîche, parole d'honneur, qu'une limande qui frétille encore !... — A-t-il de la chance, ce mauvais sujet d'Eustache !... en a-t-il !...

— Plus que je ne mérite, n'est-ce pas, ma mère ? — demanda le garde-française en souriant.

— Oh! je ne dis pas ça! — répondit Marie-Jeanne, — tu es un garçon bien méritant, c'est la vérité!... Mais, n'empêche, t'as de la chance, tout de même!

— Et il le sait bien, — fit Nanette.

Pendant ce dialogue, la blonde Rosette, en un accès de rire éclatant, montrait ses trente-deux dents blanches.

— Ah! ça, voyons, — demanda Marie-Jeanne, — à quand la noce?... avez-vous décidé ça, mes enfants?

— Nous avons du moins choisi l'endroit où nous la ferons, — répondit le garde-française.

— Et c'est?...

— Au moulin de Javelle.

— Tiens!... tiens!... tiens!... ça me va beaucoup! — c'est un endroit gai, le moulin de Javelle! — Je vas mettre d'côté, pour le repas, deux turbots, quatre barbues et une douzaine d'homards, que Sa Majesté, notre monarque, n'en a pas de pareils sur sa table les jours de gala...

Pendant quelques minutes la conversation continua sur ce ton joyeux.

Puis la plupart des membres qui composaient la famille Lollier rentrèrent successivement au logis.

Ce fut d'abord le père, — André Lollier, libre de bonne heure, ce jour-là, de ses travaux à la Halle.

Puis, deux ou trois des jeunes filles, employées dans le quartier à des travaux de couture ou de blanchissage.

Et, enfin, Marcel Lollier, — celui des enfants qui était venu au monde immédiatement avant Nanette.

Marcel avait seize ans et quelques mois.

Il ressemblait tellement à sa plus jeune sœur, — les traits de son visage imberbe étaient si fins et si délicats, — ses joues offraient un velouté si suave et si virginal que, s'il eût revêtu par divertissement des habits de femme, on l'aurait pris, sans aucun doute, pour Nanette elle-même.

Marcel se destinait à la profession d'imprimeur, — mais sans grand espoir de pouvoir jamais amasser les fonds nécessaires pour acheter une maîtrise d'imprimeur ou de libraire.

Grâce à la puissante protection du cuisinier de M. Panckouke, — l'un des meilleurs clients de Marie-Jeanne, — Marcel avait obtenu une place d'apprenti dans les immenses ateliers du célèbre éditeur de l'*Encyclopédie*, — lequel, comme on sait, menait train de grand seigneur et réunissait habituellement à sa table, Diderot, d'Alembert, Helvétius, le baron d'Holbach, et enfin presque toutes les illustrations littéraires, contemporaines.

Marcel se montrait extrêmement fier de contribuer pour sa part à l'érection de ce monument que la littérature et le philosophie du dix-huitième siècle élevaient comme une tour de Babel nouvelle et non moins orgueilleuse que l'ancienne.

X

Repas de famille.

La famille rassemblée applaudit avec expansion. — ainsi que déjà nous l'avons entendu faire à Marie-Jeanne, — au choix que venaient de formuler les fiancés. — Décidément le moulin de Javelle réunissait toutes les sympathies.

Le présent jour était un samedi.

Il fut décidé que le mariage serait célébré le samedi de la semaine suivante.

Cependant Marie-Jeanne avait placé sur la table carrée

une nappe de toile commune élimée en plus d'un endroit, mais d'une blancheur éblouissante.

Ceci fait, elle s'occupa activement des préparatifs du repas.

— Ah! ça, ma belle petite Rosette, — dit-elle ensuite à la fiancée de son fils, — j'espère bien que tu vas rester à dîner avec nous... d'abord, je te préviens que je vais mettre ton couvert à côté de celui de ce bon sujet d'Eustache, c'qui n't'e déplaira guère, j'imagine...

— Je le voudrais bien... — répondit la jeune fille en riant, — pas pour être à côté de M. Eustache, au moins, mais pour rester avec vous et avec ma bonne Nanette, mais malheureusement, ça ne se peut...

— Bah! et pourquoi?

— Parce que ma mère m'attend... elle m'a permis de venir vous dire un tout petit bonjour, mais elle m'a bien recommandé de ne pas rester trop longtemps...

— Dans ce cas, — réplique Marie-Jeanne, — je n'insiste point, — ça n'est pas moi qui détournerai jamais les enfants de c'qui se doit à l'obéissance paternelle et maternelle, car, si n'importe qui, pour n'importe qu'est-ce, en faisait autant aux miens, ah! jour de Dieu!... ça n'irait pas bien!... — viens donc par ici que je t'embrasse, ma petite Rosette, et file...

— Je vais vous quitter aussi, ma mère, — dit alors le sergent aux gardes.

— Tiens! tiens! tiens!... est-ce que t'as du vif argent dans les veines, comme Rosette, mon garçon?...

— Non, ma mère, mais mon lieutenant m'a recommandé de rentrer de bonne heure à la caserne,.. et vous comprenez, comme j'ai besoin d'un congé pour toute la semaine prochaine, je ne veux pas risquer d'indisposer mes supérieurs contre moi...

— T'as raison, garçon, t'as raison... — l'obéissance et la *subostination* avant tout...

— Et, — continua Eustache, — comme c'est mon chemin de passer justement devant la maison de madame Pierrefitte, je ferai la route avec mademoiselle Rosette, — si c'est un effet de sa grande bonté de me le permettre, et je la laisserai à sa porte...

Rosette, Nanette, Marie-Jeanne et tous les autres témoins de cette petite scène se mirent à rire.

— Ah! ah! — s'écria la poissarde, — fallait donc dire ça tout de suite !... — j'comprends à présent la consigne et la caserne... — histoire de faire un bout de chemin avec sa bonne amie !... — voyez-vous, le mauvais sujet... — eh bien! mes enfants, allez-vous-en de compagnie, — quant à moi j'y obtempère !...

— Mais, — dit vivement Rosette en ne riant qu'à moitié, et avec un petit air de pruderie le plus charmant du monde, — je ne sais pas trop si je dois consentir à ce que me propose M. Eustache...

— Et, pourquoi donc ça, ma petite ? — demanda Marie-Jeanne.

— Dame !... qu'est-ce qu'on dira dans le quartier ?

— On dira ce qu'on voudra, pardine !... ne vous mariez-vous pas dans huit jours ?...

— Mais... — hasarda de nouveau Rosette.

— Il n'y a ni *mais*, ni *si*, ni *car*, — interrompit impétueusement la poissarde, — quand on a pour soi sa bonne conscience, on peut se moquer de la *langue du monde*, et, quand Marie-Jeanne Lollier a garanti qu'une chose était bien, personne n'a le droit d'y trouver à redire...

Rosette avait écouté, en riant aux larmes, cette véhémente sortie de sa future belle-mère.

Lorsque la poissarde eut achevé sa péroraison, en mettant

fièrement son poing sur sa hanche, la jolie blonde lui fit une coquette révérence, et dit :

— Bonne maman Marie-Jeanne, ne vous fâchez pas, — je vais prendre le bras de M. Eustache, — mais c'est bien pour vous faire plaisir, au moins...

— A la bonne heure ! — s'écria la poissarde, — et soyez sans crainte, mes enfants, vous ferez un joli couple !... — Ah ! jarniguienne, qu'on m'en trouve un plus beau dans Paris, et je m'en vas l'aller dire à Rome !...

Rosette embrassa Nanette et Marie-Jeanne, — et les petites sœurs, — et aussi Marcel, — puis elle sortit avec Eustache, très-fière, au fond, de s'appuyer sur le bras du plus beau sergent des gardes-françaises.

La mère Lollier les suivit jusque sur le seuil, afin de les revoir encore, et de les admirer plus longtemps.

Elle ne remarqua point un homme grand et maigre, debout, de l'autre côté de la rue, dans l'embrasure d'une porte bâtarde, et qui semblait observer avec une attention profonde le logis des Lollier.

— Ah ! ces petites filles ! — dit Marie-Jeanne en rentrant dans la salle commune après avoir refermé la porte, — elles sont toutes les mêmes !... — Voyez c'te péronnelle de Rosette, — une bien brave enfant, ma fine !... — elle grillait d'envie de s'en aller avec son amoureux, et elle n'en faisait pas moins la petite bouche et la difficile !... — dire pourtant que j'étais comme ça jadis... au temps de mes amours avec mon homme que voilà... — Hein, André, t'en souviens-tu, huit jours avant la noce ?...

— Ah ! je le crois bien que je m'en souviens ! — répondit galamment l'époux de Marie-Jeanne, — et je dis que Rosette a beau être gentille et jolie, elle ne te serait seulement pas allée à la cheville, dans ce temps-là, ma femme !...

Enchantée de ce compliment conjugal, qui lui rappelait

les roses effeuillées d'une lune de miel évanouie, Marie-Jeanne se rengorgea.

Elle rajusta, en face d'un vieux miroir, les pointes du mouchoir rouge qui lui servait de bonnet, — elle jeta sur les vestiges à peu près disparus de sa beauté en ruines un regard de regret, puis elle dit :

— A table, mes enfants... à table... — nous avons tous bien travaillé, — mangeons de bon appétit...

§

La famille Lollier était absorbée depuis quelques minutes dans l'importante et agréable occupation du repas, quand un coup, frappé discrètement à la porte de la rue, attira l'attention générale.

— Entrez ! — cria Marie-Jeanne, sans se déranger.

La porte s'ouvrit, et un personnage bien connu de nos lecteurs entra, en courbant sa longue échine en un salut obséquieux.

Ce personnage était La Bricole.

Il tenait sous son bras gauche son vieux chapeau lampion tout cassé.

*Chatouilleuse*, qui ne le quittait pas plus que son ombre, relevait la basque de son habit sans galons.

L'attitude qu'il avait prise en entrant ne permettait de voir de son visage que son nez énorme et luisant, et ses longues moustaches retroussées.

Malgré l'air bénin que La Bricole s'efforçait de donner à ses traits, toute sa personne n'en conservait pas moins son cachet à la fois grotesque et sinistre.

— Jour de Dieu ! — se dit Marie-Jeanne à elle-même, — jour de Dieu !... voilà un paroissien de bien mauvaise mine !...

Une frayeur instinctive s'empara de Nanette, qui détourna vivement la tête.

Cependant, malgré la mauvaise opinion qu'elle ne pouvait s'empêcher de concevoir de ce visiteur inattendu, Marie-Jeanne quitta sa place et demanda poliment :

— Qu'y a-t-il pour votre service, monsieur ?...

— J'ai tout lieu de croire, — répliqua La Bricole, après une seconde et même une troisième salutation, — que je me trouve en ce moment dans le sein de l'honorable famille Lollier ?...

— Vous y êtes.

— Et c'est à l'estimable madame Lollier que j'ai sans doute l'honneur de parler ? — reprit La Bricole.

— A elle-même.

— Marchande de marée en gros ?

— Comme vous dites.

— Et mère du sergent Lollier, le plus bel homme et le meilleur sujet des gardes-françaises ?

Cet éloge d'Eustache disposa Marie-Jeanne à envisager plus favorablement le visiteur.

— Oui, — monsieur, — fit-elle, — le sergent Lollier est bien mon fils, — mais, encore une fois, qu'y a-t-il pour votre service ?

La Bricole, — tout en parlant et tout en écoutant les réponses de Marie-Jeanne, — promenait autour de la table ce regard inquisiteur particulier aux espions ; — il avait reconnu, ou plutôt deviné Nanette à sa radieuse beauté.

Au bout d'un instant, il répondit :

— Je souhaiterais, madame, parler à votre fils aîné, — je suis chargé pour lui d'un message de quelque importance...

— Est-ce bien pressant, ce message ?

— Oui, madame.

— Dans ce cas, vous n'avez pas de chance.
— Pourquoi donc?
— Parce que, si vous étiez arrivé cinq minutes plus tôt, vous auriez rencontré Eustache ici...
— Et, maintenant?
— Maintenant il vous faudra lui courir après pour le rattraper?

XI

Un ami inconnu.

La Bricole fit un geste destiné à exprimer le désappointement.
— Ah! bah! — dit-il au bout d'un instant, — le sergent est parti! eh bien! tant pis, je lui courrai après, les jambes sont bonnes!...
— Seulement, — reprit Marie-Jeanne, — je vous conseille de vous dépêcher, tout d'même, car Eustache marche comme un cerf... — après çà, peut-être bien qu'il se sera arrêté quequ'z-instants à la porte de Rosette.
— Rosette? — demanda La Bricole avec un accent interrogateur.
— Oui, sa future, — Eustache se marie dans huit jours...
— Tiens! tiens! tiens!... — mes compliments!... — ah! le gaillard!... il ne m'en avait rien dit... — c'est mal!...
— Est-ce que vous êtes de ses amis?
— De ses amis!... — si j'en suis?... — mais je le crois bien, madame Lollier, et des plus intimes encore!... — il ne peut guère se passer de moi... — le lieutenant, quand il est de bonne humeur, nous appelle *Oreste* et *Pylade*.

— Pour lors, il vous invitera à sa noce.

— Ah! pardieu, j'y compte bien!... — s'il ne le faisait pas, je ne lui pardonnerais de ma vie!... foi de gentilhomme!...

Et, ce disant, La Bricole retroussa victorieusement sa moustache.

— Gentilhomme!... — s'écria Marie-Jeanne éblouie, — vous êtes gentilhomme?...

— Chevalier, madame Lollier, pour vous servir...

— Comme Eustache a de belles connaissances!... — pensa la poissarde enthousiasmée.

La Bricole reprit :

— Et, cette noce, quand la ferons-nous?...

— D'aujourd'hui en huit, au *Moulin-de-Javelle*.

— Parfait!... — vingt fois par jour ce cher Eustache me parle de sa sœur, mademoiselle Nanette, la plus jolie fille de Paris, j'espère bien avoir l'honneur d'être son cavalier pour plus d'un rigodon...

— Réponds donc, Nanette, — réponds donc à M. le chevalier... — dit vivement Marie-Jeanne en poussant le coude de sa fille.

Nanette ne répondit pas et rougit jusqu'au blanc des yeux.

— Ah! — fit la poissarde, — ces jeunesses, c'est timide et ça s'embarrasse d'un rien... mais elle est bien reconnaissante de l'honneur que vous lui faites, j'en réponds.

— Maintenant, chère madame Lollier, — poursuivit La Bricole, — indiquez-moi, je vous en prie, le chemin qu'a tenu Eustache; je suis chargé pour lui, je vous le répète, d'un message important, il est essentiel que je le rattrape...

— Eh bien! en sortant d'ici, tournez à gauche, et ensuite, prenez à droite dans la rue Saint-Denis... — vous rencontrerez Eustache dans la rue, pour sûr, car il retournait à la caserne après avoir reconduit Rosette...

— J'y vole... — agréez, je vous en prie, madame, ainsi que toute votre honorable famille, l'assurance de mon profond respect...

La Bricole salua de rechef, aussi bas qu'il l'avait fait en arrivant, — puis il pivota sur ses talons. — Il ouvrit le compas de ses larges jambes, et, remettant sur sa tête son chapeau lampion, il s'élança dans la direction de la rue Saint-Denis, tout en caressant la poignée de *Chatouilleuse*.

Aussitôt qu'il eût disparu, Marie-Jeanne revint s'asseoir à table, et formula tout haut la réflexion que nous lui avons déjà entendu formuler tout bas.

— Comme Eustache a de belles connaissances!... — un gentilhomme!... — un chevalier!... — ça n'est pas du petit monde, ça, tout de même!...

— Il est bien laid, l'ami d'Eustache, — dit Nanette timidement.

— C'est vrai qu'il n'est pas beau, — répliqua la poissarde, — mais il a l'air noble, ça c'est sûr...

— Noble... noble... — fit André Lollier en hochant la tête, — je lui trouve, moi, plutôt la figure d'un bandit que la mine d'un gentilhomme...

Marie-Jeanne frappa du poing sur la table.

— C'est que vous ne vous y connaissez pas! — s'écria-t-elle, — j'vous soutiens, moi, jarniguienne, que c'est un véritable grand seigneur...

— Oh! pour ça, — fit Marcel qui n'avait encore rien dit, — oh! pour ça, j'en doute...

— T'en doutes, morveux?...

— Ma foi, oui.

— Et, pourquoi donc ça, s'il vous plaît?...

— Parce que j'en vois toute la journée, moi, des gentilshommes, chez M. Pankoucke, et des grands seigneurs aussi ; M. le marquis de Louvois et M. le prince de Courtenay, et son fils, et bien d'autres... et ils ne ressemblent guère à l'individu qui sort d'ici...

— Et quelle différence donc que tu trouves entre eux, blanc bec ?

— D'abord ils ont de beaux habits tout dorés et tout galonnés.

— Ce n'est pas le galon qui fait l'homme !

— Et de belles épées, à poignées de nacre ou d'or, avec des pierres précieuses et des nœuds de rubans... — ils ne portent point de moustaches, et leur mine est bien différente... — Moi, je suis comme mon père, je trouve que l'ami d'Eustache a l'air d'un cuistre...

Une approbation générale accueillit les dernières paroles du jeune imprimeur.

Marie-Jeanne ne se tint point pour battue, mais, comme elle n'avait pas de bonnes raisons à donner à l'appui de son opinion, la conversation en resta là, — du moins sur ce chapitre.

§

Le repas venait de s'achever, et les jeunes filles remettaient en ordre les plats, les assiettes, et les couverts d'étain bien luisants, quand Eustache, que personne n'attendait, rentra dans la pièce que nous connaissons.

Le sergent aux gardes-françaises avait tout simplement prétexté des affaires à sa caserne afin de pouvoir reconduire Rosette, mais la vérité est qu'il avait pour ce jour-là une permission de dix heures.

— Tiens ! — s'écria Marie-Jeanne, — te revoilà, toi, bon sujet ?...

— Comme vous voyez, ma mère, et bienvenu, je pense...
— Oh! toujours! — Mais comment que ça se fait?...
Eustache raconta ce que nous venons d'expliquer.
— Alors et pour lors, — reprit la poissarde, — tu arrives tout droit de chez la mère Pierrefitte!...
— Tout droit.
— Et tu n'as rencontré personne en route?
— Personne de ma connaissance.
— Eh bien! mon garçon, prends tes jambes à ton cou, et file...
— Où donc?
— A la caserne.
— Allons donc!... il n'est pas six heures du soir!...
— Ça n'y fait rien, — dépêche-toi...
— Plaisantez-vous? — pourquoi me dépêcher quand rien ne me presse?...
— Rien ne te presse?... c'est ce qui te trompe...
— Que voulez-vous dire?
— Qu'il y a un message qui t'attend à la caserne...
— Un message!..
— Oui.
— De qui?
— De tes chefs.
— Qui vous l'a dit?
— Ton ami intime.
— Quel ami?
— Le grand, — le maigre, — celui qui a des moustaches longues comme ça, — le gentilhomme... — le chevalier...
Eustache regardait sa mère avec la stupéfaction la plus profonde et la plus comique.
— Voyons, — reprit la poissarde impatientée, — quand tu me regarderas pendant une heure avec des yeux comme

ceux d'une brême de mer !... — Jour de Dieu, tu sais bien de qui je veux parler...

— Mais non, ma mère, je vous jure...

— Ton ami, le gentilhomme... ton intime ami... — il a pris la peine de venir ici lui-même, avec le message... — il nous a présenté à tous, ses civilités, comme un parfait seigneur, et point fier à l'encontre des petites gens... — et il te court après, à l'heure qu'il est, jusqu'à la caserne, où il t'attendra avec son message...

Eustache, — de plus en plus stupéfait de ce qu'il entendait, à mesure que sa mère entrait dans de nouvelles explications, — prit le parti de s'asseoir sur une chaise, au milieu de la chambre, et regarda autour de lui d'un air effaré.

— Ah! çà, — demanda le jeune Marcel, tout en riant de la figure de son frère, — est-ce que tu ne le reconnaîtrais pas, ton ami intime?...

— Mais, franchement, — répliqua le sergent, — ça me fait assez cet effet-là !...

— Impossible! — s'écria Marie-Jeanne, — et, la preuve, c'est que ton lieutenant a dit, en propres paroles, qu'*au reste* ce gentilhomme et toi vous étiez *Pylate* ensemble...

— Voyons, — fit alors Eustache, — expliquons-nous, ma mère, je vous en prie, car, foi de sergent aux gardes-françaises, je ne comprends pas un traître mot à ce que vous me racontez depuis un quart d'heure.

Marie-Jeanne leva les mains vers le ciel comme pour attester que son fils aîné perdait la tête.

Puis elle commença le récit de la visite à laquelle nous avons fait assister nos lecteurs, et elle traça de La Bricole un portrait tellement ressemblant qu'il était impossible de ne point connaître ce personnage, pour peu qu'on l'eût rencontré une seule fois dans sa vie.

— Eh bien ! — demanda-t-elle en achevant, — comprends-tu maintenant, et sais-tu de qui *que* je parle ?

Tous les membres de la famille attendaient impatiemment la réponse d'Eustache, qui avait écouté Marie-Jeanne avec une profonde attention et sans l'interrompre une seule fois.

Mais cette réponse ne fut point, de prime-abord, celle qu'on attendait.

— Ma mère, — demanda Eustache, — où mettez-vous votre argent ?

— Là, — répondit machinalement la poissarde, en désignant du geste une des grandes armoires appuyées contre la muraille, et dont nous avons déjà parlé. — Mais quel rapport ?...

— Le plus grand rapport, ma mère, — comptez vos écus, il doit vous en manquer quelques-uns...

— Ah ! bon Dieu ! — s'écria Marie-Jeanne en se précipitant vers l'armoire, — ah ! bon Dieu, et pourquoi donc ?

— Parce que cet homme, qui s'est prétendu mon ami intime, je ne le connais pas, et, par conséquent, c'est un voleur !...

Marie-Jeanne, épouvantée, ouvrit l'armoire, et compta son argent.

Il ne lui manquait pas un sou.

— Tu vois, — dit-elle, — on n'a rien touché...

— C'est qu'il venait seulement reconnaître les lieux, — répliqua Eustache, — et qu'il fera son coup quelqu'autre jour. — Veillez donc bien, je vous le conseille...

Le reste de la soirée se passa à bâtir une foule de conjectures sur l'incident qui nous occupe. — Mais l'idée ne vint à personne que Nanette était le trésor auquel en voulait La Bricole.

## XII

Gentilhomme et grand d'Espagne.

Le soir de ce même jour, à l'heure accoutumée, très-hauts et très-puissants seigneurs, le chevalier de La Bricole et don Gusman de Tulipano s'installaient devant un bol d'eau-de-vie brûlée, dans le cabinet du premier étage de la taverne du *Broc-d'Argent*.

Ces dignes acolytes devisaient de choses et d'autres en attendant le factotum du seigneur inconnu.

Grain-d'Orge ne se fit pas longtemps attendre.

Il arriva, de ce pas calme et mesuré dont il avait l'habitude, — il plaça sur deux chaises sa canne et son chapeau galonné, avec cet air digne et majestueux dont il ne se départissait jamais, et il entama l'entretien en ces termes :

— Y a-t-il du nouveau, messieurs ?...

— J'aurais presque le droit de trouver cette question injurieuse, — répliqua agréablement La Bricole, — quand je me mêle d'une affaire, il y a toujours du nouveau...

— Ainsi, vous avez agi ?

— Pardieu !

— Qu'avez-vous fait ?

— Je me suis rendu rue Aubry-le-Boucher, et j'ai pénétré dans l'intérieur de la famille Lollier...

— Ah ! ah !...

— J'ai vu, de mes propres yeux, mademoiselle Nanette, et, foi de gentilhomme, votre maître est un homme de goût !... — Cette aimable jouvencelle est le plus friand morceau qui puisse raviver un appétit blasé, — la fleur la plus fraîche qu'un connaisseur émérite puisse souhaiter de cueillir!.. — Vertuchoux et mort de ma vie!... je crois que si j'étais millionnaire, je ne regarderais point à cent mille écus pour me passer un semblable caprice!...

Tout ce verbiage ennuyait Grain-d'Orge.

Il interrompit net La Bricole au milieu de son pathos exalté, et il lui dit :

— Avez-vous un plan?
— Oui.
— Voyons.

Mais le chevalier n'était point homme à arriver à son but sans de notables périphrases.

— Vous comprenez, — fit-il, — qu'une tentative d'enlèvement ne peut avoir lieu, au milieu d'une nombreuse famille, et dans un quartier populeux, sans amener un abominable scandale...

— Je comprends cela, et vous savez aussi bien que moi qu'il faut éviter ce scandale...

— Soyez tranquille, — tout est prévu.
— Mais, comment?
— La jeune fille a un frère aîné...
— Sergent aux gardes-françaises?
— Tout juste.
— Eh bien?

— Par un bonheur fait exprès pour nous, ce frère se marie dans huit jours...

— Que nous importe?

— Il nous importe beaucoup. — Savez-vous où se fera la noce?

— Non, — et je ne tiens guère à le savoir...

— C'est pourtant là le point important. — Le repas et le bal auront lieu au *Moulin de Javelle*... — Comprenez-vous, maintenant?

— Je commence.

— Rien ne nous sera plus facile, à don Gusman de Tulipano et à moi, que de nous faufiler parmi cette cohue plébéienne, pendant le tumulte du bal, après l'enivrement du repas, — nous mettrons adroitement la main sur l'oiseau, — la cage sera là, tout près, sous la forme d'un carrosse attelé de deux bons chevaux, — nous vous jetons l'enfant sur les bras, et, fouette cocher, votre maître sera content et notre argent sera gagné...

Grain-d'Orge avait écouté ce qui précède d'un air incontestablement approbateur.

— En effet, — dit-il ensuite, — votre plan me semble ingénieux et sa réalisation est aisée... — oui, décidément votre idée est bonne...

— Admirable tout simplement! — appuya La Bricole en tordant sa moustache.

— Que vous faut-il pour l'exécution?

— Peut-être deux ou trois hommes sûrs, mais je me charge de les trouver, — ensuite le carrosse en question.

— C'est mon affaire. — Vous dites que la noce aura lieu dans huit jours?

— Oui, samedi prochain, — c'est décidé, convenu, irrévocablement arrêté.

— Alors, vendredi, nous irons tous les trois au *Moulin de Javelle*, afin de nous y concerter mieux et d'aviser aux dernières dispositions à prendre...

— Sera-ce à l'heure du dîner?

— Pourquoi cela?

— Parce qu'on y dîne à merveille, — le vin est bon et les matelottes de carpes et d'anguilles ne rencontrent leurs pareilles ni à la Rapée ni à Bercy...

— Soyez tranquille, nous y dînerons.

— Oh! je connais la largeur de vos façons d'agir et je

sais que vous ne lésinez point sur les détails... ceci m'encourage...

La Bricole s'interrompit :

— A quoi? — demanda Grain-d'Orge.

— A vous exposer que don Gusman de Tulipano et moi, nous éprouvons le besoin de renouveler notre garde-robe, dont le désarroi significatif ne manquerait point d'attirer l'attention sur nous, en une circonstance où tous nos soins doivent avoir pour but de rester inaperçus...

— Ce qui veut dire que vous demandez une nouvelle avance?...

— Pour frais de costumes, — oui, monsieur.

— Eh bien! soit, — voici quinze louis, — mais songez à bien servir celui qui vous emploie et qui vous paye...

— Oh! — s'écria La Bricole avec enthousiasme et conviction, — pour un seigneur si généreux, on se ferait rouer de bon cœur!...

— D'ici à vendredi, — poursuivit Grain-d'Orge, — il est utile de nous voir encore une fois...

— Nous sommes à vos ordres.

— Je viendrai ici mercredi soir, et si, par hasard, il était survenu quelqu'incident nouveau, vous m'en feriez part...

— Nous n'y manquerions pour rien au monde...

Grain-d'Orge se retira.

La Bricole et Tulipano continuèrent à boire, après avoir partagé les quinze louis dont, bien entendu, le chevalier garda dix pour lui.

§

Le lendemain matin, les deux bandits se rendirent, chacun de son côté, chez des brocanteurs de leurs connaissances, afin d'y procéder au rajeunissement de leur toilette quelque peu délabrée.

Nous savons depuis longtemps que la vocation de La Bricole était de se donner des airs de gentilhomme.

Pouvoir être pris pour un seigneur par les gens du menu peuple, lui semblait un bonheur suprême.

Le costume dont il se rendit acquéreur était de nature, du moins selon lui, à coopérer à cette illusion.

Ce costume, vendu sans doute de seconde main par quelque valet de chambre de grande maison, était arrivé chez le brocanteur après avoir subi des fortunes diverses.

Il consistait en une culotte de velours d'une nuance indéfinissable, — en une veste de satin blanc, toute constellée de broderies délicates qui serpentaient en filets d'or autour des revers et des boutonnières, — et enfin, en un habit de taffetas changeant surchargé de galons et d'agréments d'or.

Le satin de la veste était à la vérité fripé, fané, les broderies noires et éraillées.

Des galons de cuivre à peine doré, avaient remplacé les galons jadis précieux de l'habit.

Mais qu'importait à La Bricole ?

Le costume, — tel qu'il était, — produisait son effet à distance.

C'en était assez pour satisfaire le bandit peu difficile.

Il compléta son accoutrement par une paire de bas de soie cramoisie, — une cravate en fausse dentelle et un chapeau lampion, retapé à neuf et galonné à outrance.

Il chaussa des souliers à talons rouges, ornés sur le coude-pied de larges bouffettes de rubans jaunes.

Il attacha à son côté sa fidèle *Chatouilleuse*, et il sortit de chez le fripier, — enchanté de lui-même, — plus fier qu'Artaban, et chantonnant du bout des lèvres :

Monnaie,
Monnaie,

Il n'est pas, sans toi, de bonheur!...
  Tout homme
  Te nomme
Un vrai brevet de grand seigneur!

§

Rejoignons, s'il vous plaît, don Gusman de Tulipano qui, lui aussi, faisait peau neuve, tandis que son féal compagnon, le chevalier de La Bricole, s'adonisait ainsi que nous venons de le voir.

Don Gusman avait à la grandesse d'Espagne des droits aussi incontestables que ceux de La Bricole au titre de chevalier.

Les souches de ces deux honnêtes gens se valaient.

Tulipano s'était rendu chez le fripier, brocanteur et recéleur qui, d'habitude, subvenait, moyennant des prix infiniment modiques, aux nécessités de sa toilette.

Tout au contraire de La Bricole, dont nous connaissons la prédilection pour les dorures, les galons et les couleurs éclatantes, Tulipano n'aimait que le noir.

Cette sombre couleur, pensait-il, allait bien à sa physionomie caractéristiquement basanée, et ajoutait à la distinction de sa personne.

Il se contenta donc de métamorphoser ses vêtements de velours blanchi, contre un autre costume, également de velours, mais d'une fraîcheur moins contestable.

Il fit l'emplette d'un sombrero tout neuf, vendu par un des laquais de l'ambassade espagnole, et d'un collier de cuivre doré, enrichi de fausses pierreries et provenant de la défroque d'un comédien de la foire Saint-Laurent.

Un petit manteau noir, qui ne comptait guère plus de dix années de bons et loyaux services, se drapa élégamment sur son épaule, et, certes, jamais hidalgo n'offrit une plus fière tournure que celle de don Gusman accoutré de cette façon, marchant la tête haute, le torse cambré, et la main droite sur la hanche.

A le voir ainsi passer, on eût dit un descendant du Cid d'Andalousie, — ou quelque héritier en ligne droite de l'illustre don Quichotte de la Manche.

En ce moment Tulipano prenait au sérieux sa grandesse, et se demandait s'il ne ferait pas bien de se présenter à la cour.

## XIII

### Un épisode de l'histoire du Moulin-de-Javelle.

Le vendredi suivant, La Bricole, don Gusman et M. Grain-d'Orge, — ainsi que cela avait été convenu lors de leur entrevue du mercredi soir, — se rencontrèrent, vers les onze heures du matin, à la taverne du *Broc-d'Argent*.

Là, ils prirent un fiacre qui les conduisit au *Moulin de Javelle*.

Le *Moulin de Javelle*.

Bien peu de personnes, aujourd'hui, connaissent ce nom et les galants souvenirs qui se rattachent à cette illustre guinguette. Et, cependant, les dernières années du dix-septième siècle, et pendant le dix-huitième tout entier, le *Moulin de Javelle* fut célèbre. Cet établissement, — moitié restaurant, — moitié auberge, — moitié guinguette, — n'offrait d'analogie avec rien de ce qui existe de nos jours.

Situé sur les bords de la Seine, presqu'en face de l'endroit où s'élève aujourd'hui le pont d'Iéna, le *Moulin de Javelle* jouissait du privilége de réunir une double clientèle. C'étaient au *Moulin de Javelle* que grandes dames et galants cavaliers, — jolies bourgeoises et beaux garçons, — filles d'opéra et vieux seigneurs, — aventurières et chevaliers d'industrie, venaient s'installer en partie fine. C'était là aussi que se célébraient les retours de noces des petits bourgeois, — des commerçants de moyen ordre, et même, parfois, du menu peuple. Jamais endroit ne fut, — plus que le *Moulin de Javelle*, — fertile en incidents de toutes sortes, — en péripéties bachiques et dramatiques. Nous ne comprenons guère qu'aucun des chroniqueurs, qui sont à l'affût de tous les cadres dans lesquels se peuvent enchâsser les anecdotes un peu scandaleuses du dernier siècle, n'ait eu l'idée d'écrire les mémoires du *Moulin de Javelle*. Combien de fois les bosquets et les cabinets du *Moulin de Javelle* n'ont-ils pas vu, le même jour et à la même heure, des couples amoureux qui ne se doutaient guère d'être aussi près les uns des autres. Ici quelque riche traitant, en tête-à-tête avec la couturière de *madame*. Là, *madame* elle-même, en compagnie du premier commis de *monsieur*. Que de rencontres imprévues ! — que de parties brusquement interrompues ! — que de scènes du plus franc comique !... Aussi la comédie s'en est-elle emparée à deux reprises.

En 1696, Florent Carton-Dancourt a fait jouer une pièce sous ce titre : *Moulin de Javelle*. De nos jours, M. Scribe a traité le même sujet, avec un titre semblable. Si les annales du *Moulin de Javelle* trouvaient un historien, le drame, plus d'une fois, s'y mêlerait aux scènes bouffonnes. L'illustre guinguette dont il s'agit était la terre classique des enlèvements que tout semblait y favoriser, mais qui parfois auss s'y dénouaient d'une façon sanglante. Nous demandons nos lecteurs la permission de placer ici un court épisode, qui ne nous semble point un hors-d'œuvre déplacé dans le livre que nous écrivons. Nous empruntons cet épisode aux archives de la police de Paris.

§

En l'an 1744, Isidore Marteau, fils d'un marchand quincaillier du quai de la Ferraille, était très-passionnément épris de la belle Paule Sorbier, fille d'un fabricant de meubles de la rue des Poulies.

Les deux familles, grâce à une conduite sans reproche, et à une probité non suspecte, jouissaient dans leurs quartiers respectifs d'une considération peu commune.

Les Marteau et les Sorbier étaient riches, leur commerce prospérait de jour en jour davantage, — l'union projetée avait donc rencontré de part et d'autre le plus complet assentiment, et M. le curé de Saint-Germain-l'Auxerrois, confesseur de Paule Sorbier, avait promis de célébrer lui-même le mariage et de bénir le jeune couple.

Seulement, comme Isidore Marteau n'avait que vingt ans et demi, et comme Paule n'en avait pas encore tout à fait dix-sept, il fut décidé que la noce n'aurait lieu que six mois jour pour jour, après le moment des accordailles. Ces six mois devaient amener bien des incidents inattendus, dans l'intérieur jusque-là si calme et si patriarchal de la famille Sorbier. Le fabricant de meubles avait pour apprenti, depuis un an, un jeune Languedocien, garçon actif, travailleur, d'une intelligence précoce, mais d'une moralité douteuse, et surtout d'une hypocrisie consommée.

Ce garçon, assez mauvais sujet dans le fond, était venu à bout d'inspirer la plus entière confiance à ses maîtres, par des dehors d'une régularité parfaite et d'une piété exemplaire. Tout le jour il travaillait courageusement, mais la nuit il s'échappait de la maison et battait le pavé jusqu'au matin, en compagnie de quelques chenapans dont il avait fait ses amis.

Simon Ragon, — ainsi se nommait le Languedocien, — n'avait d'autre ambition que celle de devenir habile dans sa partie, afin de pouvoir gagner beaucoup d'argent, et, avec cet argent, de se voir à même de satisfaire ses goûts de débauche. Simon n'était point voleur, — il n'aurait pas pris une pièce de quinze sous dans une caisse ouverte, — mais l'appât d'une somme un peu ronde l'aurait déterminé sans peine à de graves indélicatesses.

Un jour, un grand et beau jeune homme, vêtu du costume original des paysans du Languedoc, se présenta dans la boutique des Sorbier. Il demanda à parler à Simon Ragon, son cousin issu de germain, — disait-il, — auquel il apportait une lettre et des nouvelles du pays. Le père Sorbier envoya quérir son apprenti au magasin où il travaillait. Simon arriva. Les deux parents se jetèrent avec effusion dans les bras l'un de l'autre, et Simon emmena son cousin dans la chambre où il couchait.

Au bout d'une heure, Simon Ragon redescendit. Il était seul et son visage offrait tous les signes d'une profonde consternation.

— Ah! mon Dieu! — s'écria le père Sorbier en voyant les yeux rouges de son apprenti. — Ah! mon Dieu! — mon pauvre garçon, qu'est-ce que tu as?

— J'ai bien du chagrin, allez, maître... — répondit Simon.

— Ton cousin t'a apporté de mauvaises nouvelles?

— Oui, bien mauvaises... lisez cette lettre...

Et Simon tendit au marchand de meubles un papier déployé. Cette lettre, écrite par la mère du Languedocien, annonçait au jeune homme que son père était atteint d'une maladie sans remède, — qu'il lui restait tout au plus quelques semaines à vivre, — qu'il voulait avoir son fils auprès de lui pour lui fermer les yeux, — et qu'elle-même, vieille et infirme, ne pouvait plus vivre seule désormais, il faudrait que Simon abandonnât complètement Paris afin de se fixer auprès d'elle.

— Tu avais raison, mon pauvre garçon, c'est triste! — dit le père Sorbier après avoir achevé cette lecture, — tu n'as qu'un parti à prendre, c'est de partir le plus tôt possible.

— Ainsi ferai-je, — je me mettrai en route aujourd'hui... mais ça me brise le cœur de vous quitter comme ça, maître.

— Ça me fait pareillement beaucoup de chagrin, mon ami... tu étais un brave garçon, et je perds en toi un bon apprenti que je remplacerai difficilement...

— Oh! quant à ceci, maître, vous vous trompez...

— Comment?

— J'ai votre affaire sous la main.

— Toi?

— Moi-même.

— Un autre apprenti?

— Oui.

— Un garçon que tu connais?

— Dont je réponds comme de moi-même.

— Et, qui donc?

— Mon cousin Andoche Imbert.

— Tu ne m'avais jamais parlé de ce cousin-là!...

— Comment vous en aurais-je parlé, puisqu'il ne fait que d'arriver à Paris...

— Est-ce que par hasard ce serait ce jeune homme qui t'a apporté la lettre de ta mère?..

— C'est lui-même.

— Un beau garçon, et qui a une bonne figure
— N'est-ce pas ?
— Ainsi, son intention est de se mettre dans les meubles !...
— Oui.
— Que sait-il faire ?
— Rien.

Un sourire, qui ressemblait à une grimace, vint aux lèvres du père Sorbier.

— Rien, ce n'est pas grand'chose !... — dit-il ensuite, — et des apprentis comme celui-là, j'en trouverais à la douzaine !...
— Vous croyez ça ?
— Dam ! il me semble...
— C'est que vous ne savez pas tout. — Mon cousin Andoche Imbert, sachant qu'un bon maître fait toujours un bon ouvrier, se propose de vous payer une somme ronde de quinze cents livres pour ses six premiers mois d'apprentissage...
— Quinze cents livres ! — s'écria le fabricant.
— Mon Dieu oui.
— Et comptant ?
— En beaux écus, dans cinq minutes.
— En effet, ceci rend la chose plus acceptable...
— Ainsi, vous consentez à prendre mon cousin ?
— Puisque tu me réponds de lui et qu'il a si envie de travailler... il le faut bien...
— Je monte le chercher, je vous le présente et, ensuite, je retourne m'occuper de mes préparatifs de départ, car je vous le répète, maître, je veux me mettre en route sur-le-champ...

Simon Ragon amena en effet Andoche Imbert qui, pour

un provincial, n'avait vraiment pas l'air trop gauche et trop embarrassé.

Tout s'arrangea sans difficultés.

Le fabricant toucha ses quinze cents livres et, le soir même, Andoche Imbert, admis en qualité d'apprenti, s'installait dans la mansarde de son cousin et partageait le souper de la famille Sorbier, tandis que Simon Ragon, le sac sur le dos, le bâton de voyage à la main et la larme à l'œil, quittait la maison de son ancien maître.

## XIV

### Le vicomte Réné d'Audissac.

Quelques jours avant la scène que nous venons de raconter dans le précédent chapitre, — un samedi soir, — Simon Ragon, après avoir tout mis en ordre dans le magasin, et clos soigneusement les portes, était remonté dans sa mansarde.

Puis, vers les onze heures, selon sa louable coutume, l'apprenti avait quitté la maison d'une façon furtive pour aller rejoindre, dans un bouge obscur et mal famé, les compagnons de ses nocturnes escapades.

Déjà la bande de vauriens avait commis une partie de ses déprédations habituelles, — brisé des réverbères, — arraché le marteau des portes, — effrayé les passants attardés, — lorsque soudainement, — au détour d'une rue, et comme ces mauvais sujets venaient de jeter une demi-douzaine de cailloux dans autant de vitres, — ils se virent enveloppés par une escouade de soldats du guet qui leur attachèrent les mains derrière le dos et les conduisirent au Châtelet.

Simon était désespéré.

Cette mésaventure allait briser les cordons du masque hypocrite qu'il avait mis tant de soins à attacher sur son visage.

Son maître, le père Sorbier, apprendrait dès le lendemain quelle était la véritable conduite de son apprenti, et il le chasserait honteusement.

Il deviendrait impossible à Simon de trouver à se placer chez un autre fabricant de meubles, et son avenir serait perdu.

Pendant toute la nuit, le jeune homme versa des larmes amères qui provenaient, non du remords de ses fautes, mais du regret de s'être laissé prendre comme un maladroit.

Vers le matin, ce grand désespoir se calma et une inspiration vint à Simon.

Les parents de l'apprenti étaient fermiers d'une partie des immenses terres que la famille des comtes d'Audissac possédait dans les environs de Toulouse.

Simon avait joué bien souvent, dans son enfance, avec le vicomte Réné, qui l'honorait d'une bienveillance toute particulière, et qui n'avait guère qu'un ou deux ans de plus que lui.

Or, le vicomte Réné servait dans une des compagnies de mousquetaires et devait se trouver en ce moment à Paris.

Simon songea à se recommander à lui et à user de son influence pour se tirer de ce mauvais pas.

En conséquence, il lui écrivit une lettre suppliante, don,

l'un des employés du Châtelet, — alléché par la promesse d'une bonne récompense, — consentit à se charger.

L'espoir de Simon ne fut pas déçu.

Les souvenirs de son pays et de son enfance vivaient toujours dans le cœur de M. d'Audissac.

Il n'eut pas plus tôt lu la lettre du fils des fermiers de sa famille, — du compagnon assidu de ses jeux dans le parc du manoir paternel, — qu'il vint lui-même au Châtelet.

— Eh bien ! mon pauvre Simon, — dit-il au prisonnier, — il me semble que tu t'es jeté, comme un sot, dans une fort méchante affaire !...

— L'affaire en elle-même est peu de chose, monsieur le vicomte, — répondit le jeune homme, — et si vous daigniez dire un mot pour moi, j'en sortirais à l'instant même et blanc comme neige...

— Voyons, que te reproche-t-on ?

— D'avoir cassé quelques réverbères, étant d'humeur joyeuse...

— Voilà tout ?

— Tout, absolument.

— Il n'y a pas là, ce me semble, en effet, de quoi fouetter un chat... — Donne-moi des détails...

Simon raconta son escapade, — mais sans mentionner, bien entendu, que ces méfaits étaient chez lui une habitude de chaque nuit.

— Nous te tirerons de là, — dit le vicomte.

Puis il ajouta :

— Depuis combien de temps es-tu arrivé du pays ?

— Depuis un an.

— Que fais-tu à Paris ?

— Je travaille chez un fabricant de meubles.

— Est-il content de toi ?

— Ah ! monsieur le vicomte, je le crois bien !... — Demandez-lui plutôt à lui-même... — Il est connu... c'est le père Sorbier...

— Le marchand de meubles de la rue des Poulies?... s'écria M. d'Audissac en tressaillant.

— Lui-même.

— Le père de la belle Paule?...

— Ah! vous connaissez ma patronne, monsieur le vicomte, — dit Simon en riant, — le fait est que c'est une bien jolie fille... et qui ne manquerait pas d'amoureux si elle voulait... — Mais elle ne veut pas.

— Es-tu le seul ouvrier de M. Sorbier? — reprit Réné.

— Le seul du moins qui vive dans la maison du maître et mange à sa table...

— Et tu n'es pas amoureux de mademoiselle Paule, toi?

— Oh! que nenni!... pas si bête!... — Je sais trop bien qu'un pareil morceau n'est pas fait pour un pauvre diable comme moi...

— Consentirais-tu à quitter ton maître?

— Très-certainement, — si je trouvais ailleurs plus d'avantage que chez lui.

Réné sembla réfléchir pendant un instant.

Puis il dit :

— Ecoute, — je vais tâcher de te tirer d'ici sur-le-champ, et tu me suivras à l'hôtel des Mousquetaires, — j'ai à causer avec toi...

— Je serai toujours aux ordres de monsieur le vicomte, — répondit Simon enchanté.

Réné s'en alla trouver qui de droit.

Il expliqua, comme il l'entendit, les faits reprochés à l'apprenti.

Il le représenta comme injustement compromis pour

une faute, — assez légère du reste, — et qui n'était pas la sienne.

Il se porta enfin garant de sa moralité, et il répondit de sa bonne conduite à venir.

Réné appartenait à une grande famille, — il était riche et mousquetaire, — le moyen de lui refuser quelque chose? L'ordre fut donné de mettre Simon Ragon en liberté immédiate. Le vicomte porta cette bonne nouvelle à son protégé, et, ainsi qu'il l'avait annoncé, l'emmena avec lui à l'hôtel des mousquetaires.

— Simon, — lui dit-il alors, — je viens de te rendre un grand service, — puis-je compter sur toi?...

— A la vie, à la mort, monsieur le vicomte.

— Je suis passionnément amoureux de la belle Paule...

— Je m'en suis douté en vous voyant tressaillir quand j'ai nommé le père Sorbier...

— Que crois-tu que je puisse espérer?

— Rien. — Ma jeune patronne est une honnête fille qui ne se laisse point conter fleurette et ne reçoit pas de billets doux... — Pour la vertu, c'est un dragon!...

— Je le savais déjà, car j'ai fait prendre des informations nombreuses, — et c'est le résultat de ces observations qui m'a empêché jusqu'à présent de rien entreprendre... — Mais pourtant je me disais que la Renommée est femme, et, par conséquent, menteuse...

— Dans la circonstance présente, elle n'exagère même pas, monsieur le vicomte. — Je vous le répète, mademoiselle Paule est une Jeanne d'Arc... — Et d'ailleurs elle va se marier...

— Se marier!...

— Oui.

— Quand?

— Dans six mois.

— Avec qui ?
— Avec Isidore Marteau, le fils d'un riche quincaillier du quai de la Ferraille.
— Le fils d'un quincaillier !... Et elle l'aime ?...
— Je le crois.
— Ecoute, Simon...
— J'écoute de toutes mes oreilles, monsieur le vicomte.
— Cet amour, dont je te parle, n'est pas un simple caprice... c'est une passion sérieuse et profonde...
— Tant pis !
— Cette passion me fait cruellement souffrir, et, pour l'arracher de mon cœur, j'avais résolu d'essayer de l'absence...
— Excellent parti !
— J'ai donc sollicité et obtenu un congé de semestre.
— Vous avez bien fait, monsieur le vicomte.
— Je comptais partir demain pour mes terres du Languedoc... — mais depuis que je t'ai vu, mes projets sont changés...
— Pourtant, ce que je vous ai dit, monsieur le vicomte, ne me semble guère encourageant...
— Simon, tu peux me servir...
— Auprès de mademoiselle Paule ?
— Oui.
— Et en quoi, mon Dieu ? — elle ne m'adresse pas la parole deux fois par jour...
— Peu importe ! — tu peux m'introduire dans cette famille...

Simon regarda Réné, comme pour s'assurer que ce dernier parlait sérieusement. Puis, voyant qu'il ne sourcillait point, il s'écria :

— Vous introduire dans la famille Sorbier !... — vous,

monsieur le vicomte !... y songez-vous !... C'est tout bonnement la chose impossible que vous me demandez là !...

— Cela te paraît tel, parce que tu ne me comprends pas.

— Alors, expliquez-vous, monsieur le vicomte, expliquez-vous, je vous en prie...

— Tu m'as dit que, pour peu que tu trouvasses un avantage quelconque à prendre ce parti, tu quitterais volontiers ton maître...

— Je l'ai dit, et je le répète.

— Mille livres te sembleraient-elles un avantage suffisant ?

— Ah ! je le crois bien !... — Mille livres, c'est le Pérou !...

— Tu les auras.

— Alors ma fortune est faite !...

— Tu recevras d'ici à deux ou trois jours une lettre...

— De qui ?

— De ta mère.

— Ma mère !... — elle ne sait pas écrire.

— Peu importe. — Cette lettre te rappellera en Languedoc.

— Ah ! bah !

— Tu partiras sur l'heure ; mais, avant de quitter Paris, tu feras agréer à M. Sorbier, pour te remplacer, ton cousin...

— Mon cousin ! ! !

— Oui.

— Je n'en ai pas !

— Tu en as un.

— Et lequel ?

— Andoche Imbert.

Simon baissa piteusement la tête, — tout étourdi de ces coups de massue qui frappaient, les uns après les autres, son intelligence rebelle.

Réné sourit, et continua :

— Ton cousin Andoche Imbert offrira à M. Sorbier une somme fort ronde pour l'indemniser des peines que lui donnera son apprentissage... — Il sera agréé et s'installera à ta place, dans l'intérieur de la famille Sorbier, tout auprès de la belle Paule, — tandis que tu t'en iras dépenser tes mille livres où tu voudras...

Simon ne répondit pas.

— Comprends-tu ? — demanda Réné.

— Hélas ! monsieur le vicomte, — répliqua le jeune ouvrier, — je comprends tout... tout absolument... — excepté ce cousin dont vous me parlez, car enfin, moi, je connais ma famille, et je suis bien sûr que je n'en ai pas...

Réné se mit à rire. Puis il répliqua, en frappant sur l'épaule de Simon :

— Ce cousin, — cet Andoche Imbert, qui t'intrigue tant... — ce sera moi !

## XV

### Andoche Imbert.

Et voilà comment le vicomte Réné d'Audissac, au lieu de consacrer son congé de semestre à sa famille et à ses propriétés du Languedoc, allait le passer, sous le nom d'Andoche Imbert, auprès de la belle Paule Sorbier. Une semblable rouerie, — nous ne faisons nulle difficulté d'en convenir, — peut fort bien ne point sembler extrêmement neuve aujourd'hui. — Les moindres vaudevillistes, — les plus intimes faiseurs de *Nouvelles*, — ont mieux que cela dans leur gibecière. Mais à l'époque où se passaient les faits que nous racontons, l'invention était ingénieuse, et témoignait d'un esprit fort expert en ce qui touche aux ruses galantes. Somme toute, l'idée était bonne, puisqu'elle avait réussi ! — Le loup était dans la bergerie, et il se promettait bien de croquer, sans nul retard, la pauvre brebis qui ne songeait point à se défier, ni, par conséquent, à se défendre.

§

Si l'anecdote historique que nous rapportons ici était le sujet même de ce livre, au lieu de n'en être qu'un épisode, — nous aurions à tracer un curieux tableau de l'intérieur de la famille Sorbier. Nous montrerions ce gentilhomme, — ce grand seigneur, — ce mousquetaire, — caché sous l'enveloppe modeste d'un pauvre ouvrier, et se ployant avec une merveilleuse souplesse et un esprit diabolique à toutes les exigences de la situation qu'il avait acceptée. Andoche Imbert, — puisque c'est ainsi que nous devons le désigner, — faisait preuve, en sa qualité d'apprenti, de la plus invraisemblable maladresse. Il déployait une admirable bonne volonté, et cependant les leçons, les conseils, les démonstrations du fabricant de meubles ne lui faisaient pas faire le moindre progrès dans son métier. Ceci aurait dû, ce nous semble, décourager et dégoûter le père Sorbier, qui appréciait, avant toute chose, l'habileté manuelle de ses ouvriers. Eh bien! pas du tout. — Le contraire de ce à quoi on devait s'attendre arrivait. Andoche Imbert prenait, peu à peu, sur le digne marchand et sur sa femme, un empire absolu. Le père Sorbier ne se plaisait qu'en sa compagnie et riait à gorge déployée pendant des heures entières, en écoutant ses bons mots et en l'entendant chanter, avec un accent inimitable, les chansons comiques du Languedoc. Andoche Imbert avait toujours en réserve quelque compliment délicat, à l'adresse de madame Sorbier, qui avait été très-belle, et qui, malgré ses cinquante printemps, conservait encore une fort agréable dose de coquetterie. Une seule personne, dans cette famille, semblait se soustraire à l'influence de l'apprenti. C'était Paule. La jeune fille était pour lui ce qu'elle avait été pour son prédécesseur Simon Ragon, — c'est-à-dire froide, — indifférente, presque dédaigneuse. Vainement le jeune homme s'efforçait de l'enlacer dans le réseau, habilement dissimulé, de ses rouerics, de ses regards furtifs, de ses paroles dorées, de ses demi-mots suspendus, plus significatifs par l'accent que par l'expression. Tous ces frais étaient en pure perte, — Paule ne s'apercevait même pas des efforts infructueux tentés pour lui plaire. Elle ignorait qu'Andoche Imbert fut plus beau garçon que Simon Ragon, — il était pour elle l'apprenti de son père, — et un apprenti maladroit, — pas autre chose. Ceci est tout simple, d'ailleurs, et facilement explicable.

Paule, — nous l'avons dit, — était à la fois pieuse et chaste. Mais la piété et la chasteté sont parfois des armures insuffisantes. La plus invincible égide, — le seul inébranlable talisman contre la séduction, c'est l'amour, — et cette égide, ce talisman, Paule les possédait, nous le savons. Elle aimait Isidore Marteau, — non point peut-être d'un amour impétueux et exalté, mais d'une vive et douce tendresse de fiancée, — elle lui avait donné son âme, et elle songeait, avec un élan de joie pure, au moment, de jour en jour plus prochain, où elle lui appartiendrait tout entière, devant Dieu et devant les hommes. Quatre mois se passèrent ainsi. Au bout de ces quatre mois, le vicomte Réné d'Audissac n'avait ni fait un pas ni gagné un pouce de terrain. En un mot il n'était pas plus avancé que le jour où il s'était impatronisé, sous le pseudonyme d'Andoche Imbert, dans la famille du marchand de meubles. Rien ne se pouvait imaginer de plus humiliant pour l'amour-propre du jeune roué,

Vivre pendant quatre mois dans l'intimité d'une fille de seize ans, — lui parler librement à toute heure du jour, — sans pouvoir, nouveau Pygmalion, faire jaillir l'éclair de la vie et de l'amour dans le marbre de cette Galathée insensible!!! — c'était à donner sa démission d'homme à bonnes fortunes et à cacher pour jamais son front humilié sous quelque cagoule de moine!... A force de chercher des explications vraisemblables pour cette inconcevable défaite, Réné en arriva à se persuader que Paule était une bourgeoise orgueilleuse et vaine, et que, si elle s'obstinait à fermer les yeux sur un amour aussi manifeste que le sien, ce n'était point lui qu'elle dédaignait, mais son humble condition d'apprenti. Le jour où cette idée se présenta au vicomte, il l'accueillit avec transport et se persuada que la victoire était désormais assurée.

— Ah! belle Paule!... — s'écria-t-il en lui-même, — c'est la vanité bourgeoise qui vous détourne ainsi de moi!... eh bien! c'est par la vanité que je triompherai de vous!... — le masque prolétaire de l'ouvrier blesse vos yeux!... — ce masque va tomber, et nous verrons si vous résisterez à l'amour du gentilhomme!

Cette résolution prise, le plan du vicomte fut bientôt tracé, et il n'attendit plus qu'une bonne occasion pour l'exécuter. Cette occasion ne se fit pas attendre.

Une après-midi, que madame Sorbier était allée visiter quelqu'une de ses parentes dans le faubourg Saint-Antoine, le marchand de meubles fut obligé de sortir à l'improviste pour des affaires de son commerce. Réné restait donc seul à la maison avec Paule. Le gentilhomme se fit alors connaître à la jeune fille, — il lui confessa la ruse qu'il avait mise en œuvre pour se rapprocher d'elle, — il lui parla de son amour en des termes brûlants et avec cette éloquence facile et communicative dont il avait le secret et l'habitude

— il tomba à genoux devant elle, en la suppliant de ne le point désespérer plus longtemps par sa froideur, et de payer enfin de retour une flamme si constante et si parfaite.

Paule écouta cette longue déclaration sans donner le moindre signe de colère. Son silence et les battements précipités de son cœur témoignaient seuls de son étonnement et de son émotion. Réné voulut saisir sa main et la couvrir de baisers de feu. Paule retira doucement cette main et répondit simplement, du ton le plus calme, mais le plus ferme.

— Je croyais, monsieur, que vous saviez que je ne m'appartenais plus, — que j'étais la fiancée d'un brave et digne jeune homme, Isidore Marteau que vous connaissez...

— Oui, certes, je le savais!... — s'écria le vicomte, — et c'est parce que je connais l'indigne rival que m'a donné le hasard, que je ne puis souffrir de vous voir ainsi sacrifiée!... — vous, mademoiselle, la merveille la plus complète qui se puisse trouver sous le ciel, vous n'êtes point faite pour végéter dans une condition obscure!... — aux diamants il faut la lumière!... vous êtes née pour briller au premier rang, et vous y brillerez...

— Et comment cela, monsieur, je vous prie? — demanda Paule.

Le jeune roué pensa que le moment était venu de frapper un coup décisif. Aussi répondit-il sans hésitation :

— Moi, Réné, vicomte d'Audissac, mousquetaire de Sa Majesté le roi, j'ai l'honneur de vous demander si vous consentez à devenir ma femme!...

En prononçant ces paroles, — en faisant à la jeune fille cette offre solennelle, — le vicomte était-il de bonne foi? Nous ne le croyons guère. Sans doute, par une restriction machiavélique, il se proposait de revenir en arrière par des sentiers ténébreux, alors qu'il aurait obtenu ce que, sans doute, on ne pourrait point refuser à un amour aussi éclatant et aussi *prouvé* que le sien. Paule ne sembla que médiocrement surprise de ce qu'elle venait d'entendre. Elle fit à Réné une révérence gracieuse et simple, et elle répliqua, d'un ton toujours calme et posé :

— Monsieur le vicomte, votre demande honore plus que je ne saurais le dire une pauvre fille comme moi, et j'en suis reconnaissante au-delà de toute expression, car elle témoigne d'une haute estime... Je vous demande la permission de réfléchir avant de vous rendre une réponse dont vous comprenez l'importance...

— Et, cette réponse... — s'écria Réné, — l'aurai-je bientôt ?

— Oui, monsieur le vicomte, bientôt...

Réné allait sans doute insister. Mais, en ce moment, le père de Paule rentrait au logis et sa présence coupa court à l'entretien.

## XVI

Le souper des Mousquetaires.

Si, dans les pages qui précèdent, nous avons su mettre en lumière quelques-uns des traits saillants du caractère de la belle Paule Sorbier, nos lecteurs ont dû comprendre que cette jeune fille jouissait d'un bon sens et d'une raison bien rares, d'habitude, à son âge. La déclaration du vicomte et ses offres éblouissantes n'avaient pas éveillé en elle un seul mouvement de vanité féminine. La pensée qu'il ne tenait peut-être qu'à elle de devenir une grande dame, n'avait point ébranlé pendant une seconde sa chaste tendresse pour le fils du quincaillier du quai de la Ferraille. Aucune hésitation ne se manifestait dans son âme, — elle ne se disait même point qu'elle allait faire à Isidore Marteau un grand sacrifice. Le chemin qu'elle avait à suivre lui apparaissait tout tracé, et elle ne songeait pas à s'en écarter, — elle se demandait seulement de quelle façon il fallait s'y prendre pour sortir de la situation embarrassante dans laquelle elle se trouvait placée. Il ne fallait point songer à dire à son père ou à son fiancé un seul mot de ce qui se passait. Dans l'un comme dans l'autre cas, une révélation pouvait amener un éclat fâcheux, et c'est ce que Paule voulait éviter par-dessus tout. Comment donc faire? Dans sa perplexité, la jeune fille demanda à Dieu de venir à son aide et de l'éclairer. Dieu l'éclaira en effet, en lui envoyant une inspiration soudaine.

— Maman, — dit Paule à sa mère, aussitôt que la digne femme fut rentrée, — prenez, je vous en prie, votre mante, et venez avec moi...

— Où donc, mon enfant?

— A l'église de Saint-Germain-l'Auxerrois.

— Et qu'y veux-tu faire? — ce n'est aujourd'hui, ce me semble, ni dimanche ni jour de fête...

— Je souhaiterais parler à M. le curé de la paroisse qui est, comme vous le savez, mon confesseur...

Madame Sorbier ne répliqua pas un mot, et accompagna sa fille à l'église. Paule pria le vénérable prêtre de l'entendre au tribunal de la pénitence. Là, elle lui raconta tout, et elle le supplia d'intervenir afin de la tirer de l'immense embarras dans lequel elle se trouvait. Aussitôt après avoir reçu cette confidence, le prêtre se rendit à l'hôtel des mousquetaires gris, et demanda à parler au marquis de Hochedieu, capitaine lieutenant de la compagnie dans laquelle servait le vicomte Réné d'Audissac. En quelques mots il exposa au vieux soldat les faits qui motivaient sa visite, et il lui demanda d'employer tous les moyens pour éviter un scandale imminent. Le marquis de Hochedieu tordit sa moustache blanche en souriant, et répondit qu'il allait faire droit sans retard à une requête aussi légitime. Une heure après, un mousquetaire vêtu en bourgeois se présentait au domicile de la famille Sorbier, et remettait à l'apprenti, Andoche Imbert, une lettre scellée d'un large cachet de cire rouge. Paule passa auprès de Réné au moment où il allait ouvrir cette lettre, et, en passant, lui dit tout bas :

— C'est ma réponse...

Le vicomte, surpris au-delà de toute expression, brisa vivement le cachet. La missive entièrement écrite de la main du capitaine-lieutenant, lui annonçait que les deux derniers mois de son congé de semestre étaient supprimés, et lui enjoignait de se rendre sur-le-champ à l'hôtel des mousquetaires, pour y prendre et y garder les arrêts pendant quinze jours. L'ordre était précis, — formel, — il ne fallait point songer à une désobéissance impossible.

Réné, — humilié, — mortifié, — furieux, — fit contre fortune bon cœur, et dissimula de son mieux la rage secrète qui le dévorait. Il annonça au père Sorbier qu'un événement imprévu l'obligeait à quitter Paris sur-le-champ, — il fit à la belle Paule d'ironiques adieux, et il quitta ce logis, — où il avait espéré apporter le déshonneur, — en se promettant bien à lui-même de prendre, tôt ou tard, une revanche éclatante de sa déconvenue.

§

Le soir de ce même jour, le curé de Saint-Germain-l'Auxerrois vint rendre visite à la famille Sorbier. Il prit à part les parents de Paule, et il leur donna de si bonnes raisons pour les engager à presser le mariage de leur fille, qu'il fut décidé, séance tenante, que les noces, au lieu d'être reculées pendant deux ou trois mois encore, seraient célébrées au bout de trois semaines. Cependant quinze jours s'écoulèrent. Le marquis de Hochedieu leva les arrêts de Réné, après l'avoir fait venir devant lui et l'avoir fortement engagé à montrer, à l'avenir, plus de bon sens et d'esprit de conduite. Réné, — afin de célébrer sa délivrance, et aussi dans un autre but que nous connaîtrons bientôt, — invita une vingtaine de ses camarades à un grand dîner, pour le jour même. Le repas eut lieu, à l'enseigne du *Charriot d'Or*, rue Saint-Honoré, chez un fameux *traiteur* dont nous avons déjà bien souvent parlé dans d'autres ouvrages. Les mets furent exquis, — les vins choisis et généreux circulèrent abondamment. Bientôt la plus folle gaîté se manifesta. Au moment où le dessert apparut sur la table, Réné était le seul, parmi tous ces jeunes gens, qui eût complètement conservé son sang-froid.

— Messieurs, — dit-il en se levant, — je réclame de vous un moment de silence et d'attention pour une communication de la plus haute importance...

Malgré l'ébriosité croissante des convives, tout bruit cessa comme par enchantement. Réné s'inclina, pour remercier ses camarades, puis il reprit :

— Un gentilhomme, que vous connaissez, vous, — un mousquetaire de notre compagnie — vient de recevoir une de ces injures qui ne se pardonnent pas! — vient d'être couvert d'un de ces ridicules qui ne s'effacent jamais, parce qu'on ne peut point les laver dans le sang !... l'insulteur est une femme ! — le mousquetaire dont je vous parle vient d'être roué, dindonné, berné, turlupiné par une jeune fille !...

— Allons donc !... — s'écrièrent quelques voix, — quelle histoire de l'autre monde nous fais-tu là, vicomte ?...

— C'est invraisemblable !...

— Absurde !...

— Impossible !...

Réné attendit que ces rumeurs se fussent un peu calmées, ce qui ne tarda guère, — puis il poursuivit :

— Invraisemblable, soit ! — absurde, j'y consens ! — impossible, je ne le nie pas !... — A tout ceci, messieurs, je n'ai qu'un seul mot à répondre : — Le gentilhomme en question c'est moi !...

Un véritable brouhaha succéda à ces paroles. Des interjections et des exclamations bruyantes se croisèrent et s'entrechoquèrent de tous les côtés de la salle.

— Toi !... vicomte !...

— Roué !...

— Dindonné !...

— Berné !...

— Turlupiné !...

— Et par une jeune fille encore !...

— Puisque tu nous l'affirmes, nous le croyons ; mais c'est fort !...

— Et si tout autre que toi nous le disait, nos épées auraient déjà pris l'air, pour l'honneur de la compagnie en général et pour le tien en particulier !...

— Veuillez, messieurs, je vous en prie, m'écouter jusqu'au bout, — continua Réné.

— Chut !... chut !... — silence !... silence !...

Le vicomte fit alors un récit détaillé de tous les incidents que connaissent nos lecteurs, — depuis le jour où il avait tiré Simon Ragon du Châtelet et où il avait pris sa place dans l'intérieur de la famille Sorbier, jusqu'au moment où la belle Paule avait traîtreusement répondu à l'aveu de son amour et à l'offre de sa main, par la lettre impérative du capitaine-lieutenant des mousquetaires gris.

— Ce n'est pas tout, — ajouta Réné en terminant, — j'ai appris hier que le mariage de Paule Sorbier vient d'être avancé et que, dans huit jours, cette fille, à qui j'avais fait l'insigne honneur de la remarquer, épousera cet Isidore Marteau, — ce boutiquier vil, — ce croquant, dont le nom m'écorche la bouche!... Je vous le demande, puis-je accepter de sang-froid une situation semblable, doublement humiliante, doublement intolérable pour mon orgueil et pour mon amour?... — Oui, mon amour; car, cette fille, je l'aime encore, malgré son indigne conduite envers moi!... Puis-je la voir passer dans les bras d'un rival?... et quel rival?... — Si seulement ce malheureux était à moitié gentilhomme, — si piètre et si douteuse que fût sa noblesse je règlerais cette affaire avec lui, sur le terrain, et l'épée à la main!... — Mais il est de ces gens qu'on ne peut châtier qu'à coups de cannes!... — Ainsi, vous le voyez, tout m'échappe, même la vengeance, — car je ne puis me venger sur personne!... — Que faire donc? — Vous êtes mes amis!... — l'honneur de la compagnie est compromis dans ma personne!... — venez à mon aide!... — soutenez-moi de vos conseils!... — faites enfin pour moi ce que je ferais pour chacun de vous, si, ce qu'à Dieu ne plaise, vous vous trouviez dans une position semblable!...

Le vicomte se tut.

— Oui!... oui!... — s'écrièrent les mousquetaires d'une commune voix, — ton affaire est la nôtre!... — nous prenons pour toi fait et cause, — nous te soutiendrons, — nous te vengerons!...

— Mais, comment, — demanda Réné.

— Cela me semble fort simple, — répondit le baron de Chantocé, l'une des fortes têtes de la compagnie, — il faut, pour expier les dédains injurieux et la déloyauté de cette péronnelle bourgeoise, il faut qu'elle t'appartienne, et je te la promets...

— Chantocé, mon ami, — s'écria le vicomte, — songes-tu bien à ce que tu dis?...

— J'y songe, et je suis sûr de mon fait.

— Mais, enfin, quel est ton plan?

— Il n'est pas encore suffisamment développé dans mon cerveau pour que je le mette au grand jour, — mais, encore une fois, compte sur moi et sur nous tous.. — Le mariage de ton infante doit se célébrer dans huit jours?

— Oui.

— Eh bien! avant huit jours, je l'affirme, la fiancée du boutiquier sera la maîtresse du mousquetaire!... — Trop heureuse victime, elle ne perdra point au change et ne sera guère punie!...

— Si pourtant cet espoir que tu me donnes allait être déçu!...

— Sois sans crainte, je réponds de tout... — Seulement, il est une chose importante, — je dirai plus, — indispensable...

— Laquelle?

— C'est que le plus profond secret soit gardé par nous tous sur ce qui s'est passé ce soir à ce souper... — Il ne faut pas que le capitaine-lieutenant puisse avoir vent de nos projets et les contre-carrer en nous mettant tous aux arrêts... — Si un seul mot indiscret est prononcé, tout est perdu!...

— Nous serons muets ! — répondit Réné.

— Muets comme la tombe ! — s'écrièrent tous les jeunes gens, — nous le jurons !... nous le jurons !...

Après ce serment solennel, les libations, un instant interrompues, recommencèrent de plus belle. Au bout d'une heure, les mousquetaires, — y compris le vicomte Réné, — méritaient deux fois leur nom. Ceci veut dire qu'ils étaient doublement *gris* et roulaient sous la table avec une émulation touchante.

## XVII

*Un dénouement de drame pour une comédie.*

Pendant les quelques jours qui suivirent le souper offert aux mousquetaires par le vicomte Réné d'Audissac, M. de Chantocé s'occupa sans relâche de combiner le plan duquel il attendait le plus complet succès.

— Ces bourgeois, — dit-il à Réné, — ont pour habitude de se divertir bruyamment un jour de mariage, — il me faut savoir en quel endroit auront lieu le repas de noce et le bal...

Réné remit aussitôt en campagne un espion habile, par lequel il se tenait au courant de ce qui se passait dans la famille Sorbier. Dès le lendemain, il put apprendre à M. de Chantocé que le classique Moulin de Javelle serait le lieu choisi pour y festoyer après la cérémonie nuptiale...

— A merveille ! — répliqua le baron, — préviens nos

amis, mon cher vicomte, que je leur donne à souper, ce soir, au *Chariot-d'Or*, et que là je leur expliquerai mes projets.

Tous brûlaient d'apprendre les détails de la piquante aventure qui se préparait, et dans laquelle ils espéraient bien avoir des rôles. De même qu'au souper précédent, il ne fut question de rien jusqu'au dessert. Mais, quand le vin de Champagne parut sur la table avec les fruits et les pâtes sucrées, M. de Chantocé se leva et réclama l'attention générale qui, — comme bien on pense, — ne lui fit pas défaut.

— Mes chers camarades, — dit-il, — j'ai pris l'engagement, vis-à-vis de nous tous, l'autre soir, de venger l'honneur de l'un des nôtres, et de mettre notre ami à même d'exercer de justes représailles vis-à-vis d'une grisette, dont il sera de bon goût, je pense, de ne point qualifier la conduite... Ce que j'ai promis, je le tiendrai... Lundi matin, — c'est-à-dire dans trois jours, — la belle Paule Sorbier épouse le quincaillier Isidore Marteau. — Lundi soir nous aurons enlevé Paule Sorbier, à la barbe de son benêt de mari, et nous l'aurons mise dans les bras du vicomte Réné d'Audissac...

— Bravo ! bravo ! — s'écrièrent les mousquetaires, — Chantocé est l'honneur de notre compagnie !...

Le baron salua avec une modestie feinte, et reprit :

— Le succès est sûr ; — voici par quel moyen nous l'atteindrons :

C'est au Moulin de Javelle que doit avoir lieu le retour de noce. Dès la veille, l'un d'entre nous, en habit de ville, ira retenir une partie de l'hôtellerie, et commandera un grand repas pour le mariage d'un de ses cousins. Le lendemain, — en même temps que la noce Marteau, — nous arriverons en deux ou trois bandes. La maîtresse de l'un de vous, — correctement vêtue de blanc, et prenant pour la circonstance, un air modestement virginal et le bouquet de fleurs d'oranger de rigueur, — jouera le rôle de la nouvelle mariée. Quelques-uns d'entre nous, — parmi lesquels se trouvera Réné, — seront masqués et revêtus d'habits de caractère, sous lesquels ils cacheront leurs épées. Les autres porteront le costume des jours de fête des artisans et des bourgeois. Grâce à ces déguisements et à ces précautions, il est absolument impossible que le moindre soupçon puisse naître. Une voiture sera là, tout près, — un vieux fiacre de mine délabrée, mais attelé d'excellents chevaux et conduit par un de nos gens. Nous nous mêlerons aux conviés de la véritable noce, — nous causerons, — nous rirons, — nous badinerons avec ces manants, — puis, à un signal donné, nous entourerons la belle Paule, et quatre mousquetaires la porteront jusqu'au fiacre, tandis que le reste de notre bande mettra s'il le faut, l'épée à la main pour couvrir la retraite des ravisseurs... Dans le carrosse numéroté Paule aura trouvé le vicomte. La belle prude criera peut-être, — pleurera sans doute, — ira même jusqu'à l'évanouissement (vous voyez que je mets les choses au pis), — puis elle finira par se consoler. — Aux larmes succèderont les sourires, — la patte de velours de la chatte remplacera la griffe acérée de la tigresse, — et l'intéressante mariée comprendra, avec des soupirs de bonheur, qu'un mousquetaire vaut mieux que dix croquants!... Voilà mon plan dans sa simplicité. Certes, il ne fallait pas de bien grands efforts d'imagination pour le concevoir, mais enfin, tel qu'il est, je le soumets à vos lumières, messieurs, — qu'en pensez-vous ?

L'exposé succinct et lumineux du baron de Chantocé fut accueilli par un *enthousiasme impossible à décrire* (pour parler comme les comptes-rendus politiques du *Moniteur*, et comme les feuilletons de théâtre des journaux petits et grands.) Volontiers aurait-on porté le mousquetaire en triomphe. Quelques-uns des plus chaleureux en firent la motion, — mais le baron eut la modestie de se soustraire à cette ovation trop hâtive. Pas une seule voix ne s'éleva pour formuler une objection. Cette jeunesse indisciplinée et folle, — habituée, dès l'enfance, à se regarder comme étant d'une trempe bien supérieure à celle des bourgeois, vilains et manants, taillables et corvéables à merci, — accueillit l'idée du rapt avec une joie bruyante et sans bornes, et se promit d'y coopérer de tout son pouvoir. Il ne restait plus à régler que quelques détails d'exécution. On consacra à ces détails les deux jours qui devaient s'écouler avant le mariage.

§

Enfin le lundi arriva. Tout était prêt. Les mousquetaires, — les uns en habit de ville, — les autres déguisés et masqués avaient envahi, dès le matin, le Moulin de Javelle, en compagnie d'une demi-douzaine de filles d'opéra qui représentaient la mariée et sa famille. Le fiacre attendait, — un vieux fiacre démantelé, — attelé de deux chevaux barbes, d'une incomparable vitesse, et qui semblaient indignés du harnais vulgaire qui souillait de son contact leur robe brillante et soyeuse. La journée était magnifique. Le soleil, radieux, brillait dans un firmament sans nuages, — la Seine roulait, entre ses rives gazonnées, ses ondes paisibles, aussi bleues, aussi transparentes que le ciel bleu qu'elles reflétaient. Les alentours du Moulin de Javelle regorgeaient de monde. Les guinguettes disséminées autour de l'hôtellerie principale, — comme les satellites aux côtés d'un astre, — ne suffisaient qu'à peine à contenir une population inaccoutumée de joyeux compagnons. Voici quelle était la cause de cette affluence :

Deux noces, — l'une, de la fille de la mère des compagnons serruriers avec un maître maçon, — l'autre, d'un gros marinier d'eau douce avec une mercière du faubourg Saint-Marceau, avaient amené au Moulin de Javelle, et dans ses environs, ce jour-là, une multitude de jeunes et vigoureux ouvriers, — des forgerons, — des pêcheurs, — des scieurs de long, — des tailleurs de pierre. Tout ce monde riait, — buvait, — se réjouissait à qui mieux mieux. Les mousquetaires attendaient avec impatience. Enfin midi sonna. On vit alors arriver en quatre *carrossées*, — la noce d'Isidore Marteau et de la belle Paule Sorbier. Les amis et les parents avaient peine à tenir dans les quatre fiacres énormes qui contenaient chacun huit personnes. Deux heures auparavant, le bon curé de Saint-Germain-l'Auxerrois avait donné la bénédiction nuptiale aux jeunes époux. Paule descendit de voiture au milieu d'une foule compacte accourue pour la voir, — car la réputation de sa beauté était populaire parmi les petites gens de Paris. Elle apparut, vêtue de blanc, et si radieuse, si modeste, si éblouissante, qu'un frémissement d'admiration s'éleva sur son passage. Isidore Marteau, — portant un énorme bouquet à sa boutonnière, — suivait sa femme pas à pas. Le brave jeune homme était rouge comme la crête d'un coq, et semblait tout gonflé de son bonheur. Le vicomte d'Audissac, qui se trouvait auprès de la porte du Moulin de Javelle, à côté du baron de Chantocé, pâlit sous son masque, et, prenant la main de son ami, il la serra convulsivement.

— Ah! le fait est, murmura le baron à l'oreille de Réné, qu'elle est belle à rendre fou!... — mordieu! pour cette créature-là, on se ferait rompre les os!...

— N'est-ce pas? — répliqua Réné à voix basse.

— Heureux coquin!... dans quelques heures toute cette beauté t'appartiendra!... — franchement, je voudrais être à ta place!...

— Si, par malheur, nous allions échouer!... reprit le vicomte.

— Allons donc! c'est impossible!... — toutes mes mesures sont prises et bien prises!... — Tiens-toi donc l'esprit en repos...

De part et d'autre on dîna joyeusement, et surtout longuement. Mais, si long que soit un repas, il faut toujours, pourtant, qu'il s'achève. Les conviés de la noce Marteau vidèrent leurs dernières rasades à la santé des nouveaux époux, — puis le bal commença, dans la plus vaste pièce du Moulin de Javelle. Aussitôt que les danses furent en train, les mousquetaires se mêlèrent peu à peu aux bourgeois. On s'étonna bien, d'abord, du nombre toujours croissant des masques qui se présentaient, mais l'idée ne vint à personne de s'en effrayer, — d'ailleurs, à cette époque, les déguisements étaient de mise, même en plein jour et hors du temps de carnaval. Et puis, ces nouveaux venus, richement et bizarrement accoutrés étaient gais, spirituels, et bientôt ils amusèrent singulièrement les convives d'Isidore Marteau. Réné portait un costume d'Arménien, d'une splendeur incroyable. — Sous ce déguisement, l'élégance de sa taille ressortait à merveille. Il osa s'approcher de la belle Paule et solliciter d'elle un menuet. La jeune fille consentit à danser avec lui. C'était le moment que le baron de Chantocé attendait. A peine les deux violons et le flageolet qui composaient l'orchestre venaient-ils de préluder, que le baron frappa trois coups dans sa main. A ce signal convenu, Réné, — que quatre mousquetaires entourèrent aussitôt, — prit Paule dans ses bras et s'élança du côté de la porte. En même temps une vingtaine des complices du rapt formèrent une barrière vivante entre les ravisseurs et les gens de la noce. Alors commença une scène plus facile à comprendre qu'à décrire, Isidore Marteau et le père Sorbier, — furieux, désespérés, la tête perdue, — se précipitèrent, soutenus par tous leurs parents et leurs amis, contre les mousquetaires. Mais ceux-ci résistèrent à ce choc auquel ils s'attendaient. Les bourgeois reculèrent, — mais pour revenir aussitôt à la charge. Ils s'étaient fait des armes de tout, — des chaises, — des tables, — des banquettes brisées. Les mousquetaires mirent l'épée à la main. La mêlée devint horrible, — le sang coula de part et d'autre. Cependant Réné et les autres ravisseurs de la jeune femme se retiraient sans rencontrer le moindre obstacle. Paule étant évanouie ne pouvait appeler au secours. La malheureuse enfant était presque perdue, — quelques secondes encore et elle serait dans le fiacre, par conséquent à la merci du mousquetaire. Isidore Marteau comprit l'imminence du péril. Sortir par la porte était impossible, il ouvrit la fenêtre, et, au risque de se briser dans sa chute, il se précipita de la hauteur du premier étage. Paule inanimée, était à cent pas de lui, dans les bras des mousquetaires qui l'emportaient, mais dont ce léger fardeau ralentissait un peu la marche.

— A l'aide ! — cria Isidore de toute la force de son désespoir, — à l'aide !... — on enlève une femme ! ouvriers et bourgeois, au secours et sus aux gentilshommes !...

Ce cri produisit un effet magique. De toutes les guinguettes, de tous les cabarets sortirent, à l'instant même, ces ouvriers nombreux dont nous avons parlé, — brandissant des bâtons, — des bancs, — des escabelles et jusqu'à des broches. Ils se ruèrent sur Réné et sur les quatre mousquetaires qui formaient un rempart autour de lui et qui, vainement, firent reluire au soleil l'acier de leurs épées. En une seconde les fines lames volèrent en éclat sous le choc impétueux des bâtons. Les mousquetaires étaient braves comme des lions. Ils firent des prodiges, — dignes d'une meilleure cause, — mais la vaillance dut céder au nombre. Entourés, pressés, écrasés, — il leur fallut battre en retraite, — laissant aux mains des assaillants des lambeaux de leurs vêtements et arrosant le gazon du sang qui coulait de leurs nombreuses blessures. Un seul tint bon contre la foule incessamment accrue. C'était Réné. D'un bras il soutenait le corps inanimé de la belle Paule, — de l'autre main il se défendait avec le tronçon de son épée. Cette lutte inégale et terrible dura plusieurs minutes. Pendant ce temps, le gentilhomme, — héroïque dans son action infâme, — tint les agresseurs en échec. Les mousquetaires que nous avons laissés luttant corps à corps avec les bourgeois dans la salle du premier étage, entendirent les cris de mort de la multitude et firent une sortie. Peut-être allaient-ils dégager Réné. Mais un coup de bâton, frappé par derrière sur la tête du jeune homme, termina le combat avant que le secours ne fût arrivé. Réné tomba. Paule fut enlevée à ses bras raidis et rendue à son mari et à son père. Les mousquetaires, — voyant que désormais leur entreprise était manquée, et peu désireux de se faire assommer, — se retirèrent en bon ordre, au milieu des huées haineuses et triomphantes des bourgeois et des ouvriers. C'est alors que le masque de l'Arménien fut arraché et que le père Sorbier reconnut, — et Dieu sait avec quelle surprise ! — les traits de son ex-apprenti Andoche Imbert. Le vicomte Réné d'Audissac était mort !...

§

Tel fut le tragique dénouement d'un épisode de l'histoire du Moulin de Javelle : La famille du vicomte voulut poursuivre les meurtriers, mais le marquis de Hochedieu connaissait la vérité tout entière et il engagea les parents de la victime, dans l'intérêt de leur honneur, à assoupir cette déplorable affaire. Le renvoi de plusieurs des mousquetaires dans leur famille fut décrété, et M. de Marville, lieutenant de police, rendit une ordonnance à laquelle le Parlement donna sa sanction, et qui interdisait à tous individus déguisés et masqués, de se présenter à l'avenir dans les bals et repas de noces. La date de cette ordonnance est du 24 octobre 1741.

## XVIII

### Les époux Gélinotte.

Nous avons laissé trois des plus honorables personnages de cette histoire, le chevalier de La Bricole, don Gusman de Tulipano et Grain-d'Orge, en train de se rendre au Moulin de Javelle, dans le but d'étudier les lieux et de prendre leurs dispositions pour l'enlèvement projeté de Nanette Lollier. Rejoignons-les, sous la tonnelle verdoyante où, après avoir achevé leur reconnaissance, ils venaient de s'attabler devant un plat copieux de côtelettes de mouton, aux cornichons, — et devant une véritable montagne de goujons frits. Depuis cette tonnelle ils pouvaient voir et entendre tout ce qui se passait en face de la porte et dans le jardin, divisé en une multitude de cabinets par des charmilles taillées artistement comme de frêles murailles de verdure. Leur poste d'observation était excellent. — Restons donc avec eux, — en bien mauvaise compagnie, hélas? et après avoir raconté à nos lecteurs un des plus dramatiques épisodes du Moulin de Javelle, faisons-les assister à quelqu'une de ces scènes comiques dont la guinguette à la mode était chaque jour le théâtre. Si ce que nous allons mettre sous leurs yeux ressemble à un vaudeville, ce ne sera pas notre faute. Le propriétaire du Moulin de Javelle s'appelait Thomas Gélinotte. C'était un petit homme, rond comme une boule, à trogne rubiconde et bourgeonnée, — fort en train de faire sa fortune, et songeant à se retirer prochainement avec une douzaine de bonne mille livres de rentes. Sa femme, madame Gélinotte, avait quarante ans bientôt, — elle ne paraissait pas son âge, et, à la voir si bien corsée, — si pimpante, — si leste, — si coquette, — on ne lui aurait pas donné beaucoup plus de trente-quatre à trente-cinq ans. Gélinotte n'était pas jaloux et ne l'avait jamais été. — Sa femme, — disait-on, — ne s'était point fait faute, dans le temps, de profiter, un peu plus que de raison, de cette confiance bénévole de son époux, — qui n'avait rien vu, — ou n'avait rien voulu voir. Décidément c'était un homme d'esprit que l'hôte du Moulin de Javelle !... Madame Gélinotte parut sur le seuil. Elle avait un corsage cerise, — une jupe de toile peinte à grandes fleurs, — les bras nus, — un ruban de velours autour du cou, — un bonnet de dentelles, — une demi-douzaine d'accroche-cœurs, et de jolies petites mules surchargées de rosettes couleur de feu.

— Eh ! Marinette ! cria-t-elle, — Marinette !... — Marinette !... où donc êtes-vous, petite fille ?

— Me voici, ma tante, — répondit une voix fraîche, — et, du fond du jardin, la nièce de madame Gélinotte, jolie brune de quatorze ou quinze ans, accourut en sautillant.

— Qu'est-ce que vous faisiez donc là-bas ? demanda l'hôtesse.

— Je portais du vin blanc à ces amoureux qui mangent un petit brochet et de la salade.

— Et, au lieu de revenir bien vite, vous vous cachiez derrière la charmille pour écouter ce qu'ils disaient, j'en suis sûre...

— Dame! ma tante, c'est en écoutant qu'on profite! — il faut bien se former l'esprit, et moi j'aime tant à m'instruire!...

Madame Gélinotte se mit à rire.

— Vous en savez assez long, — dit-elle.

— Oh! ma tante, — répliqua Marinette avec une révérence comique, — il s'en faut encore de beaucoup que je sois savante comme vous!...

— Ce n'est pas de cela qu'il s'agit.

— Est-ce que vous me voulez quelque chose, ma tante?

— Sans doute.

— Quoi donc?

— Allez dire à la grosse Simone qu'elle vous donne un demi-cent d'écrevisses...

— J'y cours.

— Choisissez les plus petites, au moins...

— J'entends bien. — C'est pour quelque bourgeois, pour quelque procureur, peut-être?...

— Oui, — écoutez, — petite fille, — c'est M. Picon, le procureur, qui est en haut, au moins, avec un de ses amis...

— M. Picon? — le mari de cette belle dame qui me fait tant de caresses toutes les fois qu'elle vient ici?...

— Justement, — s'il allait vous questionner tantôt, par hasard, — ne vous avisez pas de lui dire que sa femme soupa hier ici avec ce jeune conseiller, et, avant-hier, avec ce musicien de l'Opéra...

— Oh! que nenni! — Est-ce que je suis jaseuse, ma tante? — est-ce que quand vous me menez à Paris avec vous, pour chercher de la provision et que nous déjeunons avec ce grand clerc ou avec ce gros Suisse, est-ce que j'en dis quelque chose à mon oncle?...

— Je ne me plains pas de cela, tu es bonne fille...

— Si on ne savait un peu se taire, dans une maison comme celle-ci, on aurait joliment vite fait de mettre tout une ville en désordre !

— Oui, il est de grande conséquence de ne point parler !

— Oh ! toute jeunette que je suis, je vois bien cela ! — Tenez, ma tante, tous ces messieurs qui viennent ici avec des femmes, ne voudraient point que leurs femmes y vinssent avec des messieurs, non !...

— Cela est vrai.

— Oh ! que ce vieux médecin était fâché, l'autre jour, quand il trouva là-haut sa femme qui mangeait une matelotte avec ce garçon apothicaire !...

— Et cependant il était avec une petite lingère du Palais, lui...

— Je n'ai jamais ouï tant jurer, pour un médecin ! — il a bien dit qu'il se vengerait, et que, si le garçon apothicaire devenait malade et tombait entre ses mains, c'était un homme perdu !...

— Et il le ferait, comme il l'a dit... — Mais, assez jasé, ma fille... Va vite demander les écrevisses à Simone...

— J'y cours, ma tante.

— Surtout, bien petites...

— Soyez tranquille !...

Et Marinette s'éloigna en sautant, et en répétant, sur un rythme bizarre :

— C'est pour un procureur !... C'est pour un procureur !

En ce moment un nouveau personnage parut sur la scène.

Ce n'était rien moins que Thomas Gélinotte, l'hôte du Moulin de Javelle.

## XIX

### Une partie fine au Moulin de Javelle.

— Sais-tu qui nous avons là-haut ? — demanda Gélinotte à sa pimpante moitié.

— Certainement, que je le sais, — répliqua l'hôtesse, — c'est M. Picon, le procureur, avec un de ses amis, quelqu'homme de justice comme lui... — Je viens d'envoyer chercher par Marinette le demi-cent d'écrevisses qu'ils ont demandé...

— Des écrevisses... des écrevisses... — J'ai dans l'idée, moi, qu'ils ne viennent pas ici pour des écrevisses...

— Pourquoi donc, alors ?

— Il y a quelque anguille sous roche...

— De l'anguille ?... Justement, j'en vais faire mettre cinq ou six tronçons dans leur matelotte...

— Ça n'est pas ça que je veux dire... — Sa femme soupait encore chez nous hier, à ce M. Picon...

— Et avant-hier aussi... — Ah ! c'est une de nos meilleures pratiques...

— Eh bien ! comme il a recommandé qu'on ne dise a personne qu'il était ici, peut-être se cache-t-il pour guetter sa femme...

— Eh ! eh ! ça se pourrait...

— Si elle vient ce soir, madame Picon, comment ferons-nous !

— Si elle vient, elle viendra... ce sont ses affaires... D'ailleurs, je la préviendrai ; et puis c'est une maîtresse femme qui doit conduire son procureur par le bout du nez...

En ce moment plusieurs voix appelèrent depuis l'intérieur de la maison.

— On y va!... on y va!... — répondirent à la fois M. et madame Gélinotte, qui s'empressèrent d'aller se mettre aux ordres des dîneurs impatients.

Quelques minutes s'écoulèrent. Puis on entendit le roulement sourd d'une voiture qui s'arrêtait de l'autre côté de la guinguette, et deux femmes parurent, suivies par un petit garçon de douze à quatorze ans, perdu dans une livrée un peu trop large et beaucoup trop longue. Les nouvelles venues étaient jeunes et fort jolies, — non pas d'une beauté régulière, mais de cet attrait piquant, de cette grâce provoquante qui rend les Parisiennes si séduisantes. Leur mise atteignait à l'extravagance à force d'être coquette. Elles avaient du blanc, du rouge et des mouches; — les talons de leurs chaussures étaient si élevés qu'elles ne pouvaient marcher sans cette incertitude et ce balancement que Rétif de la Bretonne regardait comme la grâce principale de la démarche d'une femme. Les parfums violents qu'elles portaient sur elles remplissaient l'air à dix ou quinze pas à la ronde. Leurs robes disparaissaient presque sous une profusion de dentelles et de rubans. Chacune d'elles tenait à la main un éventail illustré de bergeries fabuleuses.

— Almanzor, — dit l'une de ces femmes, la plus jolie, dont les beaux yeux noirs avaient une expression hardie jusqu'à l'effronterie, — Almanzor... laquais... petit laquais... ici donc!...

— Plaît-il, madame! demanda l'enfant en s'approchant de sa maîtresse.

— Allez dire à ce cocher qu'il se range à cent pas de la maison, là, sur le bord de l'eau, et qu'il nous attende...

Le petit laquais allait s'acquitter de ce message, mais il

n'en eut pas le temps. L'automédon du char numéroté parut lui-même, chancelant, trébuchant, ivre à ne pouvoir se soutenir.

— Qu'est-ce à dire?... — fit-il d'une voix pâteuse, chevrottante, et interrompue par des hoquets, — qu'est-ce à dire, que je vous attende?...

— Mais, sans doute, — répliqua la jolie femme.

— Je me donne au diable si je vous attends, — s'écria le cocher, — à moins que je ne sois payé!... — je vous en avertis...

La jolie femme se tourna vers sa compagne.

— Eh! si on lui donne de l'argent, il s'en ira... — fit-elle.

— Ça se pourra bien tout de même, — balbutia l'ivrogne; — quand je serai payé je n'aurai que faire ici...

— Hé! drôle... comment veux-tu qu'on s'en retourne!...

— Bon! qu'on s'en retourne! — est-ce que ça vous embarrasse?... — Vous êtes jolies toutes les deux, mes princesses... Je vous amène au Moulin de Javelle, vous y trouverez fortune... Ne vous mettez point en peine...

— Ah! quels discours!... quel insolent!... — s'écria l'une des deux femmes.

— C'est un maraud à qui il faut donner les étrivières!... — fit l'autre.

— Oui! — les étrivières!... — reprit le cocher. — Oh! écoutez donc!... point tant de fierté! — Je vous ai prises dans la rue de Seine... je sais bien où... Je vous déshonorerai d'abord... prenez-y garde...

— Par ma foi, ce n'est point joli!... un coquin de fiacre parler de la sorte!...

— Fiacre!... Oh! fiacre vous-même!... — Point tant de bruit, vous dis-je, et de l'argent!... autrement...

— Ecoute... nous voici près de la maison...

— D'accord.

— Si j'appelle, tu seras rossé...

— Oh! palsambleu, appelez!...

— Tu le veux?...

— Nous sommes faits à cela... Je serai rossé, mais je serai payé!... ou je ferai beau bruit!... — je n'ai pas la langue morte, non, quoique je l'aie un peu embarrassée... Mais je sais ce que c'est... c'est la boisson... un coup ou deux de petit blanc...

— Je m'en vais renvoyer ce gueux-là!... — dit la jolie femme. — Il faut le payer... mais je le reconnaîtrai, sur ma parole...

— Bon, tant mieux! — je vous reconnaîtrai aussi, moi. — Vous autres et nous autres, nous ne saurions nous passer les uns des autres...

— Quand ces misérables ont affaire à des femmes!...

— Nous connaissons un peu notre monde, n'est-il pas vrai?

— Tiens, voilà un écu...

— Un écu!... par exemple!...

— C'est le double de ce qu'on te doit...

— Ah! ma princesse, vous ne voudriez pas!... — une personne de qualité comme vous! un écu! fi donc!...

— Si tu veux nous attendre et nous ramener on t'en donnera encore autant...

— Oh! vrai comme voilà le jour qui nous éclaire, ça ne se peut pas, ma reine...

— Et, pourquoi?

— J'ai une fiacrée de bourgeois de Vaugirard à voiturer... un lendemain de noces. — Est-ce que vous voudriez que je perdisse cela? — si vous couchiez ici, encore...

— Coucher ici!... coucher ici!... il est fou!... — Pour qui ce maroufle-là nous prend-il donc?...

— Ah! dame!... je sais bien qu'il n'y a point de lits au Moulin de Javelle... on n'y loge pas, mais cela n'empêche point qu'on y couche...

— Que veux-tu dire?

— Oh! par la morbleu! je sais bien ce que je dis! — je suis grec là-dessus! — Ah! çà, il n'y a donc rien pour boire à vos santés? — je n'en suis, mordié, pas moins votre serviteur, et je vous souhaite toutes sortes de prospérités...

Jusqu'au revoir, mes princesses...

Et, plus chancelant et trébuchant que jamais, le cocher s'éloigna, tout en fredonnant, de cette voix nasale particulière aux ivrognes, ce couplet du temps :

> Sur ces charmantes rives,
> Cochers, que notre sort est doux!
> Nous sommes toujours ivres!...
> Trop heureux qui l'est comme nous!
>
> Vivent nos équipages!
> On fait, dans ces réduits d'amour,
> Nombre de mariages
> A vingt sous par heure, en un jour! (*)

— Ah! ma foi — s'écria la plus jolie des deux femmes, — voilà une partie qui s'annonce bien!... et ces messieurs qui devaient nous attendre et qui ne sont seulement pas là pour nous recevoir... comprend-on cela? — Mais, les voici...

En effet, deux jeunes gens, d'une élégance plus exagérée peut-être encore et plus ridicule que celle de ces dames, accouraient d'un air empressé. C'étaient — à les en croire, — le vicomte Lycidas et le chevalier de la Popelinière, — en réalité deux purs et simples courtauds de boutique, enrichis par un récent héritage qu'ils mangeaient avec des co-

(1) Dancourt. — *Le Moulin de Javelle.*

quettes. Ils s'excusèrent de leur retard avec les expressions d'une parfaite galanterie et sollicitèrent un pardon qu'on n'eut garde de leur refuser. Les deux couples s'apprêtaient à entrer dans l'hôtellerie quand madame Gélinotte en sortit.

— D'honneur, ma chère Gélinotte, — lui dit celles de ces dames qui prenait le plus souvent la parole, — c'est impayable, n'est-ce pas? — je ne bouge pas de chez toi!... — j'y soupais avant-hier, et encore hier au soir, j'y reviens aujourd'hui, je prendrai quelque jour le parti d'y faire apporter des meubles...

— Dans tous les cas, — répondit madame Gélinotte, — je ne vous conseillerais pas de vous emménager aujourd'hui...

— Et pourquoi cela, ma chère?

— Ah! pourquoi? — eh! mon Dieu, tout bonnement parce que votre mari, monsieur Picon, est là-haut!...

## XX

### Les deux procureurs

La jolie femme, — que nous savons maintenant s'appeler madame Picon, — ne sembla point s'émouvoir outre mesure de cette nouvelle inattendue.

— Mon mari? — répéta-t-elle, — en es-tu bien sûre, Gélinotte?

— Sûre comme je le suis de vous voir.

— On peut se tromper...

— Que nenni! — sans vous déplaire, M. Picon est assez laid pour qu'on le reconnaisse entre mille...

— C'est une justice à lui rendre! — répliqua la jolie

femme en riant, — voilà, sur ma parole, un fâcheux contre-temps !... nous nous étions tant proposé de nous bien réjouir !...

— Hélas ! — fit madame Gélinotte.

— Quelle chose ridicule ! — reprit la femme du procureur, — vous ne devriez point recevoir de maris chez vous, vous autres !...

— Allons, mesdames, — dit le vicomte Lycidas, — prenons notre parti, — évitons un éclat et remontons en carrosse...

— Et, où irons-nous ?

— Souper à Passy. — Il n'y a pas d'autre parti à prendre...

— Nous n'y trouverons point de matelotte...

— Mais, aussi, nous n'y trouverons point de mari.

— Que cela est chagrinant !... — Je suis au désespoir quand quelque chose me dérange...

Tandis que ces paroles s'échangeaient, un petit homme, fluet et maigre, absolument chauve, et le visage tout piqueté de petite vérole, venait de sortir de la maison sans que personne fît attention à lui, et se dirigeait vers le groupe, une serviette à la main.

— Eh bien ! eh bien ! — s'écria-t-il, — qu'est-ce donc que cela, madame l'hôtesse ? — on ne saurait être servi chez vous, pour son argent, à ce qu'il paraît ? — Voilà plus d'une heure que nous avons demandé une matelotte et des écrevisses...

— Ah ! vertuchoux ! — murmura tout bas et vivement madame Gélinotte en se mettant entre la jolie femme et le nouveau venu, — voici M. Picon en personne !... tirez-vous de là si vous pouvez !...

Mais déjà la légère moitié du procureur s'était fait une contenance et savait son rôle sur le bout du doigt. Elle fit pirouetter madame Gélinotte, et, s'avançant vers le petit homme, dans l'attitude altière de la femme de Georges Dandin, elle lui dit :

— Oui, monsieur mon mari, une matelotte et des écrevisses !... c'est donc ainsi que vous venez manger votre bien au cabaret !...

Le procureur stupéfait laissa tomber ses bras le long de son corps, et sa grotesque figure exprima le plus complet ébahissement.

— Ma femme au Moulin de Javelle ! — balbutia-t-il, — qu'est-ce que cela veut dire ?

— Ah ! — reprit madame Picon vivement, — ah ! vous ne m'y attendiez guère, débauché !... mais je savais bien que je vous y attraperais, moi !... il y a longtemps que je vous guette !...

— Morgué ! l'habile femme, — dit madame Gélinotte en *à parte*.

— Madame Picon... madame Picon... — reprit le procureur, — je ne sais pas comment vous l'entendez... mais sérieusement...

— Nous n'avons pas dit, au moins, que vous étiez làhaut, monsieur, — interrompit l'hôtesse d'un ton hypocrite.

— Madame s'en doutait bien, cependant, mais je ne répondais pas à ses questions, puisque vous l'aviez bien défendu, et, si vous n'étiez pas descendu vous-même, madame n'aurait été sûre de rien...

— Il n'est pas question de cela, — s'écria le procureur furieux, — je n'ai point à rendre de comptes, je pense...

Ici madame Picon essuya quelques larmes, et dit en gémissant :

— Ah ! je suis bien malheureuse de voir ainsi dissiper ma dot...

En ce moment les deux cavaliers de ces dames jugèrent à propos d'intervenir.

— Il faut mettre ordre à vos affaires, madame, — fit le vicomte Lycidas, — une bonne séparation vous fera rendre ce qui est à vous...

— Oui... oui... — appuya le chevalier de la Popelinière, — employez les voies de justice...

Les yeux du procureur lui sortaient de la tête.

— Messieurs, — hurla-t-il, — savez-vous bien que je n'entends point raillerie.

— Allez, monsieur, — dit la compagne de madame Picon, — vous devriez mourir de honte, de passer ainsi votre vie dans la débauche en abandonnant votre pauvre petite femme dans la solitude et dans les larmes...

— Madame Ségot!... — vociféra le procureur, — mêlez-vous de vos affaires, ou sinon...

Madame Picon se jeta devant son amie.

— Tais-toi... — lui dit-elle, — tais-toi! — il te battra!.. il est déjà ivre.

— Ivre! mordieu!...

— Oui, — il pue le vin, que cela est horrible!...

Le malheureux procureur se tourna vers l'hôtesse.

— Mais dites-leur donc, vous, madame, dites-leur donc que je n'ai encore rien bu!...

— Ce sont des femmes, monsieur, — répliqua madame Gélinotte de façon câline, — laissez-les dire... ne prenez pas garde à cela...

— Comment, que je ne prenne pas garde?...

— Oui, faites des excuses, ces dames sont bonnes personnes et vous pardonneront pour cette fois-ci, peut-être...

— Voilà qui est fort! — me pardonner, — ah! je le leur ferai bien voir...

— Il me menace! — interrompit madame Picon, — il me

menace!... messieurs, remarquez bien cela, je vous prie...

— Oui... oui... — répondirent à la fois le vicomte Lycidas et le chevalier de la Popelinière, — il vous menace!... c'est indigne!...

— Comment, malheureuse!... — bégaya le procureur.

— *Malheureuse!*... quelle horreur!... vous entendez comme il me traite!... hélas!... hélas!... quel sort est le mien!...

— Monsieur Picon... monsieur Picon... — dit l'hôtesse, — vous n'y songez pas...

— Eh! c'est une coquine qui ne croyait pas me trouver ici...

— Ah! *coquine!*... — ah! fort bien!... — ah! je n'y puis plus tenir!... j'étouffe!... je meurs... messieurs, mes amis, mes protecteurs contre ce monstre, emmenez-moi vite à Paris... je veux faire ma plainte et vous me servirez de témoins...

— Une plainte? — répéta le procureur, — et contre moi?... ah! mort de ma vie!...

Et, saisissant le vicomte Lycidas par le bras, il ajouta :

— Au moins, monsieur, vous voyez...

— Je n'ai que trop vu, monsieur, — interrompit le vicomte, — et j'en déposerai... — Lever la main sur une femme... ah! l'horreur!

— J'ai levé la main, moi?... moi?...

— A plus de dix reprises!...

Le procureur, arrivé au paroxisme du désespoir, s'accrocha aux basques de l'habit brodé du chevalier de la Popelinière.

— Monsieur, — murmura-t-il, — je vous demande en grâce...

— Ah! — répliqua le chevalier en se dégageant, — votre

conduite est indigne!... je déposerai aussi contre vous, monsieur Picon, je vous en avertis...

Et les jeunes femmes et leurs cavaliers rejoignirent la voiture qui avait amené ces derniers, tandis que le procureur se laissait tomber anéanti sur une chaise, et que La Bricole, don Gusman et Grain-d'Orge riaient aux éclats, sous leur tonnelle, de cette scène plaisante. La prostration absolue du malheureux procureur dura quelques secondes. Au bout de ce temps il releva lentement la tête, et dit d'un ton dolent à madame Gélinotte, qui n'avait point bougé d'auprès de lui :

— Ah! je n'en puis plus! je n'en puis plus!... qu'est-ce que vous dites de tout cela?...

— Franchement, je dis que vous avez tort...

Le procureur fit un bond sur sa chaise.

— Tort! — s'écria-t-il.

— Eh! sans doute?... — pourquoi la quereller... — une femme n'aime pas beaucoup à voir que son mari se dérange.

M. Picon cacha sa tête dans ses deux mains. Madame Gélinotte venait de lui porter le dernier coup.

— Ah ça! eh! Picon, — dit la voix joyeuse d'un nouveau personnage, — à quoi diable vous amusez-vous donc, et pourquoi me laissez-vous là-haut, croquer le marmot tout seul?

Ce personnage était le procureur Ségot, — petit homme aussi gras et rond que son ami était fluet et maigre. Le pauvre Picon se leva pour aller au-devant de son confrère.

— Ah! Ségot!... Ségot!... — lui dit-il, — je suis au désespoir!...

— Comment? qu'y a-t-il?

— Il y a que je viens de trouver ma femme en partie carrée.

— Votre femme en partie carrée!... — répéta Ségot dans les accès d'un rire fou, — votre femme au Moulin de Javelle!... — ah! ah! ah!... cela est trop drôle!... et avec qui donc, s'il vous plaît?

— Avec la vôtre, monsieur Ségot!... — cria Picon, — avec la vôtre! — riez donc encore!...

Le second procureur devint aussitôt sérieux.

— Avec la mienne? — balbutia-t-il.

— Oui, avec la vôtre... — ah! ah! ah!... cela est trop drôle!... n'est-ce pas, monsieur Ségot, n'est-ce pas?...

Madame Gélinotte intervint.

— Et vous êtes bien heureux, — dit-elle, — de ne pas être descendu le premier... — au moins il n'y aura pas de plainte contre vous...

— De plainte contre moi? — que parlez-vous de plainte, et qu'est-ce que cela signifie?...

— Cela signifie, — répondit Picon amèrement, — qu'elles venaient pour souper ici et que, trouvant la place prise, elles vont s'en plaindre... — Comprenez-vous maintenant?

— Et qui est avec elles?...

— Deux messieurs... deux freluquets... qui les ramènent à Paris.

— Il faut suivre cette affaire-là, monsieur Picon.

— Vous avez raison! — si cela se sait, on se moquera de nous, encore...

— Eh! quelqu'un de la maison, nos perruques, nos chapeaux, nos cannes, s'il vous plaît, nous partons...

— Je m'en vas moi-même chercher toutes vos affaires... — dit madame Gélinotte en rentrant dans la maison.

Les deux procureurs, restés en face l'un de l'autre, se regardaient tristement et sans mot dire. Madame Gélinotte reparut, chargée de tout un attirail de tricornes, de cannes à bec de corbin et des perruques à trois marteaux. Son mari l'accompagnait.

## XXI

### Une gaillarde.

— Tenez, messieurs, — dit l'hôtesse, — voici vos *bibelots*... rien n'y manque...

— Est-ce que vous ne voulez pas qu'on vous serve votre matelotte? demanda Thomas Gélinotte, — elle est toute prête, et de bonne mine.

— Ah! maugrebleu, des matelottes!... — s'écria Picon, — si j'en viens manger de ma vie, que le grand diable me torde le cou!...

— Nous sommes bien fâchés que vous soyez fâchés, — reprit madame Gélinotte, tandis que les procureurs s'ajustaient, — mais il n'y a vraiment pas de notre faute...

— Ce n'est rien, — répliqua Picon.

— Mais si... mais si...

— Mais non!... encore une fois, vertubleu!...

— Ne vous fâchez pas, au moins, monsieur le procureur...

— Qu'est-ce qu'on vous doit?

— Tout ce qu'il vous plaira, messieurs, — dit l'hôte.

— Mais, encore!...

Gélinotte se tourna vers sa femme.

— Qu'est-ce qu'il y a? — lui demanda-t-il.

— Hélas! presque rien...

— Voyons.

— Huit francs de matelotte, — cent sols d'écrevisses et

sept francs dix sols pour le reste, — cela fait tout juste vingt et une livres dix sols...

— Mais, votre matelotte et vos écrevisses, — dit Picon, — on ne nous les a seulement pas servies !...

— Oh ! ça ne fait rien... ça ne fait rien...

— Comment !...

— Vous les avez commandées... — Nous ne sommes point cause, nous, si vos femmes sont venues vous empêcher de les manger...

— Oui, mais...

— Tenez, — répliqua madame Gélinotte d'un ton sec, — point de *mais* avec nous, monsieur le procureur, ou bien je déposerai que vous avez levé la main sur madame Picon, je vous en préviens...

— Eh ! donnez-leur ce qu'ils demandent ! — s'écria Segot. — Je suis sur les épines moi...

— Tenez, — dit Picon, — voici mon demi louis d'or.

— Donnez le vôtre...

— Le voilà, — vous n'en aurez pas plus...

— Ah ! — fit madame Gélinotte, — nous ne rançonnons personne, — une autre fois nous gagnerons davantage...

— Si l'on nous revoit ici, par exemple !... — murmurèrent à la fois les deux procureurs en tournant sur leurs talons.

— Bon voyage, messieurs, bon voyage ! — leur cria l'hôtesse.

Puis Gélinotte et sa femme les regardèrent en riant s'éloigner.

— Ah ! ma foi, — dit Thomas, lorsque les pauvres maris eurent disparu. — Voilà deux bourgeois qui se sont bien divertis pour leur argent ! N'est-ce pas, ma femme ?..

— C'est bien fait !

— Tu trouves ?

— Ah Dieu! oui! — Est-ce à des magots comme cela, qui ont des jolies femmes, à se trouver sur leurs brisées?...

— Tu as raison, ils avaient tort.

— Ne doivent-ils pas savoir qu'il y a des endroits autour de Paris qui ne sont pas faits pour eux...

— Ils le savent maintenant, et je pense qu'il s'en souviendront...

Après l'échange de ces quelques réflexions philosophiques M. Gélinotte rentra dans la maison, et sa femme alla sous la tonnelle occupée par Grain-d'Orge et les deux bandits, pour s'assurer si ces trois honorables personnages n'avaient besoin de rien. Soudain la digne hôtesse poussa un cri de surprise, à la vue d'une société de quatre personnes qui se dirigeaient du côté de la guinguette en riant aux éclats. Or, ces joyeux personnages, n'étaient autres que mesdames Picon et Segot, toujours en compagnie du vicomte Lycidas et du chevalier de la Popelinière...

— Eh! mais, — s'écria madame Gélinotte, — je ne sais si j'ai la berlue!... C'est un petit miracle, que de vous revoir!... je vous croyais effarouchées pour plus de huit jours!...

— Ah! répliqua madame Picon en riant toujours. — Je ne m'effarouche pas si aisément et nous serons ce soir, ici, mieux qu'en tout autre lieu du monde...

— Comment, vous comptez rester?...

— Certes!

— Y songez-vous?

— Monsieur mon mari ne nous soupçonnera pas d'y être sitôt revenues... Il n'a pas assez d'esprit pour cela, le cher homme... Est-il allé rejoindre sa compagnie?...

— M. Ségot! — Certainement.

— Quoi? — s'écria la femme du second procureur, — mon mari était ici avec le tien?

— Mais à ce qu'il paraît ma chère...

— Et, sait-il que je t'accompagnais ?

— Ah ! — fit l'hôtesse, — certainement qu'il le sait ! — M. Picon n'a rien eu de plus pressé que de le lui dire.

— Alors, — murmura la procureuse d'un ton dolent, — alors, je suis perdue !...

— Bon ! — répliqua madame Picon, — perdue !... es-tu folle, et t'embarrasses-tu si fort d'un mari ?...

— Si je m'en embarrasse ! — Mais je le crois bien !... le mien est la plus méchante langue que je connaisse !...

— Oh ! quant à ça, — appuya madame Gélinotte, — le fait est qu'il ne l'a pas bonne !... — c'est lui qui a mis le feu sous le ventre à l'autre, et à l'heure qu'il est, ils s'en vont tout bellement vous chercher à Paris, pour vous quereller plus à leur aise.

— Et leur matelotte ? et leurs écrevisses ? — demanda madame Picon.

— Ils n'ont pas eu le temps de les manger...

— Ah ! tant mieux !

— Mais, elles sont payées...

— Tu dis ?...

— Je dis qu'elles sont payées.

— Vrai ?

— Deux demi louis d'or que voici.

Madame Picon frappa dans ses mains.

Puis elle s'écria, en riant aux éclats comme une folle :

— A la bonne heure ! — qu'on nous les serve ! — Voilà des maris qui font bien les choses !... — Venir eux-mêmes au Moulin de Javelle y faire apprêter le dîner de leurs femmes !... — Allons, ils sont bonnes gens !...

— Cela est en effet fort honnête, — dit madame Gélinotte très-contrariée, au fond, d'avoir dit une vérité qui diminuait d'autant sa recette.

9

— Quelle furieuse querelle nous allons avoir à soutenir en rentrant chez nous! — hasarda madame Ségot, plus timide et un peu moins aguerrie que sa compagne.

— Eh bien! n'y rentrons que demain.

— Es-tu folle?

— Pas du tout!...

— Passer la nuit dehors! tu n'y songes pas?...

— Au contraire. — Les affaires criminelles deviennent meilleures en vieillissant! C'est un axiome du Palais, à ce que dit mon mari...

— Ainsi tu veux?...

— Nous tranquiliser l'esprit et rester ici, tandis que leur premier mouvement passera. — Plus l'aventure sera forte et plus ils craindront qu'elle éclate, à cause du ridicule... — demain ils se trouveront trop heureux de nous revoir, et nous leur ferons une scène...

— Fort bien! — Mais les choses tourneront-elles ainsi que tu crois?

— J'en réponds. — Les maris sont devenus bien prudents, depuis quelques années...

— Vertu de ma vie! — pensait madame Gélinotte en écoutant le dialogue qui précède, — se peut-il que ce soient là des bourgeoises! — elles ont des manières bien de qualité!...

— Allons, allons, ma chère Gélinotte, — reprit madame Picon, — vite un salon, — du vin de Champagne, grande chère et de la glace... Nous ne te demandons pas autre chose... — Ah! si par hasard, des ménétriers passaient de ces côtés, tu nous les ferais venir... Je me sens de joyeuse humeur...

— Je n'y manquerai pas, — répondit l'hôtesse.

Et nos quatre personnages entrèrent gaîment dans la

maison, au grand regret des spectateurs invisibles de cette scène, qui l'auraient voulu voir se prolonger davantage.

§

Cependant Grain-d'Orge, le chevalier de La Bricole et don Gusman de Tulipano avaient achevé leur repas. Il ne leur restait plus qu'à fixer d'une façon positive l'endroit où devrait stationner le carrosse dans lequel on jetterait Nannette Lollier aussitôt qu'on l'aurait séparée de sa famille.

Les complices se dirigèrent vers les bords de la Seine et examinèrent le terrain avec attention, — du moins Grain-d'Orge, car les deux autres étaient en ce moment légèrement avinés. A une centaine de pas de la maison, le Mercure galant du seigneur inconnu avisa un petit bouquet d'arbres qui lui sembla propre à dérober aux regards indiscrets l'équipage dont il était essentiel de dissimuler la présence. L'endroit était bien choisi, mais un peu loin de la maison. Plus près, la plage gazonnée était complètement nue, et, le soir, encombrée de promeneurs. Soudain Grain-d'Orge se frappa le front.

— Hein! — demanda La Bricole, — qu'y a-t-il, mon noble ami...

— Il y a que j'ai une idée...

— Une idée!... voyons... dites-là!... — J'ai la meilleure idée, de votre idée, moi!... Elle doit être fort bonne, mon bon...

— Jusqu'à ce jour, tous les enlèvements se sont effectués en carrosse...

— Mais, à moins de les faire à pied... ou à cheval... je ne vois pas trop comment on pourrait...

— Seulement, — interrompit Grain-d'Orge, — un carrosse a l'inconvénient de se remarquer toujours...

— Dam !... à moins d'être invisible... et les carrossiers n'ont pas encore inventé ce genre de carrosse...

— Eh bien ! moi, je viens de trouver autre chose...

— Quoi donc ?

— Nous n'enlèverons pas la petite fille dans une voiture...

— Ah ! bah ! et dans quoi donc, mon bon ?

— Dans un bateau.

— Tiens ! tiens !... — c'est votre idée, ça !...

— Oui. — Comment la trouvez-vous ?...

— Bonne... très-bonne... aussi bonne, ma foi, que les côtelettes aux cornichons et les goujons frits de tout à l'heure... — Où sera-t-il, ce bateau ?...

— Là, — confondu avec ces lourdes barques de pêche que nous voyons amarrées à la rive. — Deux vigoureux rameurs attendront, — prêts à fendre l'onde... et retrouvez donc une embarcation légère, dans l'obscurité et sur les eaux brumeuses d'un grand fleuve...

La Bricole saisit la main de Grain-d'Orge, et la secoua à la briser.

— Mon ami... mon noble ami... — lui dit-il, vous avez toute mon estime... — Quand j'aurai un million ou deux... je vous prendrai à mon service, mon bien bon... — Elle est magnifique, votre idée... — je suis bien fâché de ne pas l'avoir eue moi-même... car, si je l'avais eue, j'aurais de l'esprit... et j'adore les gens d'esprit...

— Ah ! çà, — demanda Grain-d'Orge, — j'espère que lorsque le moment d'agir sera venu, vous aurez tout votre sang-froid...

— Qu'entendez-vous par là, Grain-d'Orge ?...

— J'entends que votre cerveau sera libre, en deux mots et pour parler plus clairement, que vous serez à jeun...

— Ah ! vous dites cela, mon bon... parce que, ce matin,

j'ai la langue un peu épaisse... Mais, soyez paisible, je me connais... — aussi les jours d'action, je ne bois que de l'eau...

— A merveille. — Maintenant je vous quitte et je retourne à Paris en toute hâte...

— Pourquoi donc si vite, cher ami?

— Parce qu'il faut que je me procure aujourd'hui même une barque convenable et des bateliers sûrs...

— Allez donc, mon bien bon!... puisqu'il le faut... Mais, ventre de biche!... vous avez eu une belle idée!...

XXII

Le mariage.

Le samedi, jour fixé pour le mariage d'Eustache Lollier et de Rosette, était arrivé, — trop lentement au gré des deux amoureux. Transportons-nous, dès le matin de ce jour, dans le modeste logis que madame Pierrefitte, la mère de Rosette occupait au quatrième étage d'une maison de la rue Saint-Denis. Tout était sans dessus dessous dans cet humble appartement. Une demi-douzaine de charmantes jeunes filles, — au milieu desquelles Nanette Lollier brillait comme un diamant parmi des perles, — s'occupaient de la toilette de la fiancée. Cette dernière, éblouissante de fraîcheur et de grâce, était toujours souriante, mais moins franchement rieuse qu'à l'ordinaire. La belle jeune fille malgré l'infinie légèreté de son caractère, aimait de toute son âme le sergent aux gardes-françaises, et l'approche du bonheur la faisait rêver et donnait un peu de sérieux à son esprit, ses compagnes trouvaient un plaisir sans égal à l'ajuster

8.

dans ses blancs atours de mariée. L'une accrochait par derrière les agrafes du corsage qui dessinait à ravir sa taille si fine et si souple. Une autre attachait sur ses beaux cheveux blancs le long voile de mousseline dont les plis flottants donnaient à sa figure mutine une expression chaste et presque recueillie. Nanette, enfin, fixait à sa ceinture le bouquet de fleurs d'oranger symbolique.

— Voilà qui est fait, — dit-elle, quand elle eût achevé sa tâche; — et regardez donc un peu, mesdemoiselles, comme, ainsi parée, ma Rosette est jolie !...

— Tu me flattes toujours ! — répondit vivement Rosette ; — et c'est parce que tu m'aimes que tu me vois en beau ! — Mais c'est toi, Nanette, c'est toi, petite sœur, qui seras une merveille avec le voile et la couronne de mariée !... — oh ! que je voudrais être au jour où, à mon tour je t'habillerai ! Heureusement que ce jour viendra bientôt...

— Bah ! qui sait ? — répliqua Nanette en riant.

— Comment, qui sait ? — est-ce que tu te figures que, belle comme te voilà, avec un vrai visage de sainte Vierge, les épouseurs te manqueront ? — J'ai bien trouvé un mari, moi, et un bon !

— Oh ! ce n'est pas une raison...

— Au contraire, c'en est une, — et je la crois sans réplique.

— Il est possible que tu aies raison ; mais je t'assure que mes pressentiments ne sont pas de ton avis...

— Tes pressentiments ?

— Oui.

— Tu en as donc ?

— Très-souvent et toujours les mêmes.

— Que te disent-ils ?

— Que je n'aurai jamais de mari.

— Allons donc ! ces pressentiments-là n'ont pas le sens

commun !... est-ce que par hasard tu voudrais te faire religieuse ?

— Ma foi, non ! répondit Nanette avec un mouvement de tête plein de coquetterie enfantine.

— Tu vois bien... — il n'y a cependant pas de milieu... le couvent ou un mari. — Encore une fois, ce n'est pas avec ta beauté qu'on reste vieille fille ?

— Mais, quand on meurt... — murmura Nanette d'une voix à peine distincte.

Cependant Rosette l'entendit.

— Enfant ! — lui dit-elle en l'embrassant, — est-ce que tu vas m'attrister ? Songe donc que, si tu dis de pareilles folies, je vais pleurer, moi, d'abord... et si ton frère me voit les yeux rouges il ne sera pas content.

Nanette allait répondre. Mais on frappa à la porte de la chambre, et une voix bien connue demanda :

— Puis-je entrer ?

Cette voix était celle d'Eustache Lollier qui, ce jour-là, n'avait pas encore vu sa fiancée. Nanette courut à la porte, qu'elle ouvrit à son frère. Le jeune sergent avait revêtu son uniforme de grande tenue ; il était magnifique, et plus d'une grande dame, nous l'affirmons, n'aurait point dédaigné de jeter sur lui un regard d'investigation connaisseuse. Il embrassa successivement toutes les jeunes filles qui se trouvaient là, — en commençant par sa blonde fiancée et en finissant par sa sœur. Puis il annonça que les fiacres qui devaient charrier les gens de la noce stationnaient devant la porte et n'attendaient plus que les mariés et leur suite. La toilette était terminée, — les grands parents étaient prêts.

— On descendit et on partit pour l'église. Les jeunes époux courbèrent le front sous la bénédiction du vénérable prêtre qui leur dit, en les unissant, quelques paroles simples et touchantes. Ils prononcèrent le *oui* solennel, et, devant

Dieu et devant les hommes, ils appartinrent l'un à l'autre. Lorsqu'ils redescendirent la nef pour regagner les voitures, on entendait, dans la foule qui s'empressait sur leur passage, s'échanger les phrases suivantes :

— Oh ! comme la mariée est jolie !...

— Mais il me semble, compère, que le marié ne lui cède en rien !

— C'est vrai... si l'une est une jolie fille, l'autre est un bien beau garçon !

— Quel couple charmant !...

— Et comme ils ont l'air heureux !

— Ma foi, je voudrais bien être à la place du marié !...

— Et vous, à celle de la mariée, peut-être...

— Mais, voyez donc, parmi les filles d'honneur, cette jeune fille aux cheveux bruns !...

— C'est celle-là qui est jolie !...

— Un trésor !...

— Un miracle d'amour et de beauté...

— C'est celui qui l'épousera qui aura de la chance !...

— Mais je la connais bien, moi...

— Qui donc est-ce ?

— C'est la sœur du marié... c'est la belle Nanette Lollier, la fille de la mère Lollier de la rue Aubry-le-Boucher...

— Eh bien ! la mère Lollier peut se vanter d'avoir fait de beaux enfants !...

Voilà ce qui se disait, — et bien d'autres choses encore, dont nous remplirions facilement dix ou douze pages, — et même un peu plus. Mais nous préférons nous abstenir. La noce sortit donc de l'église, — chacun des conviés reprit dans un des fiacres sa place respective, et le cortége se mit lentement en marche vers le Moulin de Javelle, où depuis le commencement de ce livre nous avons si souvent conduit nos lecteurs. On était en été, — la température était douce et le temps magnifique. Par les soins d'Eustache, les tables du banquet avaient été dressées, non point dans l'une des salles intérieures de la guinguette, mais sur une vaste pelouse entourée de grands arbres, et qui s'étendait à la gauche de la maison. C'est là aussi que le bal devait avoir lieu après le repas, — et une estrade, formée par des planches posées sur des tonneaux, avait été installée entre deux tilleuls pour l'orchestre, emprunté, comme nous savons, par Eustache, à la musique des gardes-françaises. C'est assez dire combien cet orchestre devait être supérieur à tous ceux qui faisaient d'habitude retentir du bruit criard de leurs aigres crins-crins les échos du Moulin de Javelle. Le repas se passa comme tous les repas de noces, — on mangea, — on but, — on chanta des couplets de circonstance, improvisés pour les époux par les poètes de la société. Puis, enfin, on quitta la table, et comme il était de beaucoup trop bonne heure encore pour se mettre en danse, on proposa une promenade sur l'eau. Cette motion fut accueillie avec empressement par tout le monde, et avec un véritable enthousiasme par toutes les jeunes filles.

M. Gelinotte envoya la grosse Simone mettre en réquisition les pêcheurs d'alentour avec leurs barques, et, au bout de quelques instants, les convives de la noce se dirigèrent vers le bord de l'eau. Une véritable escadrille de barques plates et lourdes, aux grossiers avirons, attendaient les promeneurs. Chacun s'installa. Mais les barques se trouvèrent pleines et il restait encore cinq ou six personnes sur la rive. Quelqu'un avisa, à une vingtaine de pas de l'endroit en question, un canot peint en noir, et qui semblait d'une légèreté phénoménale comparé aux autres embarcations. Dans ce canot dormaient, couchés sur le ventre, deux hommes en costume de pêcheurs.

— Voilà des gens qui vont nous conduire, dit, en désignant le canot en question, le père Lollier, lequel se trouvait au nombre des retardataires.

On s'approcha du canot.

— Eh ! mes braves gens... — dit l'employé à la propreté du Carreau des Halles en se faisant un porte-voix avec ses deux mains, — dormez-vous ?

L'un des hommes couchés dans la barque releva la tête.

— Vous voyez bien que non, — dit-il d'un ton bourru.

— Voulez-vous nous laisser monter dans votre bateau et nous conduire ?

— Non.

— Pourquoi ?

— Parce que ça ne nous convient pas.

— Mais, — reprit le père Lollier, — nous ne vous demandons pas de nous rendre ce service-là pour rien... vous serez payés, et bien payés...

Le pêcheur avait déjà laissé retomber sa tête sur ses bras et semblait rendormi.

— Ainsi, — demanda de nouveau le père de Nanette, — vous ne voulez pas ?...

— Non ! sacrebleu ! non ! trois fois non ! — répliqua le pêcheur, — notre barque est à nous, je pense, — laissez-nous donc en repos ! Nous ne vous promènerons pas !...

En face d'une décision aussi nette, — exprimée d'une façon aussi énergique, — il n'y avait plus rien à tenter. Les convives qui n'avaient pas de place dans les barques durent donc se contenter d'une promenade à pied sur le bord de l'eau.

## XXIII

Le canot noir.

La nuit descendit, calme et sereine, — le ciel, sans nuages, mais étoilé, souriait à la terre, de tous côtés on entendait retentir les chants joyeux des buveurs avinés. Les promenades sur l'eau étaient depuis longtemps finies et tous les conviés de la noce d'Eustache Lollier, rassemblés dans la salle de verdure dont nous avons déjà parlé, n'attendaient qu'un signal pour ouvrir le bal. Quelques quinquets, attachés au tronc des grands arbres projetaient une lueur indécise qui semblait à tous un brillant éclairage. Enfin retentirent les premiers accords des musiciens des gardes-françaises, huchés sur leur estrade en compagnie de nombreux brocs de vin vieux. Aussitôt la danse commença. Eustache avait pris la main de sa femme. Nanette Lollier avait abandonné la sienne à un jeune sergent, ami intime de son frère. Les deux couples s'ébranlent à la fois, et commencent à dessiner gracieusement les figures du gothique rigodon.

§

Tandis que tout ceci se passait sur la pelouse, — quatre personnages, dont deux sont de notre connaissance, — erraient d'une façon mystérieuse dans la partie la plus sombre de la prairie, derrière les grands arbres qui formaient l'enceinte de la salle de danse. C'étaient le chevalier de La Bricole, — don Gusman de Tulipano et deux chenapans en sous ordre, recrutés pour la circonstance, et dont trois ou quatre louis, au plus, devaient payer très-libéralement les services.

— Attendez-moi là.... dit tout à coup La Bricole à ses compagnons.

— Où vas-tu? — demanda Tulipano.

— Je reviens, — répliqua le chevalier, sans s'expliquer davantage.

Et, d'un pas allongé comme le trot d'un cheval de course, l'homme maigre se dirigea vers la rive de la Seine et gagna cet endroit où nous savons qu'était amarré le canot noir. Mais le canot se perdait si complétement dans les ténèbres, qu'il était impossible de le distinguer.

— Psit !... — dit le chevalier en s'arrêtant.

Rien ne répondit.

— Pist !... — répéta-t-il une seconde fois, avec une intonation particulière.

Sans doute la double répétition de ce son aigu et prolongé était une chose convenue d'avance, car une voix, traversant l'obscurité, répondit aussitôt :

— Nous voilà...

— Où diable êtes-vous ? — demanda La Bricole tout bas.

— Ici.

— Je n'y vois goutte.

— A droite et quatre pas. — Vous y êtes...

Le chevalier suivit, en effet, cette indication et se trouva à la pointe du canot noir. Les deux hommes en costume de pêcheurs, n'étaient plus couchés, mais assis. Ils tenaient à la main leurs avirons légers, dont les anneaux se fixaient à de petits *tolets* de fer. Un troisième personnage se leva et sauta sur le rivage, à côté du chevalier. — C'était Grain-d'Orge.

— Où en sommes-nous ? — demanda ce dernier.

— Nous touchons au but. — Avant une heure vous aurez la petite...

— Bien. — Où avez-vous laissé vos hommes ?

— Là-bas, près de l'endroit où l'on danse.

— Comment attirerez-vous l'enfant ?

— C'est mon affaire.

— Vous savez... ni bruit, ni scandale...

— Pardieu ! — les choses se passeront si doucement que personne ne s'apercevra de rien...

— A merveille. — De notre côté, nous sommes en mesure, pour démarer immédiatement...

— Vous vous rappelez de la somme convenue ?

— Ces choses-là ne s'oublient point.

— Vous avez l'argent sur vous ?

— Oui, — répondit Grain-d'Orge en frappant sur sa poche, qui rendit un son métallique, — la somme est là, en or, dans une bourse de peau...

— Parfait ! — Et vous me la remettrez !

— En échange de la petite... Donnant, donnant, — vous me la tendrez d'une main, vous toucherez de l'autre...

— Je n'en demande pas davantage, et je retourne à mon poste...

— Bonne chance !...

— A tout à l'heure...

Le chevalier rejoignit en effet son monde, sans perdre un instant. Il installa don Gusman et les deux hommes derrière un buisson qui se trouvait à une trentaine de pas de l'endroit où l'on dansait, et il leur dit :

— Vous avez le bâillon ?

— Oui, — répondit un des hommes.

— Et vous savez vous en servir ?

— Je n'ai fait que ça toute ma vie...

— Prenez garde, surtout, de blesser la petite personne...

— Soyez tranquille !

— Qu'elle ne puisse pas pousser un seul cri, mais ne lui faites pas le moindre mal...

— Livrer une marchandise détériorée, ça n'est point reçu ! Diable, soyons honnêtes !...

Ces explications données, La Bricole se dirigea vers les cuisines du moulin de Javelle. Il avisa deux marmitons à qui il fit signe de le suivre, — les enfants, éblouis par les galons de cuivre doré du chevalier, ne firent point la sourde oreille.

— Petits garçons, — leur dit-il, — qu'est-ce que vous penseriez si je vous donnais à chacun un écu ?

— Dam ! nous penserions que nous serions bien aise... mon prince...

— Eh bien ! mes enfants, les voici. Mais il faut les gagner.

— Est-ce difficile ?

— Non.

— Alors, mon prince, qu'est-ce qu'il faut faire ?

— Il s'agit d'une petite farce... d'une simple plaisanterie que je veux faire à mon cousin et à ma cousine qui sont de la noce...

— Ah !... ah !...

— Tu vois bien, — reprit La Bricole en s'adressant à l'un des marmitons auquel il désigna Marcel, — tu vois bien ce joli jeune homme, qui se tient là, debout, près de l'orchestre ?...

— Celui qui ressemble presque à une demoiselle ?

— Oui.

— Eh bien ?

— Tu vas t'en aller tout doucement auprès de lui, sans

faire semblant de rien... — Tu lui diras, en le tirant par sa manche : — *C'est vous qui êtes monsieur Marcel ?* — il te répondra : — *Oui.* — Alors tu ajouteras : — *Venez avec moi, il y a par là une jolie dame qui veut vous parler...*

— Ça n'est pas difficile.

— Il te suivra et tu le conduiras de ce côté-là, sur la route de Paris, pendant au moins cinq minutes...

— Et, ensuite ?

— Ensuite, tu auras l'air de ne plus trouver la dame, vous reviendrez tous les deux, et tu auras gagné ton petit écu, que voici d'avance...

L'enfant empocha l'argent.

— As-tu compris ? — demanda La Bricole.

— Parfaitement, mon prince.

— Alors, va vite...

Le marmiton se glissa dans le bal. Il s'approcha de Marcel auquel il parla tout bas. — Les yeux du frère de Nanette brillèrent d'une flamme vive, et il suivit le jeune Mercure en veste blanche.

— Et d'un !... — pensa La Bricole.

— A ton tour, maintenant, — dit-il à l'autre marmiton.

— Qu'est-ce que vous me commanderez, mon prince ?

— Tu vois bien cette jolie demoiselle, qui rattache une épingle à la mariée ?

— Cette demoiselle qui a des cheveux noirs avec des roses rouges, et qui ressemble au jeune homme de tout à l'heure ?

— Elle-même. — C'est ma cousine. — Tu feras comme ton camarade, — tu t'approcheras d'elle, et tu lui diras : — *Est-ce vous qui êtes mademoiselle Nanette ?*

— Elle me répondra : — *Oui.*

— Tu as de l'esprit comme un ange, toi, marmiton !... —

tu lui diras : — *Votre frère Marcel m'envoie vous dire qu'il vous attend pour une surprise à faire à la mariée...* te rappelleras-tu bien ?

L'enfant répéta la phrase.

— Au lieu d'un petit écu tu en auras deux, — les voici.

— Merci, mon prince !...

— Tu amèneras la jeune personne près de ce buisson que tu vois d'ici, — et c'est moi qu'elle y trouvera au lieu de son frère, — ce sera fort drôle... — allons, cours !...

Le marmiton obéit. Il s'approcha de Nanette, à laquelle il débita avec un aplomb imperturbable les deux phrases convenues. La jeune fille ne conçut pas l'ombre d'un doute.

— Où donc est-il, mon frère ! demanda-t-elle.

— J'vas vous conduire vers lui, mam'selle, — répondit l'enfant.

Nanette le suivit en ayant grand soin d'empêcher que sa sortie ne fût remarquée, de crainte qu'on ne la questionnât et que cela ne fît manquer la surprise. Les quatre complices — muets, — étouffant leur haleine, — attendaient derrière le buisson. La jeune fille le dépassa en disant gaiement :

— Marcel, es-tu là ?... me voici...

Au même instant elle sentit une main vigoureuse appuyer sur sa bouche un mouchoir, tandis que quatre bras la soulevaient et l'emportaient rapidement.

9

Quelques minutes après ce moment, le canot noir, détaché de la rive, glissait comme une flèche sur les eaux de la Seine, poussé dans le sens du courant par les avirons de deux rameurs expérimentés. M. Grain-d'orge soutenait dans ses bras un corps inanimé qui devait être celui d'une jeune fille évanouie. La Bricole et don Gusman comptaient des pièces d'or sur la plage. Le bal continuait, plus joyeux.

FIN DE LA PREMIÈRE PARTIE.

# DEUXIÈME PARTIE.

## LES PRINCES DE COURTENAY

### I

#### La lettre.

Nous n'avons pas besoin de dire combien fut profond le désespoir de la famille Lollier après ce bal de noces, commencé d'une façon si joyeuse et fini si tristement. Toutes les recherches faites pour découvrir ce qu'était devenue Nanette, furent complètement infructueuses. Le seul renseignement sur lequel il fut possible de se baser pour une enquête, était le signalement de l'homme grand et maigre, donné par les deux marmitons du Moulin de Javelle qui avaient été chargés par lui de faire tomber dans un double piége Marcel et Nanette Lollier. A coup sûr cet homme était le même que celui qui, quelques jours auparavant, avait eu l'audace de se présenter, rue Aubry-le-Boucher, chez la poissarde, en se disant l'ami du sergent aux gardes-françaises. Eustache fouilla Paris, jusque dans ses bas fonds les plus ténébreux, pour retrouver cet homme. Mais il ne put en venir à bout. Le chevalier de La Bricole, — nanti des louis d'or de Grain-d'Orge, — avait quitté la grande ville où il ne devait plus revenir, car don Gusman de Tulipano, son digne ami, après avoir témoigné le désir de l'accompagner dans ses pérégrinations, l'avait bel et bien assassiné à la première couchée, pour s'emparer du sac de peau gonflé d'or. Trois années se passèrent ainsi. Puis, un beau matin, un *gagne denier*, ou commissionnaire, vint apporter une lettre à madame Lollier. Marie-Jeanne avait déjà quitté son logis pour aller à la Halle. Le commissionnaire était payé. — Il laissa la lettre et s'en alla. A l'heure accoutumée, la poissarde revint et la lettre lui fut remise. La poissarde ne savait pas lire et son embarras se trouvait fort grand. Par bonheur, en ce moment, son fils Eustache arrivait chez elle avec sa femme, la blonde Rosette, qui riait un peu moins souvent qu'autrefois quoiqu'elle se trouvât encore plus heureuse, et qui l'avait déjà rendu père de deux beaux enfants.

— Eustache, — lui dit Marie-Jeanne, — toi *qu'est* un savant, lis-moi donc un peu ce qu'il y a là-dessus...

— Volontiers, ma mère, — répondit le sergent en prenant la lettre.

Il brisa le cachet, déploya le papier, — le défrippa en le frottant sur sa manche, avec ce geste qui est devenu de tradition au théâtre, puis, jetant les yeux sur les premières lignes, il s'écria tout à coup :

— Ah ! mon Dieu !... Ah ! mon Dieu !...

— Eh bien, quoi !... — demanda vivement Marie-Jeanne, — qu'est-ce que c'est ?... Un malheur ?...

— Oh ! ma mère... bien loin de là !...

— Enfin, je respire... dis vite... dis vite !...

— Ma mère... soyez forte...

— Je le suis... mais tu me fais trembler... va donc...

— Eh bien !... Nanette...

Marie-Jeanne devint pâle comme une morte.

— Nanette... — répéta-t-elle, tu as dit : *Nanette...* et... quand je t'ai demandé si c'était un malheur... tu as répondu : *bien loin de là...*

— Ecoutez donc, ma mère... reprit Eustache, — mais encore une fois, soyez forte...

Et il lut :

« Madame,

« Votre fille, mademoiselle Nanette Lollier, est sous ma garde, dans le couvent des Carmélites de la rue du Bouloy, dont je suis l'abbesse. Je la remettrai, soit entre vos mains, si vous venez la chercher vous-même, — soit entre celles de quelque prêtre respectable et connu de moi, s'il se présente de votre part et muni de votre mandat. Et je prie Dieu du fond de mon cœur, de veiller sur vous et sur les vôtres. »

Puis venait la signature de la supérieure.

Quand Eustache eut achevé, Marie-Jeanne avait l'œil fixe et le regard sans expression. Sa pâleur ne diminuait point.

— Ma mère, — s'écria le jeune homme, — ma mère avez-vous entendu ?...

— Recommence, — dit lentement Marie-Jeanne, — je veux entendre encore, — il me semble que je n'ai pas compris...

Le sergent aux gardes recommença sa lecture.

— Nanette est retrouvée !... Nous allons la revoir... Courons !... courons !... il ne faut pas perdre une minute...

Enfin, cette effervescence se calma quelque peu. Marie-Jeanne comprit qu'elle ne pouvait se présenter au couvent dans sa toilette de la Halle. Elle se hâta donc de revêtir ses plus beaux atours, et, montant avec Eustache et Rosette dans un fiacre que le jeune homme était allé chercher pendant que sa mère s'habillait, elle donna l'ordre au cocher de les conduire, d'abord, au logis du curé de la paroisse.

Nous savons depuis longtemps que ce digne prêtre était le protecteur, et en quelque sorte l'ami de la famille Lollier. Il sympathisait à toutes ses peines, — il prenait part à toutes ses joies. En ce temps-là, lorsqu'il était question d'une affaire de haute importance, c'était presque toujours au curé qu'on s'adressait afin de lui demander un conseil. Le plus souvent, cette confiance était justifiée, et, dans bien des circonstances, l'intervention d'un bon prêtre remplaçait avec infiniment d'avantages celle des gens de loi et de justice. Dans tous les cas, jamais confiance n'avait été mieux placée que celle que Marie-Jeanne témoignait au curé de sa paroisse, homme excellent, charitable et éclairé. La poissarde lui montra la lettre qu'elle venait de recevoir. Il se réjouit du bonheur inattendu qui venait d'arriver à l'honnête famille. Il témoigna tout le plaisir qu'il aurait à revoir cette charmante Nanette qu'il avait baptisée jadis. Et, enfin, il offrit à madame Lollier de l'accompagner au couvent des Carmélites. C'était ce que souhaitait Marie-Jeanne. Le bon curé monta dans le fiacre avec Eustache et les deux femmes, et le véhicule se dirigea vers la rue du Bouloi.

## II

#### Le parloir des carmélites.

Les visiteurs furent introduits à l'instant même dans le parloir du couvent, et la supérieure vint les y rejoindre sans retard. Le curé lui expliqua en peu de mots le but de leur venue.

— Madame, — dit alors la supérieure à Marie-Jeanne, ainsi que je vous l'ai écrit, je vais remettre votre fille entre vos mains ; mais, d'abord, je dois vous dire comment il se fait qu'elle se trouve ici. « Hier au soir, on est venu m'annoncer que deux inconnues demandaient à me parler pour une affaire d'importance. Je les reçus et je vis une dame d'un âge déjà avancé et de l'apparence la plus respectable, accompagnée par une charmante jeune fille. La dame âgée me supplia de donner asile à sa compagne jusqu'au moment où la famille de cette dernière pourrait la faire réclamer, et, déposant sur cette table un coffret assez lourd, elle ajouta : — Voici vingt mille livres en or qui serviront à payer la dot de mademoiselle, si mademoiselle consent à entrer en religion, ou qui lui seront remises à elle-même, si elle sort librement de ce couvent pour rentrer dans sa famille... Il me fut impossible, — poursuivit la supérieure, — de refuser de me prêter à la bonne action qu'on me demandait... La dame âgée se retira satisfaite, et aujourd'hui, dès le matin, je vous écrivis la lettre que vous avez reçue... Depuis hier au soir j'ai beaucoup causé avec mademoiselle Nanette, qui me paraît une charmante enfant, douce et bonne, et remplie d'esprit naturel. J'ai tenté de lui adresser quelques questions, relativement aux circonstances qui l'ont éloignée de sa famille pendant trois années... Mais, aussitôt que je touchais à cette corde, la jeune fille se renfermait dans un silence absolu... — J'ai dû renoncer à l'interroger sur ce sujet... — Peut-être vous, madame, qui êtes sa mère, serez-vous plus heureuse... Je vais vous chercher votre enfant. » La supérieure sortit en effet du parloir. Pendant son absence, qui dura quelques minutes, le bon curé et Marie-Jeanne ne purent s'empêcher de se dire à voix basse combien leur semblaient étranges les circonstances rapportées par la religieuse et que, cependant, *ils* ne pouvaient mettre en doute. Ainsi, pourquoi cette femme inconnue avait-elle conduit Nanette au couvent des Carmélites plutôt que de la ramener droit chez ses parents, ce qui semblait bien plus naturel ? Cela était inexplicable. Pourquoi encore cette dot de vingt mille francs, et qui donc pouvait avoir un intérêt à ce que la jeune fille entrât en religion ? Aucune solution, ayant l'ombre de vraisemblance, ne se présentait pour résoudre ce problème. La supérieure rentra. Nanette Lollier était avec elle. La jeune fille courut ou plutôt bondit jusqu'à sa mère, et les deux femmes s'unirent en l'une de ces étreintes ineffables où le cœur se fond sous les baisers, où les larmes jaillissent des yeux, — larmes de bonheur et d'ivresse, — hélas ! trop rares dans la vie ! Puis, après ce long embrassement, ce fut le tour d'Eustache et de Rosette. Nanette Lollier, trop émue pour pouvoir parler, se taisait ; mais ses caresses avaient une bien autre éloquence que celle du langage. Enfin la jeune fille s'agenouilla devant le vieux prêtre et lui demanda sa bénédiction.

— Oh ! oui... murmura-t-il en étendant ses mains au-dessus de sa tête ; — oh ! oui, que Dieu vous bénisse... pauvre chère fille... pauvre brebis, revenue au bercail...

Puis Jeanne, qui, jusqu'à ce moment, avait sangloté de joie, essuya de son mieux ses larmes et regarda son enfant avec un indicible sentiment d'orgueil maternel. C'est que Nanette était bien belle !... Bien plus belle encore que lorsqu'elle avait disparu trois ans auparavant. A cette époque, Nanette achevait à peine sa quinzième année, — elle n'était encore qu'une enfant. Maintenant la jeune fille atteignait à toute la plénitude de sa beauté sublime. Elle avait grandi, — ses formes s'étaient développées ; — des tons d'une incomparable fraîcheur remplaçaient la pâleur harmonieuse.

mais peut-être un peu uniforme de son visage, qui semblait cependant n'avoir rien perdu de sa sereine chasteté.

— Oh! mon enfant, — balbutia Marie-Jeanne en attirant de nouveau sa fille sur son cœur, — voici que tu m'es rendue, et maintenant tu ne me quitteras plus, n'est-ce pas?

— Oh! jamais!... jamais!... ma mère... répondit vivement Nanette.

— Cependant, — fit la supérieure en souriant, — si la vocation de mademoiselle était de se consacrer à Dieu, vous êtes trop bonne mère, madame, pour vous opposer à ce pieux désir...

— Nanette... — demanda vivement Marie-Jeanne en regardant sa fille avec une sorte d'effroi, — est-ce que tu veux être religieuse?

— Non, ma mère, — répliqua Nanette en secouant doucement la tête, — j'aime mieux rester près de vous...

— Le monde est dangereux, ma chère fille, — reprit l'abbesse; — c'est au couvent, croyez-moi, qu'on trouve le calme, le repos, le vrai bonheur...

— Ah! madame, je vous crois, — dit la jeune fille en hésitant; — seulement il me semble que ce n'est pas pour ce bonheur-là que je suis née...

— Ainsi, mon enfant, vous allez nous quitter?

— Avec bien du regret, madame; mais vous le voyez, ma mère désire que je revienne auprès d'elle, et, ce désir, je le partage...

— Votre résolution est prise?

— Oh! madame, irrévocablement prise.

Ceci fut dit avec une douceur extrême, mais en même temps avec un air de décision sans réplique. La supérieure n'insista pas, — quoiqu'elle se sentît triste du départ de cette jeune fille si séduisante à laquelle elle s'était attachée depuis quelques heures.

— Alors mon enfant, — reprit-elle, il ne me reste qu'à vous remettre les vingt mille livres qui vous auraient servi de dot, si vous étiez devenue l'épouse du Seigneur.

Et elle présenta à Nanette le petit coffret rempli d'or dont nous avons déjà parlé. Ce coffret était lourd, — Eustache s'en chargea. Les visiteurs prirent congé de la religieuse, qui ne voulut point se séparer de Nanette sans l'avoir embrassée tendrement.

— Qui sait, mon enfant, — lui dit-elle, peut-être nous reviendrez-vous un jour.

— Je ne le crois pas, madame, — répondit Nanette en souriant ; — mais jamais je n'oublierai la bonté touchante avec laquelle vous m'avez accueillie.

A la porte du couvent le bon curé se sépara de ses paroissiens, pour aller faire une visite à son confrère, le curé de Saint-Eustache. Marie-Jeanne, Nanette, Eustache et Rosette remontèrent dans le fiacre, qui les ramena rue Aubry-le-Boucher. Toutes les courses, toutes les démarches que nous venons de raconter avaient pris du temps. Les divers membres de la famille Lollier étaient rassemblés et s'étonnaient fort de l'absence prolongée de Marie-Jeanne, — absence dont personne ne savait la cause. Les voisins avaient bien raconté à André Lollier que la poissarde, son fils et sa belle-fille étaient montés ensemble dans un fiacre, et ce fait seul, si en dehors des habitudes économiques de la digne mère de famille, fournissait matière à des conjectures sans nombre, dont aucune n'approchait de la vérité. Qu'on juge de ce qui se passa dans tous les esprits et dans tous les cœurs, quand on vit Nanette descendre de voiture à la porte de la maison. Les larmes et les embrassements recommencèrent, et cette scène touchante dura jusqu'au soir. Le lendemain matin, Marie-Jeanne n'alla point à la Halle comme de coutume. Elle voulait consacrer cette journée tout entière à sa fille, — elle ne pouvait se rassasier du bonheur de la voir, et puis, disons-le, son projet était de l'interroger sur le passé, bien convaincue que ce que Nanette avait voulu taire à la supérieure du couvent des Carmélites, elle le lui dirait, à elle. En conséquence, elle ne tarda point beaucoup à entrer en matière. Mais, dès les premiers mots, Nanette l'arrêta.

— Ma bonne mère, — lui dit-elle avec une fermeté qui imposa à Marie-Jeanne une sorte de respect, — ne m'interrogez pas, je vous en supplie, car je ne pourrais pas vous répondre... — Vous savez si je vous aime, et si, volontairement, je vous causerais un chagrin quelconque... mais, j'ai juré, — juré *sur ma part de Paradis*, vous m'entendez, ma mère, de ne jamais révéler le secret des trois années qui viennent de s'écouler... — Tout ce que je puis vous dire, c'est que votre Nanette bien-aimée ne fut jamais coupable, et que sa conscience est aussi pure que le jour où elle a été séparée de vous...

En face de cette déclaration, — en face du serment dont parlait la jeune fille, — Marie-Jeanne, à son grand regret, fut obligée d'imposer silence à sa curiosité, et les investigations en restèrent là.

Quelques jours s'écoulèrent. André Lollier et Marie-Jeanne causaient souvent ensemble de leur désir de donner à Nanette une profession qui, jointe aux vingt mille livres dont la source était inconnue, en fît le plus brillant parti du quartier des Halles. Marie-Jeanne se reprenait à choyer son ancien projet d'associer sa fille à son commerce et d'en faire une grosse marchande de marée. Mais la poissarde ne savait comment s'y prendre pour confier à Nanette ses désirs et ses espérances. C'est qu'en effet, pendant son absence de la maison paternelle, la jeune fille avait pris un aplomb singulier, et sa fermeté, douce mais énergique, inspirait à ses parents une très-grande considération pour elle. Cependant, un soir la poissarde se décida à parler et fit étinceler aux yeux de sa fille une existence émaillée de raies, de plies, de limandes, de barbues et de turbots. Nanette l'écouta en souriant et la laissa dire jusqu'au bout.

— Eh bien? demanda Marie-Jeanne quand elle eut achevé.

— Eh bien! ma mère, — répondit la jeune fille, — j'ai senti comme vous la nécessité d'une occupation... et j'en ai choisi une d'accord avec mes goûts...

— Ah! tu as choisi?...

— Oui, ma mère.

— Et c'est?

— Vous vendez du poisson, — reprit Nanette, moi j'aime les fleurs... et j'en veux vendre... — Vous êtes marchande de marée, — je serai bouquetière.

## III

### La bouquetière du Palais-Royal.

La mère Lollier recula d'un pas, — elle laissa tomber ses bras le long de son corps ; — ses traits prirent une expression de stupeur et d'épouvante, et elle répéta, comme quelqu'un qui croit avoir mal entendu :

— Bouquetière !

— Oui, ma mère, — répondit Nanette en souriant.

— Mais tu n'y penses pas!
— J'y pense, au contraire, et depuis longtemps.
— Bouquetière!... ça n'est pas un état ça!...
— Et, pourquoi donc?
— Des fleurs, ça n'est pas une marchandise!...
— Mais si, ma mère, et une charmante... et qui se vend, dit-on, fort cher...
— Bouquetière!... — Mais c'est un métier de fainéante!
— Pas plus que de vendre des harengs et des homards, ce me semble.
— Les bouquetières sont des malheureuses!... des mauvaises créatures!... des dévergondées!
— Je prouverai qu'on peut être bouquetière et honnête fille.
— On te méprisera!...
— Je saurai me faire respecter.
— Tout le monde parlera de toi dans Paris!...
— Je l'espère bien, car, plus on parlera de moi, plus on m'achètera de bouquets.
— Les hommes te courront après!
— Rapportez-vous-en à moi pour les tenir à distance.
— On se croit tout permis avec une bouquetière!...
— On ne se permettra rien avec moi, comptez-y bien
— Ce serait un déshonneur pour notre famille!...
— Vous voulez dire une illustration.
— Renonce à ce projet, mon enfant!...
— Impossible, ma mère, j'y tiens trop.
— Ton père et moi, nous n'y consentirons jamais!...

Nanette ne répondit rien — mais un demi-sourire qui se dessina sur ses lèvres prouva qu'elle ne s'inquiétait point outre mesure de cette résistance. Et Nanette avait raison.

« *Ce que femme veut, Dieu le veut!* » — dit un vieux proverbe, qui ne nous paraît pas le moins du monde entaché de paradoxe. Peu à peu l'opposition paternelle et maternelle faiblit devant la persistance de la jeune fille. Et, enfin, un beau matin, la mère Lollier, vaincue, donna son consentement (de mauvaise grâce, il est vrai) — mais elle le donna. Dès le lendemain, Nanette, triomphante, s'occupa des préparatifs indispensables pour son nouvel état, et, la semaine ne s'était point écoulée, que la nouvelle bouquetière faisait son entrée triomphale dans le jardin du Palais-Royal, qu'elle avait choisi pour son quartier-général comme étant le lieu de rendez-vous habituel des jolies femmes et des jeunes gens à la mode. Le soir même, ainsi que l'avait prédit Marie-Jeanne, il n'était question, dans Paris, que de la bouquetière du Palais-Royal. Mais aussi, quelle bouquetière!... Nous connaissons la beauté sans pareille de la jeune fille — aussi n'en parlerons-nous point — mais il importe de dire quelques mots de son costume, afin d'expliquer mieux l'engoûment général. Rien n'était moins simple et plus théâtral que sa toilette, mais en même temps rien n'était plus gracieux. Une double jupe de gaze transparente était relevée, de distance en distance, par des nœuds de rubans roses, sur une courte jupe de soie, à larges raies alternativement blanches et cerises. Des dentelles de la plus grande valeur — véritable point de Venise enrichissaient le corsage, en étoffe pareille, et légèrement échancré. Autour de son cou, plus blanc que la neige, un ruban de velours noir soutenait une petite croix d'or. Ses beaux bras roses sortaient, depuis le coude, d'un flot de dentelle, et des bracelets de velours noir serraient l'attache délicate de ses poignets. Des petits souliers de satin noir, à hauts talons, enfermaient ce pied cambré et charmant dont nous avons dit plus haut que Cendrillon aurait été jalouse. Des bas de soie, d'une miraculeuse finesse de tissu, dessinaient la naissance d'une jambe de Diane chasseresse, avec laquelle une bouquetière devait faire fortune. Enfin la corbeille qui contenait ses bouquets — sorte de conque dorée, doublée de soie blanche, était soutenue par un ruban d'argent qui serrait la taille souple de la jeune fille. Si nos lecteurs ne s'en rapportent point à nous pour la description de ce costume, nous les renverrons à une curieuse estampe qui porte le millésime de 1758, et représente dans ses atours, *la belle bouquetière du Palais-Royal.* Ce n'est pas tout. Deux grands valets de pied, en livrée de fantaisie, suivaient Nanette à une distance de dix ou douze pas, et, munis de véritables gerbes de fleurs, ils lui fournissaient des bouquets de rechange, quand sa conque dorée était vide. En fallait-il autant pour attirer sur la jolie fille l'attention universelle? Non! cent fois non!... — la moitié — la centième partie aurait suffi!... Donc, on parla de Nanette à Paris et à Versailles — on s'occupa d'elle à la ville et à la cour — son nom revint dans tous les entretiens — c'était à qui voudrait la voir, et orner sa ceinture ou sa boutonnière de quelques fleurs arrangées par sa blanche main. Trente seigneurs de la cour — tout au moins — des plus jeunes, des plus riches, — de ceux qui passaient pour ne jamais rencontrer de cruelles, se mirent sur les rangs pour devenir les *Protecteurs* de la jeune fille, et la *mettre dans le monde,* comme on disait à cette époque. On lui offrait des diamants — des équipages — des hôtels. Elle refusa tout et elle éconduisit tous les soupirants, sans que l'un d'eux se trouvât, en quoi que ce soit, plus favorisé que les autres. Nanette, toujours gaie — toujours leste — doucement railleuse — spirituelle à la fois comme un ange et comme un démon, se maintenait sur un pied de réserve tel que la malignité même ne trouvait pas moyen de mordre sur son compte. Chacun savait que Nanette était un miracle de beauté. Quand on apprit, à n'en pouvoir douter, qu'elle était en même temps un miracle de vertu, le bruit qui se faisait autour de son nom augmenta. La jeune fille ne pouvait littéralement plus suffire à la vente de ses bouquets. En échange des humbles fleurs que sa jolie main offrait avec tant de grâce, elle recevait plus de louis et de doubles louis que de pièces de douze sous. Les dames de la plus haute qualité — les femmes de la cour, telles que les princesses de Lorraine, de Rohan, de Bouillon, ne dédaignaient point de venir causer pendant quelques minutes avec la bouquetière. Elles mettaient à leur corsage les œillets, les roses, les violettes que Nanette les priait d'accepter et qu'elles ne lui payaient point. Mais, en échange, on apportait, de la part de ces dames, au logis de la rue Aubry-le-Boucher, des bijoux, des dentelles, des pièces d'étoffe et d'argenterie. Les bénéfices quotidiens de Nanette étaient à tel point fabuleux que nous n'oserions point ici en rapporter le chiffre, dans la crainte d'être soupçonné d'exagération et de mensonge. La bonne Marie-Jeanne — avouons-le — s'était complétement réconciliée avec ce métier de bouquetière qu'elle envisageait, dans l'origine, de si mauvais œil. Elle voyait sa fille sur le grand chemin d'une rapide fortune, sans que sa réputation en reçut l'ombre d'une tache — elle voyait, dans l'avenir, ses autres enfants établis, dotés par leur sœur... — et ce mirage était bien séduisant pour son cœur de mère.

— Allons, — disait-elle de temps en temps à son mari, — la petite avait raison !... — Décidément c't'enfant-là a plus d'esprit que nous !...

André approuvait sans conteste.

§

Cependant, au milieu de cette foule de jeunes gens, — les plus beaux et les plus galants du royaume, — qui se pressaient sans cesse autour d'elle, et la courtisaient quoique sans espoir, Nanette n'avait-elle donc remarqué personne? Si nous le disions, on ne nous croirait pas, et, franchement, on aurait raison. Oui, Nanette était jeune, — Nanette avait un cœur, — et ce cœur avait parlé. La bouquetière avait remarqué quelqu'un. Mais qui? Le plus brillant, sans doute, de tous ces seigneurs? Oh! non. Combien ils connaîtraient mal l'héroïne de ce livre, ceux qui pourraient supposer cela!... L'inconnu auquel était échu, sans qu'il s'en doutât, ce bonheur insigne d'éveiller pour la première fois le cœur pur et chaste de la perle des bouquetières, était un jeune homme de vingt-deux ou vingt-trois ans, tout au plus. Ce jeune homme était grand et mince, et toujours vêtu avec la plus extrême simplicité. Les traits beaux et parfaitement réguliers de son visage décelaient, à ne s'y pouvoir méprendre, l'héritier d'une grande race; — mais la pâleur de ce visage, l'expression mélancolique de ses grands yeux noirs, témoignaient d'une tristesse profonde et peut-être incurable. Jamais ce jeune homme ne se mêlait à la foule, qu'il semblait même éviter avec soin. Rarement il se montrait dans le jardin du Palais-Royal aux heures où ce jardin se trouvait encombré d'une cohue brillante. Tous les matins, au contraire, il arrivait de bonne heure et un peu avant Nanette, qu'il semblait attendre. Aussitôt qu'apparaissait la jeune fille avec ses fleurs, il s'approchait d'elle, — il prenait dans la corbeille le plus modeste des bouquets, — le payait douze sous, — regardait Nanette pendant un instant, mais sans jamais lui adresser la parole, — puis saluait, s'éloignait lentement, et on ne le revoyait plus que le lendemain à la même heure que la veille. Durant un laps de plusieurs mois, il ne manqua que deux fois à cette habitude de chaque matin. Nanette, en ne le voyant pas, se sentit soucieuse, — chagrine; — il lui sembla que son cœur était oppressé, — que le ciel était moins pur, le soleil moins brillant, — qu'enfin il lui manquait quelque chose. Ces jours-là, les courtisans attitrés de la bouquetière ne reconnurent pas leur idole. Mais, le lendemain, le jeune homme revenait, — et, avec sa présence, la gaîté renaissait dans le cœur et sur le visage de Nanette. C'est alors que la jeune fille comprit qu'elle aimait cet inconnu au visage pâle et au regard triste.

## IV

#### Un nom.

Tout ce qu'elle possédait, Nanette l'aurait donné de grand cœur pour savoir ce qu'était ce jeune homme, — pour connaître seulement son nom. Mais comment s'y prendre pour arriver à satisfaire cette dévorante curiosité? Sans doute, rien n'était plus facile que d'interroger à ce sujet l'une des mille personnes qui, chaque jour, lui venaient acheter des fleurs et débiter des madrigaux pillés dans les galantes poésies du chevalier Dorat. Elle n'aurait point hésité à le faire, si l'inconnu n'avait été pour elle qu'un indifférent comme tous les autres. Mais, nous le répétons, Nanette aimait, et, avec la pudeur instinctive d'un naissant amour, il lui semblait que sa première question trahirait son secret. Vingt fois, cependant, la jeune fille eut cette question sur les lèvres, mais alors elle rougissait, balbutiait, et finissait par se taire sans avoir parlé. Celui qui la préoccupait ainsi était noble, il n'y avait pas à en douter. — La distinction de son visage et de sa tournure en faisaient foi, et, d'ailleurs, il portait l'épée et les talons rouges. Il était noble, — mais il était pauvre, — car, à la poignée d'argent de son épée, il n'y avait pas de nœud de ruban, — et pas de dentelles à sa cravate. Enfin les incertitudes de Nanette eurent un terme.

L'inconnu vint un jour au Palais-Royal plus tard que de coutume. Il prit silencieusement l'un des bouquets que la jeune fille lui présentait d'une main tremblante. — Comme toujours il le paya d'une pièce de douze sous, et il s'éloigna. Oh! combien elle semblait précieuse à Nanette, cette obole du pauvre!... cette humble pièce d'argent qu'elle n'aurait point échangée contre des poignées de doubles louis! Nanette le suivait d'un regard attendri, quand elle le vit, de loin, abordé par deux jeunes gens qui lui serrèrent la main et s'arrêtèrent pour causer avec lui pendant quelques secondes. Ces jeunes gens brillaient au premier rang des adorateurs les plus assidus de la bouquetière. C'étaient le comte de La Châtre, et l'élégant marquis de Louvois. Aussitôt que l'inconnu les eut quittés, Nanette se rapprocha d'eux vivement et écouta. Voici ce qu'elle entendit :

— En vérité, — disait M. de Louvois à son compagnon, — ce pauvre Pierre devient fou!...

— Et pourquoi? — demanda le comte de La Châtre.

— Comment, pourquoi? — mais il perd la plus magnifique occasion de faire sa fortune...

— Et laquelle?

— Il refuse d'aller à la cour!... — Sais-tu bien qu'hier le roi daignait demander pourquoi on ne le voyait jamais à Versailles!...

— Ah! vraiment?...

— Mon Dieu, oui. — Eh bien, je lui répète ce propos de Sa Majesté, et, au lieu d'y voir le témoignage d'une faveur inouïe, exhorbitante, et d'en perdre la tête de joie, Pierre ne semble pas y prêter la moindre attention... — à son âge, il vit comme un ours!... il s'enterre!... il se séquestre!... — il se sépare de nous autres! C'est un garçon perdu!...

— Eh! pardieu! — répliqua le comte de La Châtre, — tu as raison, mais il n'a pas tort!...

— Que veux-tu dire?

— Je veux dire que Pierre a de bonnes raisons pour vivre comme il vit...

— De bonnes raisons? c'est impossible!

— Les meilleures du monde!... — Comment diable ferait-il pour frayer avec nous, je te prie? — où prendrait-il de l'argent pour soutenir un train comme le nôtre?...

— Ah! çà, est-il donc vrai qu'il soit pauvre?

— Si c'est vrai? — mais rien n'est plus certain!...

— On le disait, je ne le croyais pas. — Son père avait une belle fortune...

— Oui, mais cette fortune a disparu sans qu'il soit possible de savoir ce qu'elle était devenue...

— Comment donc?

— Quand le vieux prince est mort, — il y a de cela quelques mois, — on n'a plus rien trouvé. — Les terres avaient été vendues, — l'hôtel de Paris hypothéqué et sur hypothéqué!... — quant aux capitaux, pas trace!... — où avaient passé tous ces fonds, plus d'un million? — on n'en sait rien, et personne ne peut le deviner... — Bref, Pierre, qui la veille au soir pouvait se croire riche, s'est réveillé le lendemain matin à peu près aussi pauvre que Job...

— Quel dommage! — fit M. de Louvois, — un si joli garçon!...

— Et un si grand seigneur! — reprit La Châtre, — car, en fin de compte, il est parent de la famille royale, tout bonnement!...

— Le roi traite mal ses parents! — il se devrait à lui-même de faire à Pierre une grosse pension...

— Il le devrait, mais il ne le fera pas.

— Alors, Pierre n'a qu'un parti à prendre.

— Lequel?

— C'est de se marier. — La dot de sa femme le remettra à flot.

— Se marier — c'est bien difficile... pour ne pas dire impossible...

— Pourquoi donc?

—Quand on porte son nom, — quand on descend en ligne directe de Josselin Ier et des empereurs de Constantinople, on ne peut pas se contenter d'une simple fille de noblesse...
— il faudrait à Pierre une princesse, tout au moins, — et elles sont rares... Qui diable veux-tu qu'il épouse?... un Courtenay!...

Ces paroles terminèrent l'entretien des deux jeunes gens, dont Nanette n'avait pas perdu un seul mot. Le nom qui venait d'être prononcé produisit sur la bouquetière un effet étrange et subit.

— Un Courtenay! — répéta-t-elle tout bas, — en appuyant la main sur son cœur

Puis elle pâlit, — chancela, — et elle serait certainement tombée à la renverse si elle ne s'était adossée, pour se soutenir au tronc d'un arbre auprès duquel elle se trouvait. MM. de Louvois et de La Châtre s'aperçurent du malaise de la jeune fille.

— Mon Dieu! charmante Nanette, — s'écria le marquis en courant à elle, — qu'avez-vous?... les roses de vos joues s'effacent... — êtes-vous souffrante?... — que pouvons-nous pour vous soulager?...

Nanette s'efforça de sourire, — mais ce sourire était pénible et contraint.

— Merci, monsieur le marquis, — répondit-elle, — merci de votre intérêt... ce que je viens d'éprouver n'est rien... — un peu de malaise qui, je le sens, se dissipe déjà...

En effet, des nuances plus vives revenaient colorer son teint un instant pâli.

— Divine bouquetière, — dit à son tour le comte de La Châtre, — peut-être, puisque vous voilà un peu souffrante et fatiguée, songez-vous à quitter, pour aujourd'hui, le Palais-Royal... — mon carrosse est à deux pas... oserais-je vous demander la permission de le mettre à vos ordres pour vous ramener chez vous.

— Merci, monsieur le comte, — répliqua de nouveau la jeune fille, — mon malaise est maintenant complétement disparu et je ne rentrerai pas plus tôt qu'à l'ordinaire.

Nanette, en parlant ainsi, ne disait point la vérité. A peine MM. de Louvois et de La Châtre l'eurent-ils quittée, après l'avoir pendant un grand quart d'heure accablée de galanteries fades, qu'elle remit sa corbeille à l'un des valets de pied qui ne la quittaient jamais, et qu'elle reprit le chemin du logis de ses parents. Depuis quelques semaines, la famille Lollier n'habitait plus la rue Aubry-le-Boucher. Nanette avait pensé que le misérable logement dont nous avons fait ailleurs la description, s'accordait mal avec sa nouvelle et brillante fortune. En conséquence elle avait loué tout le premier étage d'une vaste maison de la rue Saint-Honoré, non loin du Palais-Royal. Ce jour-là, — nous l'avons dit, — la jeune fille rentra beaucoup plus tôt que de coutume. Elle s'enferma dans son boudoir et se laissa tomber sur une chaise. Pendant le trajet, depuis le Palais-Royal jusqu'à la rue Saint-Honoré, Nanette s'était efforcée de commander à son émotion et elle en était venue à bout. Mais, une fois chez elle, c'est-à-dire en liberté, sans témoins, — cette émotion la déborda. La jeune fille appuya sur ses deux mains son charmant visage, redevenu pâle, comme celui d'une morte. Quelques sanglots, tumultueux et pour ainsi dire convulsifs, montèrent de son cœur à ses lèvres, et, renversant sa tête en arrière, elle se mit à pleurer à chaudes larmes.

## V

#### Jean de Courtenay.

D'étranges circonstances avaient accompagné la naissance et les premières années de la vie de ce jeune prince, Pierre de Courtenay, qui vient de faire, dans les pages précédentes, son entrée en scène. Nous allons mettre sous les yeux de nos lecteurs des faits bizarres, qui, s'ils n'étaient de tout point vrais, et si nous ne pouvions citer nos auteurs et les sources où nous puisons, feraient honneur, ce nous semble, à notre imagination de romancier. Mais, encore une fois, nous ne sommes ici que chroniqueur.

§

Vers l'année mil sept cent vingt-huit, — c'est-à-dire trente ans environ avant l'époque où se passent les événements que nous racontons, — Jean de Courtenay, dernier rejeton en ligne droite de la descendance des empereurs de Constantinople, faisait une fort grande figure à la cour, quoique en mil six cent trois, sous le règne du bon roi Henri IV, les princes de sa maison eussent vainement présenté leurs titres pour se faire reconnaître princes du sang. Jean de Courtenay, en des circonstances qu'il est inutile de rapporter ici, s'attira la disgrâce du roi qui l'exila dans ses terres du Berry. Les Courtenay possédaient dans cette province, au milieu des forêts immenses, le magnifique château de Sussy. Ils avaient en outre, à Paris, un fort bel hôtel, rue Payenne.

Jean de Courtenay, au moment de son exil, atteignait sa quarantième année, et la vie dissolue et libertine qu'il avait menée jusqu'alors avait singulièrement affaibli son organisation vigoureuse. Un des traits principaux de son caractère était une profonde et invincible répugnance pour le mariage, — répugnance dont personne n'avait jamais pu triompher. Vainement on l'avait sollicité à vingt reprises différentes de ne point laisser s'éteindre avec lui ce grand nom de Courtenay, — il avait répondu à toutes les propositions d'alliance par les refus les plus formels. Le seul proche parent de Jean de Courtenay était le duc de B. — dont nous ne pouvons écrire ici le nom en toutes lettres, car aujourd'hui encore il existe des descendants de cette famille. Le duc de B. — fort grand seigneur et fort bien en cour, mais homme d'une immoralité et d'une dépravation profondes, regardait comme assuré pour lui l'héritage de Jean de Courtenay, et, quoiqu'il fût à peu de choses près du même âge que ce dernier, la santé délabrée de son parent lui faisait croire que l'héritage ne se ferait pas longtemps attendre. Jean de Courtenay, en arrivant dans son château de Sussy, situé, comme nous l'avons dit, au milieu des bois, et dont une lettre de cachet lui imposait le séjour, se livra d'abord aux accès d'un désespoir sombre et profond. Après cette vie débauchée dont il avait l'habitude et qui était devenue pour lui un besoin impérieux, l'existence solitaire, au fond d'une province et d'un vieux castel, lui semblait insoutenable. Les projets les plus extravagants traversaient son esprit. Il songeait à retourner à Paris incognito et à brûler la cervelle au roi qui l'avait exilé. Il voulait se tuer lui-même, — ou bien vendre ses propriétés et quitter la France. Ces résolutions folles ne tinrent pas contre quelques jours de réflexion. Jean de Courtenay s'apaisa, peu à peu, et se dit que, somme toute, il ne serait point prodigieusement à plaindre de mener pendant quelques années l'existence d'un gentilhomme campagnard. Une fois son parti pris, et bien pris, il s'arrangea de façon à ce que cette existence fut aussi douce que possible. Comme tous les grands seigneurs de son époque, Jean de Courtenay était chasseur. Il monta ses écuries et ses chenils. — Il eut d'excellents piqueurs, des limiers sans pareils, enfin les meilleurs équipages de la province. Chaque jour, alors, on entendit les échos des bois séculaires de Sussy, répéter les clameurs de la meute et les sons prolongés de la trompe. Jean de Courtenay retrouvait les véritables instincts de sa nature primitive. Il n'était plus le maître impérieux et dur, parfois même cruel, devant lequel il fallait plier ou rompre. Il se faisait chérir de ses vassaux, adorer de ses serviteurs, et sa charité ingénieuse ne laissait pas, sur toute l'étendue de ses terres, une infortune non soulagée.

Ce n'est pas tout. Un beau matin le prince s'aperçut que son intendant le volait impudemment. Il le chassa et n'en prit pas d'autre. A partir de ce moment, les moindres détails de l'administration de ses domaines acquirent pour lui un intérêt prodigieux. Il voulut se rendre compte de tout par lui-même. Il s'occupa en personne des défrichements et des améliorations agricoles qu'il entreprenait. — Enfin il ne crut pas déroger en allant lui-même aux foires et aux marchés, pour y surveiller, comme un véritable hobereau campagnard, la vente de ses récoltes et de ses troupeaux. Et de fait, jamais le prince Jean de Courtenay ne s'était vu entouré d'une si haute estime, d'une si véritable considération.

— Un homme qui porte mon nom, — disait-il parfois, — ne peut-être que roi, — soldat, — ou laboureur. — Il n'y a pas de trône vacant. — Je ne puis tirer mon épée hors du fourreau. Je me fais donc laboureur, et j'en suis fier!...

Au bout d'une année passée ainsi, nous croyons pouvoir affirmer que si le roi avait rappelé Jean de Courtenay à la cour, — Jean de Courtenay aurait refusé de quitter ses terres. Au milieu de ce changement si complet, physique et moral, une seule chose avait subsisté. C'était cette profonde horreur pour le mariage que nous avons déjà signalée. Le duc de B*** avait appris, non sans chagrin, l'invraisemblable et complet retour à la santé de son parent. Mais comme on lui avait affirmé, en même temps, que Jean de Courtenay persévérait, plus que jamais, dans ses projets de célibat, — il avait accepté le retard présumable de la succession comme une chose contrariante, mais sans conséquences bien fâcheuses. Une fois par an, — à l'époque des grandes chasses d'automne, — le duc de B*** venait passer une semaine à Sussy, et il affermissait de son mieux la résolution que Jean avait prise de vivre et de mourir garçon.

§

Quelques années s'étaient écoulées depuis l'heureuse époque où l'ex-convive des soupers libertins du régent était devenu un gentilhomme chasseur et fermier. Grâce à l'administration habile et éclairée du prince, les revenus de la terre de Sussy avaient augmenté de plus d'un tiers, et de nombreuses améliorations restaient à faire. Chaque année, une grande foire était tenue à La Châtre, petite ville située, comme on sait, entre Guéret et Châteauroux. La Châtre se trouvait à cinq ou six lieues de Sussy, et c'est là que le prince faisait vendre la plus grande partie du produit de ses domaines. La foire en question avait lieu vers le milieu du mois de septembre. Cette année-là, le prince Jean envoyait sur le marché un nombreux troupeau de moutons, — vingt paires de bœufs, — plusieurs génisses, — de jeunes chevaux de trois ans, et mille sacs de blé. Le produit de ces diverses ventes devait représenter une somme d'au moins quinze à vingt mille livres. Le prince avait en outre à toucher, chez un notaire de La Châtre, une somme non moins importante. Dès le matin du jour de la foire, Jean de Courtenay se mit en route, monté sur un excellent cheval de race, et suivi de deux grands laquais, aussi bien montés que lui. Tous les trois portaient des pistolets chargés dans les fontes de leur selle. Les troupeaux et les sacs de blé avaient dû arriver la veille au soir. De Sussy à La Châtre, le chemin, serpentant au milieu de grands bois, était étroit, mal entretenu, — plein de ravins et coupé de fondrières. Mais le prince avait l'habitude de ces routes difficiles et ne s'effrayait pas pour si peu. A mi-chemin, à peu près, du haut d'une petite éminence, on apercevait, ou plutôt on devinait, sur la gauche, à travers des rideaux de grands arbres, un château en mauvais état et tout démantelé. Ce château, bâti un siècle auparavant avec les débris d'une antique demeure seigneuriale, appartenait à un gentilhomme pauvre, mais de vieille race, qui se nommait le comte de Pessac. Ce seigneur, dont les revenus étaient insuffisants pour lui permettre d'entretenir sa demeure en bon état et de mener le train d'un homme de sa condition, jouissait dans le pays d'une réputation au moins douteuse. De méchants bruits couraient sur son compte. Non pas cependant qu'on articulât contre lui des faits positifs, mais il était craint et haï tout à la fois.

Sans doute, cette déconsidération universelle provenait en grande partie de ses relations quasi-intimes avec deux hommes d'une classe bien au-dessous de la sienne, et notoirement tarés et diffamés. L'un de ces hommes prêtait sur gage et faisait l'usure avec les paysans. L'autre avait été traduit en justice comme faux monnayeur, — et acquitté, faute de preuves suffisantes; mais sa réputation, à cet égard, n'en était pas moins établie. L'usurier avait nom Jacomé. Le faux monnayeur s'appelait Combon

## VI

### La foire de la Châtre.

Arrivé au sommet de cette éminence dont nous parlions il n'y a qu'un instant, M. de Courtenay ralentit le pas de son cheval, se retourna sur sa selle, et fit un signe. Aussitôt l'un des valets, qui le suivaient à une distance convenable, mit sa monture au grand trot, et rejoignit son maître.

— Picard, — lui dit ce dernier, — le comte de Pessac est-il toujours dans le pays?

— Toujours, monseigneur.

— Que dit-on de lui, maintenant?

— Rien de bon, monseigneur.

— Mais encore?...

— On prétend que s'il ne fait pas grand mal, ce n'est pas l'envie qui lui en manque, mais c'est tout bonnement qu'il a peur des gens du roi. — On assure que Jacomé, le maltotier de la Châtre, et Combons, le faux monnayeur de Saintaine, ne bougent de chez lui, et qu'ils sont ensemble comme les trois doigts de la main. On affirme enfin qu'il doit à Dieu et au diable, qu'avant la fin de l'année, ce qui lui reste de son château et de ses domaines, sera vendu pour payer ses créanciers, et qu'alors il en sera réduit, pour vivre, à attendre les passants au coin d'un bois...

— Mais, tout cela est-il bien vrai?

— Dam! monseigneur, je répète ce qu'on dit dans le pays...

— Qui sait?... — murmura Jean de Courtenay à demi-voix, et se parlant à lui-même — peut-être y a-t-il dans toutes ces rumeurs beaucoup de calomnie... — pour ma part j'ai peine à croire qu'un homme de noblesse ait pu tomber si bas !... — Pourquoi ce gentilhomme, s'il est dans le malheur, ne s'adresse-t-il point à moi ?... — Je viendrais de grand cœur à son aide...

Après avoir prononcé ces quelques mots, le prince garda le silence. Picard, voyant que son maître ne lui parlait plus, retourna rejoindre à l'arrière-garde son compagnon Lorrain. Jean de Courtenay mit son cheval à une allure rapide et, en moins d'une heure, il l'arrêtait dans la cour de l'hôtellerie des *Trois Fleurs-de-Lis*, située sur la principale place de La Châtre. Les deux laquais mirent à l'écurie la monture du prince et les leurs, et le prince se dirigea du côté de la maison du notaire à qui il voulait parler avant le commencement de la foire. Après avoir dessellé et bouchonné les chevaux, et leur avoir donné une abondante provende, les valets sortirent à leur tour pour aller se promener. Or, en ce moment trois hommes achevaient de déjeûner dans une chambre du premier étage, donnant sur la cour. Ces trois hommes étaient le comte de Pessac, Combons et Jacomé. Au bruit des fers des chevaux, retentissant sur le pavé, Jacomé, reposant sur la table un verre plein, qu'il allait porter à ses lèvres, s'était levé et approché de la fenêtre.

— Qui va là ? — lui demanda M. de Pessac.

— C'est votre voisin, le prince de Courtenay, monsieur le comte — répondit l'usurier.

— A-t-il beaucoup de monde avec lui ?

— Non — deux laquais, tout simplement. — Quand il vient aux foires, c'est toujours dans un équipage fort modeste...

M. de Pessac se renversa nonchalamment sur le dossier de sa chaise.

— Ma foi — dit-il — je trouve que c'est une honte qu'un grand seigneur comme Jean de Courtenay, et riche comme il l'est, vienne vendre ses bœufs, ses moutons et son blé, ni plus ni moins qu'un fermier Berrichon, et fasse ses affaires lui-même...

— Elles n'en sont pas plus mal faites ! — répliqua Jacomé qui, en sa qualité d'usurier appréciait fort les gens d'ordre — depuis qu'il administre lui-même, le prince a doublé sa fortune...

— C'est possible... et c'est précisément en cela que je trouve qu'il a tort...

— Comment?...

— Un homme de grande qualité, quand il est riche, ne doit pas savoir compter...

— Ainsi, monsieur le comte, si vous étiez millionnaire, vous vous laisseriez voler ?

— Si j'étais millionnaire, mon cher Jacomé, je vous prendrais pour intendant... Je crois que c'est tout dire...

A cette réponse ironique, l'usurier salua.

— Toujours est-il, monsieur le comte — dit alors Combons, qui n'avait pas encore parlé — toujours est-il que si vous emportiez aujourd'hui de la foire de La Châtre autant d'argent que le prince de Courtenay en emportera ce soir, vos affaires seraient en un peu meilleure situation et vous ne craindriez plus d'être exproprié d'un jour à l'autre.

M. de Pessac quitta sa pose nonchalante et s'accouda sur la table. Il avala coup sur coup deux rasades d'eau-de-vie.

— Ah çà ! — demanda-t-il ensuite — le prince doit donc toucher aujourd'hui beaucoup d'argent?...

— Mais, une vingtaine de mille livres, tout au moins, en belles pistoles, sonnantes et bien trébuchantes...

— Et, comment savez-vous cela?

— J'ai fait causer ce matin un des bouviers qui sont arrivés hier au soir avec des troupeaux de moutons, de bœufs, de génisses, de poulains, et des charriots chargés de plus de mille sacs de blé...

— Ah! ah!... — fit le comte de Pessac.

— Sans compter — ajouta Jacomé — que le notaire Pivois doit remettre au prince, dans la journée, une somme de seize ou dix-huit mille livres qui a été payée entre ses mains par plusieurs débiteurs en retard... — je tiens cela de source certaine...

— Mais, alors — dit vivement le comte — c'est donc tout près de quarante mille livres que Jean de Courtenay aura ce soir dans ses sacoches?

— Tout autant.

— Vous aviez raison, la somme est ronde et vaut la peine, si grand seigneur qu'on soit, de venir à la foire pour la réaliser... — Quarante mille livres! — en bel et bon or!... — Rien que d'y penser, cela me donne des éblouissements...

— Et à moi! — fit Jacomé.

— Et à moi donc! — appuya Combons.

Il y eut un instant de silence, employé par les trois hommes à remplir leurs verres et à les vider. Puis la conversation recommença.

— Ma foi — dit le faux monnayeur tout à coup — je trouve que le prince de Courtenay, s'il retourne aujourd'hui à son château de Sussy, fera un acte de haute imprudence...

— Et pourquoi donc? — demanda le gentilhomme.

— Comment, monsieur le comte, pourquoi?

— Oui, pourquoi?

— Parce que la foire ne finira pas avant la nuit — parce que, d'ici Sussy, il y a six lieues à faire, dans l'obscurité, par de mauvais chemins, et à travers bois, et que pendant ces six lieues, on court le risque d'être attaqué et dévalisé six cents fois...

— Bah! répliqua le comte — le danger n'existe pas — il n'y a point de voleurs de profession dans le pays...

— Soit, monsieur le comte — mais quand il s'agit de quarante mille livres, c'est-à-dire d'une fortune, que de gens deviendraient voleurs, qui n'en ont pas l'habitude...

— Vous croyez cela, Combons?

— Je ne crois pas, monsieur le comte, je suis sûr...

— Mais le prince n'est pas seul... il a deux laquais avec lui, et, sans aucun doute bien armés...

— Cela fait trois hommes en tout, et, quant aux pistolets, quand on sait s'y prendre d'avance, on les empêche d'aboyer...

Le comte de Pessac ne répondit rien. Il appuya ses deux coudes sur la table — cacha sa tête dans ses mains et s'absorba dans une méditation profonde. Pendant ce temps, Jacomé et Combons échangeaient des regards significatifs.

Bientôt l'entretien — un instant interrompu — reprit entre les trois hommes, et devint de plus en plus intéressant.

§

Combons, le faux monnayeur, ne s'était point trompé. — La nuit était proche quand le prince de Courtenay eut terminé ses affaires. Ordre avait été donné à l'hôtellerie de lui préparer à dîner. Il prit rapidement son repas et fit demander si ses chevaux étaient sellés. Sur la réponse affirmative, il paya libéralement sa dépense et celle de ses gens et gagna la cour, les laquais étaient là, tenant les chevaux en main. Tandis que le prince faisait boucler fortement derrière sa selle une petite valise de cuir qui contenait, en or, les sommes qu'il avait touchées, un homme s'approcha de lui, dans l'attitude la plus humble et le chapeau à la main. C'était le comte de Pessac. M. de Courtenay le connaissait de vue et lui rendit son salut avec une sorte de bienveillance.

— Monseigneur, — lui dit M. de Pessac, — j'oserai solliciter de vous une faveur à laquelle je sens bien que je n'ai aucun droit...

— Parlez, monsieur, — répondit le prince, — et, si ce que vous voulez me demander est possible, je le ferai volontiers...

— Voici la nuit qui vient, — poursuivit le comte ; — j'ai fait vendre aujourd'hui quelques bestiaux et j'ai là, sur moi, une somme, insignifiante pour vous, énorme pour moi... — Les routes, dit-on, ne sont pas sûres ; — je n'ai pas de valet et je crains, voyageant ainsi tout seul, d'être attaqué chemin faisant... — Daignez donc me permettre, monseigneur, de me joindre à votre escorte jusqu'à la hauteur de mon humble maison...

— Monsieur, — répondit le prince, — j'accède de grand cœur à votre demande ; — mais je ne souffrirai pas qu'un gentilhomme fasse route avec des laquais... — Vous m'accompagnerez, s'il vous plaît...

— Ah ! monseigneur... que de bonté ! — s'écria M. de Pessac.

— Seulement, — reprit Jean de Courtenay, — hâtez-vous, je vous en prie, car, ainsi que vous le disiez tout à l'heure, il se fait tard...

— Mon cheval est tout sellé et tout bridé, monseigneur.

— Mettez-vous donc en selle, et partons.

Le comte de Pessac courut à l'écurie, — il en ramena sa monture, — bidet de médiocre prix, mais plein de force et d'ardeur. Il s'élança sur son dos avec la légèreté d'un jeune homme et il suivit M. de Courtenay.

## VII

### Un gentilhomme pauvre.

Le comte de Pessac avait environ quarante-cinq ans. Il était de taille moyenne et bien fait, quoiqu'un peu maigre. Il était spirituel, — souple, — insinuant, — et, quand ses intérêts se trouvaient en jeu, d'une merveilleuse habileté. Ce fut lui qui, le premier, entama l'entretien.

— Monseigneur, — dit-il, — je ne sais de quelle façon vous remercier de l'honneur que vous voulez bien m'accorder en ce moment...

— Cela ne vaut pas un remerciement, monsieur, — interrompit le prince, — je ne fais que ce que tout gentilhomme ferait à ma place pour un autre gentilhomme...

— Pardonnez-moi, monseigneur, vous faites plus...

— Et en quoi, monsieur ?...

— En ce que, monseigneur, il est impossible que les bruits fâcheux qui courent sur mon compte ne soient point arrivés jusqu'à vous...

— Ah ! — murmura M. de Courtenay, fort étonné d'entendre le comte de Pessac faire allusion lui-même à sa mauvaise renommée.

— Oui, monseigneur, — reprit ce dernier, — ces bruits, vous les connaissez, et, en m'admettant ainsi près de vous, vous me réhabilitez en quelque sorte dans cette opinion publique, si fatalement surprise et si injustement prononcée contre moi...

— Ainsi, monsieur, — demanda le prince, — vous savez ce qui se dit de vous ?...

— Je n'ignore rien, monseigneur... — je sais qu'on me hait et qu'on me craint... — Je sais qu'autour de moi se groupent, ainsi que d'insaisissables fantômes, ces vagues et flottantes accusations, les plus dangereuses de toutes, parce que, comme elles ne formulent rien et ne reposent sur aucune base, on ne peut ni les combattre ni les anéantir... — Je sais qu'on évite ma présence... — qu'une intimité avec moi est compromettante... — qu'on me regarde comme un homme sans probité et sans honneur... — Oui, monseigneur, je sais tout cela, et, si je n'avais pas des devoirs sacrés à remplir en ce monde, j'aurais déjà demandé à la mort de me débarrasser d'un fardeau trop lourd, — d'arracher de mon front ensanglanté cette couronne d'épines !...

Tandis que le comte de Pessac parlait ainsi, Jean de Courtenay le regardait avec attention, et se sentait ému de l'expression désolée de son visage, et de l'accent profond et sincère avec lequel ses paroles étaient prononcées.

— Monsieur, — lui dit-il, — vous valez mieux que votre réputation, — je veux le croire... je n'en doute pas... — Mais, enfin, comment ont pris naissance, — comment se sont propagées ces déplorables rumeurs ?... Vous avez donc beaucoup d'ennemis ?...

— Monseigneur, un mot, un seul mot, vous expliquera tout...

— Et ce mot ?...

— Le voici : *Pauvreté !*...

— Que voulez-vous dire ?

— Je veux dire que je suis pauvre et que de là proviennent toutes les inimitiés qui fondent sur moi... toutes les accusations qui me poursuivent...

— La pauvreté, cependant, n'est pas un vice !

— C'est bien pis, monseigneur, quand on est gentilhomme !... — On a commencé à me mépriser quand on a

vu que je ne pouvais soutenir noblement mon nom... —
J'étais jeune, — je me suis révolté contre le mépris, — j'ai
voulu mener un train que mon humble fortune m'interdisait
absolument. — Alors, ceux qui me méprisaient auparavant
et que mon luxe humiliait, se sont pris à me haïr, — puis,
un jour, il m'a bien fallu retomber dans mon humilité première, — le mépris est revenu, et la haine est restée... —
Je n'avais pas bu, d'ailleurs, la coupe des humiliations et du
désespoir jusqu'au fond. — Mes courtes folies avaient épuisé
mes ressources, — il me fallut tendre la main à l'emprunt,
pour vivre, — quelques bourses s'ouvrirent, — bourses
d'usuriers, pour la plupart. — J'eus des créanciers, monseigneur, et des créanciers qui, au bout d'un certain temps,
regardèrent (quoiqu'à tort) l'argent qu'ils m'avaient avancé,
comme perdu... — Ceux-là devinrent des ennemis, des ennemis acharnés, farouches, sans pitié, sans merci !... — Ils
m'attaquèrent, — ils me diffamèrent, — ils déchirèrent à
belles dents ma réputation d'honnête homme, de loyal gentilhomme, et ils laissèrent des lambeaux de cette réputation
à tous les buissons des chemins... — C'est ainsi qu'ils se
payaient à eux-mêmes les intérêts de leur argent... — Dans
quelques mois... dans quelques semaines... dans quelques
jours peut-être, le peu qui me reste sera vendu, — je serai
chassé de la demeure de mes pères, — je me verrai sans
asile et sans pain... — Ces hommes, ces créanciers, ces
ennemis, se partageront le prix de mon dernier arpent de
terre, de la dernière pierre de mon vieux château... — Je
ne leur devrai plus rien... mais je n'en resterai pas moins,
soyez-en sûr, le comte de Pessac, le gentilhomme sans
cœur et sans honneur... — et qui sait si l'on ne m'accusera
pas alors de voler sur les grands chemins pour vivre !... —
Vous voyez, monseigneur, que j'avais raison de vous dire
qu'il y a dans ma vie un crime, — un crime dont rien ne

peut absoudre et que rien ne fait pardonner : LA PAU-
VRETÉ !...

M. de Pessac se tut. Jean de Courtenay avait des larmes
dans les yeux. Il tendit la main à son compagnon et la serra
silencieusement.

— Je le savais bien, moi ! — pensait-il avec le loyal enthousiasme d'un grand cœur, — je le savais bien qu'on ca-
lomniait ce gentilhomme ! mais je lui viendrai en aide... et,
puisque la Providence semble l'oublier, je me ferai sa providence !...

— Monsieur, — reprit-il ensuite tout haut, d'une voix
encore émue, — vous me parliez tout à l'heure, ce me semble, de devoirs sacrés à remplir, qui, malgré vous, vous at-
tachaient à la vie...

— Oui, monseigneur.

— Etes-vous donc marié, monsieur ?

— Marié ? non, monseigneur. — Je sais trop bien ce que
c'est que la pauvreté, pour imposer à une compagne mon
misérable sort...

— Alors, vous n'avez pas d'enfants ?

— Pardonnez-moi, monseigneur, — et c'est de cela que
je voulais parler, — j'ai un enfant d'adoption, — une or-
pheline, — une nièce, — la fille de ma sœur, — une bonne
et charmante fille de dix-huit ans, qui n'a que mon appui au
monde, et qui, si je mourais, ne pourrait que mourir aussi...
Et, moi, je l'aime et je veux qu'elle vive...

Sans doute le prince allait interroger encore, lorsque la
conversation fut soudainement interrompue par un incident
étrange. La cavalcade avait fait environ deux lieues et demie
depuis son départ de la Châtre. La nuit était complètement
venue, mais une nuit lumineuse, éclairée par le disque ar-
genté de la lune et par des myriades d'étoiles. Sous ces
clartés blanches et indécises, les arbres qui bordaient la

route prenaient des formes fantastiques, et, dans les sombres profondeurs des grands bois, on aurait cru voir se mouvoir lentement des fantômes. Le prince et son compagnon entendirent, à quelque distance en arrière, un hennissement plaintif, puis, immédiatement après, un juron énergique, suivi du bruit d'une lourde chute. Le cheval de l'un des laquais venait de s'abattre. Le prince tourna bride aussitôt et piqua des deux dans la direction de ses valets. Jean de Courtenay aimait ses chevaux, presqu'autant que ses gens, et redoutait les accidents, pour les uns comme pour les autres. Le laquais venait de dégager sa jambe droite, prise sous la selle, et, tirant sa monture par la bride, il s'efforçait de la remettre sur ses jambes. Vains efforts. Une suprême convulsion agita les membres du noble animal, — puis, à cette convulsion, succéda l'immobilité absolue. Il était impossible d'en douter, — le cheval était mort.

— Voilà qui est bien étrange! — s'écria le prince, — cette bête, il y a une heure, se portait à merveille, et maintenant, la voilà foudroyée!... — quel est donc ce mal inconnu?...

— Une congestion cérébrale, peut-être, — hasarda le comte de Pessac, j'en ai vu des exemples à peu près semblables...

— Peut-être, en effet — répliqua Jean de Courtenay — mais, n'importe, c'est étrange...

— Que faire, monseigneur? demanda Picard, qui se trouvait ainsi démonté.

— Mets à ta ceinture, mon pauvre garçon, les pistolets qui sont dans les fontes, et suis-nous à pied... — nous marcherons un peu plus lentement, mais cela ne nous empêchera pas d'arriver...

## VIII

*Les empoisonnements.*

Le prince de Courtenay n'avait eu que le temps de se remettre en selle, et Picard achevait à peine d'exécuter l'ordre qu'il venait de recevoir, lorsque le cheval de Lorrain, le second valet, donna tout à coup les signes d'une agitation extraordinaire. Il se mit à ruer violemment — à se débattre en hennissant et en écumant. Puis, malgré la fermeté de la main qui le contenait, il partit à un galop furieux, coupé de voltes impétueuses et de soubresauts frénétiques. Cinq minutes de cette course insensée suffirent pour désarçonner le cavalier, qui roula sur le sol comme une masse inerte. Le cheval bondit pendant quelques pas encore, poussa un nouveau hennissement de douleur et d'agonie, et tomba raide mort. On courut à Lorrain pour le relever. Tout secours était inutile. Le pauvre diable, en tombant, s'était brisé la colonne vertébrale et n'avait pu survivre une seconde à cette horrible chute. Jean de Courtenay, attéré, et le comte de Pessac qui ne semblait ni moins surpris ni moins désolé que le prince, attachèrent leurs chevaux par la bride au tronc d'un jeune arbre et soulevèrent le corps de Lorrain. Aidés par Picard, ils le portèrent sur l'un des talus gazonnés qui bordaient le chemin, et M. de Courtenay, agenouillé à côté de lui, appuya la main sur le cœur du malheureux domestique, espérant y saisir encore un indice de vie. Mais ce cœur ne battait plus.

— Seigneur, mon Dieu! — s'écria le prince — quelle catastrophe horrible et imprévue!... — Je donnerais sans hésiter tout l'or que je porte, et le double, et le triple, pour rappeler à la vie ce brave serviteur !...

— C'est affreux !... affreux !... murmura M. de Pessac.

— Ma tête s'égare — reprit Jean de Courtenay — ce vertige horrible s'emparant coup sur coup et presqu'en même temps de ces deux chevaux, me semble un mystère inexplicable !... — Comprenez-vous quelque chose à ce qui se passe, monsieur le comte ?..

— Non, monseigneur, pas plus que vous.

— Nous ne pouvons emporter ce pauvre cadavre — poursuivit le prince ; — je vais mettre mon cheval au galop, jusqu'à Sussy, et je reviendrai avec du monde, une civière et des flambeaux.

— Désirez-vous que je vous accompagne jusqu'au but de votre course, monseigneur ? — demanda M. de Pessac.

— Merci, mille fois — je me reprocherais de vous écarter ainsi de votre chemin.

— Usez de moi sans crainte, monseigneur, je vous en prie.

— Merci de nouveau, monsieur — mais à quoi bon ?

Le comte de Pessac n'insista pas. Jean de Courtenay brisa une petite branche d'arbre en deux morceaux qu'il plaça en forme de croix sur la poitrine de Lorrain. Ensuite il se rapprocha de son cheval. Qu'on juge de ce qu'il éprouva en voyant l'état dans lequel se trouvait cette noble bête. Debout sur ses quatre jambes raidies et écartées, il tremblait violemment, et des frissons convulsifs ridaient sa robe soyeuse et brillante. Une écume épaisse coulait de sa bouche et de ses naseaux. Evidemment il subissait la première atteinte de ce mal inconnu et terrible qui venait de foudroyer ses deux compagnons.

— Voyez ! voyez ! — s'écria le prince.

Le comte de Pessac accourut. Les jambes du cheval

ployaient sous lui. — Il tomba sur le flanc. — Une convulsion suprême agita ses membres et il expira.

— C'est infernal ! — murmura le prince ; — quelque maléfice du démon se mêle à tout ceci !!

— Monseigneur — demanda le comte — vous connaissez-vous des ennemis ?

— Des ennemis, monsieur ? — pas un seul ; — je ne fais de mal à personne... et je fais autant de bien que je puis...

— Ce n'est pas toujours une raison... cherchez encore, monseigneur...

— Personne dans ce pays, je vous le répète, ne peut me haïr ! Mais pourquoi cette question ?

— Parce qu'il est évident pour moi, monseigneur, qu'une substance vénéneuse a été mêlée à l'avoine de vos chevaux... — Maintenant, est-ce au hasard ou à la malveillance qu'on doit attribuer ce fait?.. — Voilà ce que j'ignore et ce que je ne saurais dire.

— Ainsi, monsieur, vous croyez à un empoisonnement ?

— Comment expliquer d'une autre façon cette triple catastrophe ?

— C'est vrai — mais votre cheval, monsieur, semble aussi bien portant que possible...

— C'est vrai, monseigneur, et cela ne sert qu'à m'affermir dans mes conjectures et me faire croire à un empoisonnement prémédité...

— Pourquoi cela, monsieur ?

— Mon cheval n'était pas dans la même écurie que les vôtres — mais c'est la même avoine, sortant du même sac, qui leur a été donnée à tous. — Si, donc, les vôtres seuls sont atteints, c'est qu'évidemment on n'en voulait qu'à eux...

— Vous avez raison, monsieur... — l'empoisonnement

est en effet certain — mais qui a pu s'attaquer ainsi à moi ?
— Pourquoi ? — Dans quel but ?...

— Je ne puis ni le comprendre, ni le deviner, monseigneur...

Pendant quelques secondes, Jean de Courtenay s'absorba dans une profonde et douloureuse méditation.

— Que faire ? — murmura-t-il ensuite à demi-voix — que faire ?...

— Oserais-je vous demander ce qui vous préoccupe en ce moment, monseigneur ? — hasarda M. de Pessac.

— Je ne sais comment m'y prendre, monsieur le comte, pour retourner chez moi... à pied, et chargé d'une lourde valise...

— Il n'y a, ce me semble, monseigneur, qu'une seule chose possible et facile...

— Et c'est, monsieur ?..

— C'est, monseigneur, d'accepter l'hospitalité de mon pauvre vieux château en ruines... — Vous y serez bien mal, monseigneur, mais une nuit est si vite passée... — Pendant ce temps, votre valet continuera sa route jusqu'à Sussy — il vous ramènera demain matin des chevaux frais... et, quant au corps inanimé de votre second serviteur, je l'enverrai chercher sans retard et on le déposera dans la chapelle à demi écroulée de mon manoir, jusqu'au moment où un prêtre pourra l'ensevelir en terre sainte... — Que dites-vous de mon offre, monseigneur ?.. elle est faite, croyez-le bien, du plus profond de mon cœur...

Jean de Courtenay hésita pendant un instant. Un vague sentiment de défiance instinctive lui criait de ne point passer la nuit sous le toit de cet homme. Mais, s'il refusait, quel parti prendre et comment sortir de cette situation difficile et pénible ? D'ailleurs, le prince, — nous le savons, — croyait difficilement au mal. Il chassa donc ses défiances vagues, et, tendant la main au gentilhomme, il lui dit :

— J'accepte, monsieur, l'hospitalité de votre maison, et cela d'aussi bon cœur que vous me l'offrez...

— Vous me rendez bien fier et bien heureux, monseigneur! s'écria le comte de Pessac, — et, sans les douloureuses circonstances qui vous font mon hôte, je dirais : — bien joyeux!...

— Nous sommes à une demi-lieue de chez vous, n'est-ce pas?

— A peine, monseigneur...

Le prince prit dans ses fontes les pistolets qu'il passa dans la ceinture du couteau de chasse qu'il portait au lieu d'épée, quand il voyageait à cheval. Il déboucla la sacoche remplie d'or, il la jeta sur son épaule gauche, puis se tournant vers M. de Pessac, il lui dit :

— Quand vous voudrez, monsieur... — Me voici prêt à vous suivre.

Et Jean de Courtenay se mit en route avec le comte. Ce dernier conduisait en main son cheval. Une demi-heure suffit pour amener les deux hommes à cette éminence d'où l'on découvrait, à travers les arbres, les toits du manoir de Pessac. Ils prirent un chemin de traverse, sur la droite, et ne tardèrent pas à se trouver en face du château. La lune éclairait de ses lueurs ses constructions décrépites, et permettait d'en distinguer les moindres détails presqu'aussi bien qu'en plein jour. Nous avons dit qu'une partie plus récente de l'édifice avait été reconstruite avec les débris de l'ancienne demeure seigneuriale. Cette construction, lourde et disgracieuse, percée de fenêtres irrégulières, et flanquée de deux tourelles, l'une carrée et l'autre ronde, se détachait sur des pans de muraille croulants, entièrement recouverts de ce manteau sombre et destructeur que le lierre étend sur les ruines. — L'ancienne chapelle, — dont la toiture était effondrée depuis un temps immémorial, — profilait en noir, sur le ciel, les vives arêtes de son fronton, et la rosace ciselée à jour de son vitrail gothique. Une belle et large pièce d'eau touchait aux murs. Elle occupait l'espace où se trouvaient jadis les fossés, et elle entourait le château de tous les côtés. On arrivait à la porte d'honneur par un pont de pierre et de bois, sans garde-fou et en assez mauvais état.

## IX

#### L'hospitalité.

Jean de Courtenay et M. de Pessac atteignirent le pont de pierre jeté sur la pièce d'eau et conduisant à la porte d'honneur. Sans une faible lueur qu'on voyait briller derrière les vitres de l'une des fenêtres du rez-de chaussée, le château aurait semblé complétement désert. A l'entrée du pont, une petite cloche était suspendue à un poteau de bois, et servait à annoncer les visiteurs. Le maître du logis saisit la chaîne de fer qui mettait cette cloche en branle, et l'agita violemment. Aussitôt la porte s'ouvrit et un domestique accourut. Cet homme, d'une physionomie sournoise et d'une laideur peu commune, portait une vieille livrée raccommodée en cent endroits et dont les galons, jadis dorés, n'offraient plus trace du précieux métal.

— Jean, — lui dit le comte en lui jetant la bride de sa monture, — conduisez mon cheval à l'écurie, et revenez prendre mes ordres.

Le valet obéit sans répondre un seul mot.

— Monseigneur, — fit alors M. de Pessac avec un sourire un peu contraint, — vous savez déjà que vous acceptez l'hospitalité d'un gentilhomme pauvre, et cependant, ce que je vais vous dire vous semblera peu vraisemblable, car il est des choses dont vous ne pouvez vous faire aucune idée...

— Cet homme, que vous venez de voir, compose, avec une vieille servante attachée à la personne de ma nièce, toute ma maison, — il est mon valet d'écurie, — mon valet de chambre, — mon maître d'hôtel, — mon piqueur, — mon cuisinier, — mon jardinier et mon intendant. — Le pauvre diable cumule !... — et, avec cela, ses gages sont si rarement payés qu'il est incontestable pour moi qu'il me sert par dévouement plus que par intérêt...

— Rien au monde, monsieur, — répliqua le prince, — ne me semble faire votre éloge plus que ce que vous venez de me dire... — c'est toujours un bon maître et un honnête homme que celui qui inspire un pareil attachement à ses serviteurs...

Le comte de Pessac s'inclina. Jean de Courtenay et le gentilhomme avaient franchi le pont, et atteignaient les degrés de pierre vermoulus qui donnaient accès dans l'intérieur du vestibule. Au-dessus de la porte se voyait l'écusson des sires de Pessac, — *de gueules à l'épée d'argent,* — timbré de la couronne de comte et soutenu par deux chimères flamboyantes. Le comte ouvrit cette porte.

— Monseigneur, — dit-il, — passez et soyez le bienvenu dans cette maison.

— Merci, monsieur, — répondit le prince, — ce m'est un honneur que d'entrer chez un si courtois gentilhomme !...

Aucune lumière n'éclairant le vestibule, l'obscurité était profonde, M. de Pessac fit quelques pas à droite et ouvrit une seconde porte.

— Par ici, monseigneur, — dit-il.

Jean de Courtenay le suivit et pénétra dans une chambre

carrée, de dimensions imposantes, éclairée doublement par les flammes pétillantes d'un grand feu et par une petite lampe placée sur le manteau de la haute cheminée. Une seule personne se trouvait dans cette pièce. C'était une servante, déjà âgée, — vêtue à peu près comme une paysanne, accroupie au coin du feu, sur une escabelle basse, et tricotant. Elle tourna la tête en entendant le bruit que fit la porte en s'ouvrant, — elle aperçut son maître accompagné d'un inconnu, et elle se leva aussi vite que le lui permettaient ses vieilles jambes.

— Monseigneur, — dit à son hôte le comte de Pessac, — à la fin de septembre les soirées sont froides, surtout ici... — approchez-vous de ce feu, je vous en prie...

Et M. de Pessac traîna à l'un des angles de la cheminée un vieux fauteuil gothique, en chêne noirci et à dossier blasonné. Puis il ajouta :

— Monseigneur, asseyez-vous...

La vieille servante, entendant appeler : *monseigneur*, l'étranger qui venait d'entrer, ouvrait de grands yeux et le regardait d'un air de stupéfaction comique. Le prince posa sa sacoche pleine d'or sur le manteau de la cheminée et s'assit. M. de Pessac jeta lui-même sur le brasier ardent une brassée de menu bois, — un tourbillon de flammes joyeuses s'en échappa en pétillant.

— Vous aviez raison, monsieur, — dit le prince, — je sens que la nuit est froide et que ce feu fait du bien...

— Prenez-vous quelque chose avant le souper, monseigneur ?...

— Je vous remercie mille fois... — je ne me sens aucun appétit, — j'attendrai...

— C'est que, peut-être, nous souperons un peu tard.

— Tant mieux !... — la triste catastrophe de ce soir, m'a complétement ôté l'appétit.

M. de Pessac se tourna vers la vieille servante, qui demeurait là, droite et immobile, les yeux largement ouverts et les bras ballants.

— Barbe, — lui dit-il, — que faites-vous donc?...

— Rien, monsieur le comte... j'attendais vos ordres...

— Où est votre maîtresse?

— Dans sa chambre, monsieur le comte.

— Depuis quand?

— Depuis un instant. — mademoiselle est remontée chez elle quand elle a entendu sonner.

— Ne savait-elle donc pas que c'était moi qui rentrais?

— Elle n'a rien dit, monsieur le comte.

— Allez prévenir mademoiselle de Tiphaine que monseigneur le prince de Courtenay nous fait l'insigne honneur d'accepter l'hospitalité, pour cette nuit, dans ma demeure, et priez-la de descendre sans retard.

— Oui, monsieur le comte.

La vieille servante fit une révérence grotesque et sortit.

— Mademoiselle votre nièce s'appelle mademoiselle de Tiphaine? — demanda le prince.

— Oui, monseigneur.

— Elle appartient sans doute à la famille de ce nom, originaire de Poitou?...

— Oui, monseigneur, — ma sœur, Gabrielle de Pessac, épousa, malgré mes conseils, un cadet de la maison de Tiphaine... — nous sommes voués à la misère dans notre famille!... — Ange de Tiphaine, ma nièce, fut l'unique fruit de cette union fatale, dénouée par une mort prématurée...

— La naissance d'Ange coûta la vie à ma pauvre sœur, et M. de Tiphaine ne lui survécut que quelques mois.

— Avec le grand nom qu'elle porte, mademoiselle votre nièce trouvera facilement à se marier... — dit le prince.

— Jamais, monseigneur!

— Et, pourquoi?

— Une Tiphaine ne peut épouser qu'un grand seigneur... et quel grand seigneur viendra chercher Ange au milieu de ces ruines et l'épousera sans dot? La vie de la pauvre enfant est simple et tracée d'avance, — tant que j'existerai elle sera ma compagne et ma consolation... — après moi, elle entrera en religion.

M. de Pessac s'était assis, de l'autre côté de la cheminée, sur un fauteuil un peu plus bas que celui du prince. Ce dernier laissait errer un regard tout à la fois distrait et curieux autour de la pièce dans laquelle il se trouvait. Cette pièce était vaste, nous l'avons dit, et conservait des traces incontestables d'une ancienne opulence. Jean de Courtenay achevait de promener son regard autour de la pièce, quand la porte qui donnait dans le vestibule s'ouvrit. Le factotum déguenillé parut sur le seuil, et annonça avec une certaine solennité :

— Mademoiselle Ange de Tiphaine!...

## X

### Ange de Thiphaine.

Le prince de Courtenay se leva, en entendant annoncer mademoiselle de Thiphaine, et fit quelques pas du côté de la porte. Ange parut. Elle ressemblait à l'un de ces anges frêles et gracieux, peints par Cimabué, Giotto et le Pérugin. Une légère teinte rosée colora ses joues au moment où Jean de Courtenay s'inclina devant elle avec l'aristocratique galanterie d'un grand seigneur, et lui présenta la main pour la conduire au fauteuil qu'il avait, jusqu'à ce moment, occupé lui-même. La timidité de mademoiselle de Thiphaine était excessive, et bien naturelle d'ailleurs chez une jeune fille qui avait passé sa vie entière dans la solitude. Le prince essaya d'échanger avec elle quelques-unes de ces phrases banales, qui rendent facile une apparence de conversation. Pendant ce temps, M. de Pessac s'était entretenu à voix basse, et vivement, avec son unique domestique. Le valet sortit. Le comte revint auprès de la cheminée.

— Monseigneur, — dit-il, — mon domestique, je ne sais pourquoi, s'était figuré que je passerais cette nuit à La Châtre et que je ne reviendrais que demain matin, cette fâcheuse circonstance m'oblige à vous avouer que nous ne souperons que dans deux heures...

— Cela importe peu, monsieur, — répondit le prince, — je ne crois pas que dans deux heures, plus que maintenant, je me trouve en grand appétit... — Une chose seulement m'est un vif regret... c'est de voir tout l'embarras que je cause dans votre maison...

Le comte affirma que cet embarras n'existait point, puis il reprit :

— J'ai pensé, monseigneur, que vous pouviez être fatigué, et j'ai donné l'ordre d'allumer un grand feu dans la chambre où vous devez coucher... Si vous le trouvez bon, vous y pourrez reposer jusqu'au souper...

— De très-grand cœur, monsieur, car, en effet, je me sens fort las...

— Aussitôt que la chambre sera préparée on viendra vous prévenir, — ajouta le comte.

Quelques minutes se passèrent. — La conversation, éteinte, ne se ranimait pas. Le valet, tenant un bougeoir allumé à la main, reparut sur le seuil.

— Monsieur le comte, — dit-il, — la chambre de monseigneur le prince est prête...

— Quand vous voudrez, monseigneur, — dit alors M. de Pessac à Jean de Courtenay.

Ce dernier se leva et salua mademoiselle de Thiphaine, — il reprit ses pistolets et sa sacoche, et il suivit son hôte qui passait le premier pour lui montrer le chemin. Ils traversèrent ensemble ce grand vestibule dont nous avons parlé. Le comte et M. de Courtenay s'engagèrent ensuite dans un large escalier, dont les marches, de bois, disjointes et tremblantes sous le pied, semblaient à chaque instant devoir s'écrouler. Cet escalier aboutissait à une sorte d'antichambre carrée, percée de quatre portes. Le comte ouvrit l'une de ces portes et introduisit M. de Courtenay dans une pièce dont l'ameublement presque somptueux contrastait étrangement avec la misère de certaines autres parties de l'habitation. Dans la cheminée brûlait un grand feu.

— Monseigneur, — dit le comte à M. de Courtenay, — cette chambre était celle de mon père... — Depuis qu'il a rendu à Dieu sa belle âme, personne n'était entré ici... — Il a fallu la venue dans ma maison d'un hôte tel que vous pour que cette chambre soit rouverte... — Je vous laisse, monseigneur, — aussitôt que le souper sera servi, j'aurai l'honneur de vous prévenir.

Et, sans attendre la réponse du prince, M. de Pessac sortit et referma la porte. Jean de Courtenay s'étendit dans un fauteuil, au coin du feu, et se mit à repasser dans son esprit tous les événements accomplis depuis quelques heures.

— Croyez-en donc sur parole les bruits et les voix du monde ! — se dit-il à lui-même, — voici un homme déconsidéré, — méprisé, — honni ! — objet de terreur et de haine !... — Eh bien ! cet homme, si accusé, si attaqué, si calomnié, est un gentilhomme plein de cœur, de loyauté, de franchise !... c'est un modèle de toutes les vertus nobles et chevaleresques !...

13

En se parlant ainsi, Jean de Courtenay leva machinalement les yeux vers les quatre portraits de famille qui représentaient quatre des ancêtres du comte de Pessac. L'un d'eux attira plus particulièrement son attention. C'était celui qui se trouvait placé presqu'en face de lui, non loin du lit, du côté opposé à la fenêtre. Il reproduisait les traits d'un vieux et rude chevalier, du temps des rois de la seconde race. Le visage du vieux seigneur était la seule partie de lui-même qui ne disparut point sous une carapace de fer et d'acier. Les traits de cette figure énergique offraient une expression de vaillance farouche. Cet homme avait dû être brave, à coup sûr, — mais à coup sûr aussi, il avait dû être cruel. Le regard jaillissait, comme un éclair, des yeux à demi cachés sous des sourcils épais et grisonnants. Ces yeux semblaient vivants. Soit que le peintre eût fait preuve d'un talent hors ligne, — soit que les lueurs intermittentes du foyer, projetées sur le tableau, contribuassent à l'illusion, — à deux ou trois reprises Jean de Courtenay crut voir les yeux de cette tête inanimée se tourner vers lui avec une expression bizarre et menaçante.

## XI

### La chambre rouge.

M. de Courtenay, étonné mais non ému, se leva, prit le bougeoir, et se dirigea vers le vieux tableau pour le voir de plus près. Il fit avec sa main ouverte une sorte de réflecteur, de façon à diriger toute la lumière sur le visage du portrait. La singulière illusion persista. Les prunelles étincelantes parurent, plus que jamais, diriger leur regard courroucé sur le visiteur curieux. Le prince se prit à sourire.

— A coup sûr, se dit-il, le vent agite par derrière cette toile antique et produit cet effet étrange...

Et, afin de se bien convaincre qu'il ne se trompait pas, il toucha le tableau du bout du doigt. Mais à son grand étonnement, il sentit sous cette pression un corps dur et résistant. Le portrait était peint sur bois. Jean de Courtenay se décida à attribuer à son imagination ce qu'il voyait, ou plutôt ce qu'il croyait voir, et il continua, autour de la chambre, sa promenade et son examen. De l'autre côté du lit massif, il aperçut une porte qu'il n'avait point remarquée jusque-là. La clef était dans la serrure, du côté du prince, — il fit jouer cette clef et la porte s'ouvrit. Il se trouva dans un cabinet assez vaste, — sans issue apparente et complétement démeublé. Ce cabinet prenait jour par une large fenêtre à très-petits carreaux. L'un des carreaux était brisé, — un courant d'air s'établit et éteignit le bougeoir du prince. Il rentra dans la chambre, — posa son bougeoir sur la cheminée, sans le rallumer, retourna dans le cabinet et s'approcha de la fenêtre qui donnait sur les derrières du château.

— Tout cela, — pensa Jean de Courtenay avec douleur, — tout cela, aussi loin que la vue peut s'étendre à l'horizon, appartenait jadis à la noble famille des Pessac... et voici que maintenant, faute d'un peu d'or, le dernier héritier du nom va se voir chassé du domaine de ses ancêtres !... — rien ne me semble plus lugubre que de voir une famille illustre déchoir et s'éteindre dans la misère !... — L'agonie d'une race est plus triste que la mort d'un homme.

Le prince s'appesantit pendant un instant sur ces pensées, puis il reprit, toujours se parlant à lui-même :

— Il est honnête, — il est loyal et bon, pourtant, ce gentilhomme !... — il n'a rien fait pour mériter le malheur qui le frappe ! — et sa nièce, cette pauvre enfant si belle et si pure, et si fatalement destinée à une vie de privations et de larmes, terminée par les rigueurs du cloître!... — d'où vient que Dieu se montre si dur pour elle?... Mais qui sait si Dieu ne m'a pas envoyé ici aujourd'hui pour y amener en même temps consolation et secours?... — peut-être cet or, que je porte là avec moi, et dont je peux si bien me passer, suffirait-il pour sauver, pour relever cette famille!... — J'essayerai!... — Aussitôt après le souper, je prierai le comte de Pessac de me mettre au courant de ses affaires... nous verrons ensuite.

En se disant tout ce qui précède, Jean de Courtenay n'avait pas quitté la fenêtre du cabinet. Tout à coup, il entrevit comme deux formes confuses qui semblaient sortir de la forêt et se diriger vers le pré-bois. Bientôt ces formes devinrent plus distinctes. — C'étaient deux hommes qui s'approchaient du château. Après dix minutes de marche, ces hommes, que par une curiosité instinctive M. de Courtenay ne perdait pas de vue, s'arrêtèrent à l'entrée de la passerelle jetée sur l'étang. La lune les éclairait à peu près comme en plein jour, et la distance n'était pas assez grande pour empêcher le prince de reconnaître Jacomé, l'usurier de La Châtre, et Combons, le faux-monnayeur de Saintaine, qu'on lui avait montrés à la foire. Jean de Courtenay se sentit un peu étonné de l'arrivée inattendue de ces individus mal famés. Elle pouvait cependant, à tout prendre, s'expliquer d'une manière naturelle. A l'entrée de la passerelle, il y eut, entre Jacomé et Combons, une conférence de quelques secondes. Puis Combons mit la main dans sa poche et en retira un objet qu'il approcha de ses lèvres. Un coup de sifflet faible et doux, mais qui devait s'entendre de très-loin, retentit aussitôt, et ce bruit se renouvela à trois reprises.

Une minute s'écoula, puis un troisième personnage, sortant du château et franchissant la passerelle, rejoignit les deux autres. C'était le comte de Pessac. Un instant de conversation très-animée suivit ce rapprochement, ensuite le gentilhomme et les nouveaux venus traversèrent la passerelle ensemble et entrèrent dans la maison. Ceci devenait extraordinaire et fit réfléchir Jean de Courtenay qui venait de se rasseoir auprès du feu. Evidemment l'usurier et le faux-monnayeur étaient attendus, puisque le comte, à un signal convenu d'avance, se présentait pour les recevoir... Pourquoi donc M. de Pessac n'avait-il pas dit un seul mot au prince de la venue probable de ces deux hôtes? — pourquoi arrivaient-ils à pied, par les bois, comme des gens qui se cachent? — pourquoi ne se présentaient-ils point au château par la grande entrée, et pourquoi les introduisait-on en quelque sorte furtivement? Nous irions trop loin en affirmant que, dès ce moment, Jean de Courtenay conçut des soupçons sérieux et une inquiétude réelle. Il résolut de ne se séparer ni de ses armes, ni de sa sacoche remplie d'or quand il descendrait pour le souper. En conséquence, il assujettit solidement la petite valise au ceinturon de son couteau de chasse, et, au moment de mettre ses pistolets dans les poches de son habit de cheval, il les examina avec soin, pour bien s'assurer qu'il pouvait compter sur eux en cas de besoin. A peine venait-il d'en abattre le bassinet, qu'un cri s'échappa de ses lèvres. La poudre des amorces avait été mouillée à dessein, — les armes étaient hors de service!... Alors, pour la première fois, apparut à Jean de Courtenay le concours de circonstances effrayantes, groupées fatalement, et qui maintenant l'entouraient d'un inextricable réseau. L'empoisonnement de ses chevaux, — l'unique serviteur qui restait sain et sauf éloigné par le conseil du comte de Pessac, — les amorces de ses pistolets mouillées, — deux hommes réputés capables de tout, arrivant mystérieusement au château... tout se réunissait, on le voit. Mais Jean de Courtenay ne put accepter l'idée d'une si infâme et si lâche trahison. Malgré l'évidence il voulut douter encore.

— Les apparences sont trompeuses parfois, — se dit-il, peut-être que, bientôt, je rougirai des soupçons que je viens de concevoir...

Cependant il ne se dissimula pas que, si ses soupçons étaient fondés, sa situation devenait véritablement effrayante. Seul et désarmé, contre trois brigands, que pourrait-il faire? Tout au plus lui resterait-il l'espoir de vendre chèrement sa vie. Le prince alla à la porte de la chambre et il en examina les moyens de fermeture. La serrure était massive et solide, — mais on pouvait en avoir une double clef. Il y avait en outre deux petits verroux assez faibles, et qui ne résisteraient pas longtemps à une pression vigoureuse. Le prince, convaincu que si un danger réel le menaçait en effet, ce danger ne se manifesterait pas avant le souper, ne poussa point ces verroux, et attendit. Une heure se passa encore. Puis un coup léger fut frappé à la porte.

— Entrez !... — dit Jean de Courtenay.

M. de Pessac parut sur le seuil. En l'honneur de son hôte, il avait revêtu ses meilleurs habits, — sa physionomie était tout à la fois respectueuse et souriante.

— Allons ! — pensa le prince, je suis fou !... il est impossible que ce brave gentilhomme soit un assassin et un voleur !...

— Monseigneur, — dit le comte en s'inclinant, — s'il vous plaît de descendre, je pense que le souper sera servi sur table dans un instant... — Triste souper, monseigneur... mais nous avons fait de notre mieux...

— Me voici, — monsieur, — répondit le prince...

— Avez-vous pris un peu de repos, monseigneur !

— Je l'aurais voulu, mais cela m'a été impossible... Je n'en dormirai que mieux cette nuit.

— J'aurai soin, monseigneur, qu'on échauffe votre lit aussitôt après le souper...

— Oh! je sais, monsieur le comte, — répondit le prince en souriant, — que je dois m'attendre, de votre part, à toutes les prévenances.

— Et je ne ferai pas encore tout ce que je devrais, monseigneur.

En échangeant les paroles que nous venons de rapporter, les deux hommes avaient descendu le large escalier, traversé le vestibule, et ils entraient dans la salle tapissée longuement décrite par nous dans l'un des précédents chapitres. C'est là que le couvert était mis

## XII

### Le repas.

Le prince de Courtenay s'attendait à voir dans la salle les sinistres figures de Jacomé et de Combons. Mais, à sa grande surprise, il n'aperçut que mademoiselle Ange de Thiphaine, et la vieille Barbe, debout toutes deux auprès de la cheminée. Un rapide coup d'œil suffit au prince pour s'assurer que la table ne supportait que trois couverts. Qu'étaient donc devenus les deux hôtes mystérieux du château.

Jean de Courtenay s'approcha de mademoiselle de Thiphaine pour lui adresser quelques-unes de ces galanteries courtoises qui étaient la menue monnaie obligée du langage des grands seigneurs de ce temps. Mais, à peine avait-i jeté les yeux sur le charmant visage de la jeune fille, que malgré lui, il s'écria :

— Souffrez-vous, mademoiselle !... — Comme vous êtes pâle !...

— Je souffre, en effet, monseigneur... — balbutia Ange, d'une voix à peine distincte, — le cœur me manque... il me semble que je vais me trouver mal...

— Monsieur le comte, — dit Jean de Courtenay en s'adressant à M. de Pessac, — ne vous semble-t-il pas, comme à moi, que l'état de mademoiselle votre nièce est inquiétant...

— Je ne l'ai jamais vue ainsi, monseigneur... — répondit le comte.

Puis, s'adressant à Ange, il reprit avec une douceur paternelle :

— Chère petite, si vous vous sentez trop souffrante pour rester avec nous, voulez-vous vous retirer ?... — Je suis sûr d'avance que monseigneur de Courtenay daignera vous excuser...

— Oui, certes ! — appuya le prince.

— Merci, mon oncle... — murmura la jeune fille, — mais je désire rester, et je crois... oui... il me semble... que je vais mieux...

— Puisqu'il en est ainsi, monseigneur, nous nous mettrons à table quand vous voudrez...

Au moment où M. de Pessac achevait de prononcer ces paroles, le valet Jean entra dans la salle.

— Monsieur le comte, — dit-il, — il y a quelqu'un qu arrive, et qui demande à vous parler...

— Est-ce pressant ?

— Oui, monsieur le comte.

— J'y vais, — fit M. de Pessac.

Et, se tournant vers le prince, il ajouta :

— Vous permettez, monseigneur?...

— Faites, monsieur, faites, je vous en prie...

— Je reviens à l'instant...

Le comte sortit. Jean de Courtenay resta seul avec la jeune fille et la vieille servante. Ange s'approcha vivement de lui, et lui dit tout bas :

— Vous courez un immense danger, monseigneur ! — méfiez-vous de tout, — et, surtout, ne buvez pas de vin d'Espagne...

— Merci, mon enfant, — répondit le prince, plutôt avec son regard qu'avec la parole, car en ce moment, M. de Pessac rentrait, et mademoiselle de Tiphaine s'était déjà éloignée.

La physionomie du comte exprimait la contrariété la plus vive.

— Monseigneur, — dit-il, — il m'arrive une chose infiniment déplaisante...

— Laquelle, monsieur? — demanda Jean de Courtenay d'un ton parfaitement calme.

— Le sieur Jacomé, bourgeois, qui se trouvait à la foire de La Châtre, arrive à l'instant... — j'ai des relations avec lui... — il me croyait seul au château et il me demande une place au feu et à la table...

— Eh bien ! monsieur?

— Eh bien ! monseigneur, j'ai répondu à Jacomé que, tant que vous me feriez l'honneur d'être mon hôte, c'était à vous, et non pas à moi de donner des ordres ici, et que tout ce que je pouvais faire était de vous transmettre sa requête...

— Le sieur Jacomé est-il seul? demanda le prince.

— Oui, monseigneur.

— En êtes-vous certain ?

— Je n'ai vu que lui, — mais pourquoi cette question, monseigneur?

— C'est que tantôt, à la foire de La Châtre, Jacomé ne quittait point un certain Combons, que vous connaissez peut-être aussi, monsieur le comte...

Malgré lui, M. de Pessac rougit légèrement.

— Je le connais, en effet, monseigneur, — répondit-il, — et sa méchante réputation ne me permettrait de l'admettre chez moi qu'à regret... — il n'a pas paru...

Après ce que Jean de Courtenay savait déjà, une semblable duplicité ne pouvait le surprendre.

— Faites entrer le sieur Jacomé, bourgeois de Bourges dit-il, — et, ainsi qu'il le demande, donnez-lui place au feu et à la table...

— Il vous remerciera lui-même, monseigneur...

Et le comte de Pessac donna l'ordre au valet Jean d'introduire l'usurier. Ce dernier se prosterna presque devant le prince, — il semblait ne pouvoir se décider à mettre un terme à ses salutations grotesquement serviles.

— Monseigneur, — murmura-t-il, en se relevant enfin, — j'oserai solliciter de vous une faveur.

— Une faveur?... — répéta le prince.

— Insigne, monseigneur...

— Parlez, monsieur.

— Je ne suis pas seul, monseigneur... — j'ai un compagnon... un vieil ami... un homme mal jugé... — il est venu avec moi jusqu'à la porte du château, mais, sachant que M. le comte de Pessac ne le voit point d'un bon œil, il n'a pas osé entrer, ni même faire annoncer sa présence au maître de céans... — Vous êtes le maître ici, ce soir, monseigneur, et je viens vous supplier de consentir à ce que le sieur Combons, de Saintaine, obtienne ici un asile pour cette nuit...

Cette abominable comédie était jouée avec une habileté si merveilleuse, que M. de Courtenay se demanda si le témoignage de ses sens ne l'avait point induit en erreur lorsqu'il avait reconnu les deux hommes par la fenêtre du cabinet. Sans les quelques mots d'Ange de Thiphaine, qui lui revinrent en mémoire, il aurait cru s'être trompé.

— Si monsieur de Pessac ne voit point d'inconvénient, — dit-il, — à recevoir chez lui le sieur Combons, de Saintaine, je n'ai, pour ma part, nul motif de m'y opposer...

— A cause de vous, monseigneur, — répliqua le comte, — il recevra une hospitalité que je lui aurais bien certainement refusée... — Jean, allez quérir le sieur Combons, et dites-lui que monseigneur le prince de Courtenay consent à l'admettre en sa présence.

Jacomé se confondit en protestations de reconnaissance, qui durèrent jusqu'au moment de l'entrée du troisième complice. Combons ne possédait point, au même degré que le comte et l'usurier, le grand art de la dissimulation. Sa nature, plus grossière, était moins souple et moins hypocrite. Il se contenta de balbutier quelques mots de remerciements, et ce fut tout. Aucun nouveau convive ne devant arriver, M. de Pessac fit placer deux couverts au bas bout de la table et Jean de Courtenay offrit à Ange de Thiphaine, pour la conduire, sa main dans laquelle elle plaça le bout de ses petits doigts tremblants. Le prince occupait la place d'honneur, — c'est-à-dire le milieu de la table. Il avait le maître de la maison à sa gauche et la jeune fille à sa droite. Combons et Jacomé se trouvaient à l'autre extrémité, en face. Jean de Courtenay, comme la plupart des gentilshommes de grande et forte race, avait repris toute son assurance et tout son sang-froid en face d'un péril désormais prévu. Il mangeait donc avec un vigoureux appétit, et, le verre à la main, tenait tête au comte de Pessac, ayant soin cependant de ne jamais boire sans avoir vu le maître de la maison boire, avant lui, du même vin. Dans un but que nous ne tarderons pas à comprendre, il excitait même le comte à vider les bouteilles, — en portant des santés continuelles, auxquelles il était impossible de ne pas faire raison sans se rendre coupable de la plus grave impolitesse. L'ex-convive des soupers du Palais-Royal était sûr de lui-même, — il connaissait la trempe vigoureuse de son cerveau, à l'abri des fumées d'une ivresse rapide, et il comptait arriver à obscurcir, par des libations répétées, le jugement et les regards des autres buveurs moins aguerris.

Le prince atteignit ce but, — sinon complètement, du moins en partie. Déjà la langue de M. de Pessac semblait plus épaisse et sa parole devenait pâteuse. Quant à Jacomé et à Combons, ils s'empourpraient à qui mieux mieux et roulaient de petits yeux clignotants. Jean de Courtenay, lui, ne perdait rien de son sang-froid.

## XIII

### Le vin d'Espagne

D'instant en instant, le prince jetait un furtif regard sur sa voisine de droite, Ange de Thiphaine. Chose que l'on aurait crue impossible! — la pâleur de la jeune fille, bien loin de diminuer, augmentait. Elle ne levait pas les yeux, ne faisait aucun mouvement, et ressemblait à une statue de la Douleur.

— Ah! pardieu! — s'écria tout à coup le comte de Pessac, après avoir vidé, une fois de plus, son verre rempli jusqu'au bord, — je pense à une chose...

Il s'interrompit.

— A quoi, mon cher hôte ? — demanda le prince.

— Dans les caves presque vides de ce vieux château, — poursuivit le comte, — il existe une bouteille de vin d'Espagne...

Ange de Thiphaine se prit à trembler de tous ses membres, et elle heurta du coude celui de M. de Courtenay. Ce dernier lui fit de la main un signe qui ne pouvait être compris que d'elle, et qui voulait dire qu'il n'avait pas oublié sa recommandation

— Une seule... — continua M. de Pessac, — mais quelle bouteille !... — une bouteille historique, monseigneur !...

— Ah ! bah ! — répondit le prince, — historique ! — et, comment cela, monsieur le comte ?...

— C'est exact, monseigneur, et je le prouve... — En 1640, le comte-duc d'Olivarès envoya à mon bisaïeul cent flacons de vin de Xérès... — quatre-vingt-dix-neuf ont été bus... — il en resta un, — je le réservais pour une grande occasion... — il ne peut s'en présenter une plus solennelle que celle d'aujourd'hui, et, en l'honneur de monseigneur le prince de Courtenay, nous allons sabler le Xérès du comte-duc !...

— Excellente idée que vous avez là monsieur, mais qui, venant de votre rare courtoisie, ne m'étonne pas.

— Vous aimez le Xérès, monseigneur !

— C'est mon vin favori, — répondit le prince, — et du Xérès qui, sans doute, était déjà vieux en 1640, doit être un breuvage digne des *dieux de l'Olympe*, plutôt que des simples *mortels* !...

— Nous allons en juger, monseigneur..

— J'y consens, mais à une condition...

— Laquelle ?

— C'est que nous porterons, avec ce vin, la santé d

votre charmante nièce, mon aimable voisine, mademoiselle Ange de Thiphaine...

— Ah! monseigneur, bien volontiers!...

Le tremblement convulsif de la jeune fille augmenta. M. de Pessac fit un signe à son valet qui s'approcha.

— Tu vas, — lui dit-il, — descendre à la cave, — en voici la clef, tu prendras la seule bouteille qui se trouve dans le troisième caveau, à main droite... — Tu l'apporteras avec un saint respect, et surtout tu feras en sorte de ne la point agiter chemin faisant...

— Oui, monsieur le comte, — répondit le valet qui sortit.

— En attendant l'arrivée du nectar, — s'écria le prince, — je suis d'avis, mon cher hôte, que nous achevions ces bouteilles qui, pour ne provenir point des caves d'un grand ministre, le Richelieu de l'Espagne, n'en ont pas moins leur mérite...

Et, joignant l'action aux paroles, Jean de Courtenay remplit le verre de M. de Pessac. Jacomé et Combons se versèrent eux-mêmes à boire. Trois fois de suite, en moins d'une minute, les verres furent remplis et vidés. Le valet reparut apportant la précieuse bouteille, enduite d'une vénérable couche de toiles d'araignées centenaires, il la plaça devant son maître qui la déboucha avec soin. C'était une bouteille noirâtre, — trapue, — et d'une forme toute rabelaisienne.

— D'autres verres, dit M. de Pessac au valet.

De petites coupes, très-antiques, en verre de Venise, et d'une légèreté fabuleuse, furent placées devant les convives. Le comte se versa d'abord quelques gouttes, — comme pour juger de la transparence et de la limpidité du vin.

— Admirable!... — s'écria le prince.

M. de Pessac remplit tous les verres, — à l'exception de celui de la jeune fille.

— Oubliez-vous donc mademoiselle de Thiphaine ?... — demanda Jean de Courtenay.

— Ma nièce ne boit jamais de vin, — répondit le comte.

Le prince n'insista pas.

— Messieurs, — dit-il en soulevant sa coupe, — honte à celui qui laissera une seule goutte de ce vin au fond du verre !...

Et il ajouta aussitôt :

— Je bois à mademoiselle de Thiphaine !...

Il y eut une seconde de silence.

Puis les verres vides se reposèrent sur la table. La pâleur de la jeune fille avait subitement disparu, — une sorte de sourire entr'ouvrait ses lèvres.

— Eh bien ! monseigneur, — demanda le comte, — qu'en dites-vous ?

M. de Courtenay sembla réfléchir ; — il faisait claquer ses lèvres comme un gourmet qui est en train de se former une opinion consciencieuse.

— Voulez-vous que je vous parle franchement ? — fit-il ensuite.

— Oui, certes.

— Mais là ce qui s'appelle franchement ?...

— Non-seulement je le veux, mais je vous en prie...

— Vous ne m'en saurez pas mauvais gré après ?...

— Ah ! monseigneur !...

— Eh bien ! ce vin de Xérès ne me plaît pas...

— Vraiment ?

— Mon Dieu, non.

— Et pourquoi ?

— Il a de grandes et incontestables qualités, — il est chaud et parfumé ; — mais il a pris en bouteille un arrière-goût dont je ne puis me rendre compte... une sorte d'amertume inexplicable... — Est-ce que vous n'êtes pas de mon avis, monsieur le comte?...

— Eh bien! franchement, si, — répondit M. de Pessac, ce que vous venez de me dire, monseigneur, je le pensais... — Seulement, moi, qui ne suis qu'un pauvre gentilhomme sans fortune et qui n'ai pas, comme vous, l'habitude des vins d'Espagne, je pensais m'être trompé...

— Non pas, non pas... vous jugiez bien, monsieur le comte...

— Alors, monseigneur, je n'ose vous proposer de revenir à ce vin.

— En effet, je n'en accepterai pas davantage.

— Et vous, messieurs? — demanda M. de Pessac à Jacomé et à Combons.

Les deux bourgeois laissèrent remplir leurs verres en disant :

— Quant à nous, nous n'en buvons pas tous les jours de semblable, et nous viderons bien volontiers la bouteille...

Ceci, du reste, devait leur être d'autant plus facile qu'ils profitèrent du premier moment où le prince détournait la tête pour jeter derrière eux le contenu de leurs verres. En ce moment, mademoiselle de Thiphaine laissa tomber son mouchoir. Jean de Courtenay se baissa vivement pour le ramasser.

— Dites que vous avez sommeil et retirez-vous, — murmura Ange à son oreille.

M. de Courtenay ne tarda point à obéir à cet avis officieux de la jeune fille.

— Monsieur le comte, — fit-il au bout d'un instant, — la journée a été fatigante pour nous tous, et voici que la nuit est bien avancée... — Je me sens d'ailleurs la tête sin-

gulièrement lourde, et mes yeux se ferment malgré moi...
— Nous avons tant bu à votre excellent souper!... — J'ai comme du plomb dans le cerveau et dans les paupières...
— Je vous demande la permission de me retirer...

— Monseigneur, — répliqua le comte, — je vais avoir l'honneur de vous reconduire jusqu'à votre chambre... — Barbe, le lit de monseigneur est-il bassiné?

— Oui, monsieur le comte.

M. de Pessac prit sur la table un des candélabres et se prépara à éclairer Jean de Courtenay. Le prince s'inclina profondément devant mademoiselle de Thiphaine, — répondit à peine par un signe de tête dédaigneux aux saluts rampants de Combons et de Jacomé, et suivit M. de Pessac. Ange de Thiphaine quitta la salle tapissée en même temps qu'eux.

— Comme il nous méprise!... — murmura l'usurier à l'oreille du faux monnayeur ; — tout à l'heure il sera moins fier!...

— Patience!... patience!... — répondit l'autre bandit.

— Dans un quart d'heure il dormira, — reprit Jacomé.

— Un quart d'heure, allons donc!... — fit Combons, — dans cinq minutes il n'entendrait pas Dieu tonner!...

Cependant le comte était arrivé avec son hôte à la porte de la chambre rouge. M. de Pessac posa le candélabre sur la cheminée.

— Monseigneur, — dit-il en s'inclinant, — vous êtes chez vous, que Dieu vous envoie une bonne nuit...

— Elle ne saurait être que bonne sous le toit d'un hôte loyal... — balbutia le prince, comme s'il eût succombé à un sommeil plus fort que lui.

Le comte se retira après avoir salué de nouveau. A peine le bruit de ses pas avait-il cessé de se faire entendre dans l'escalier, que M. de Courtenay courut à la porte et l'examina. Ses pressentiments ne le trompaient point. Pendant le souper, la clé avait été retirée de la serrure et les deux petits verroux avaient disparu.

— Allons, — murmura M. de Courtenay avec un geste de mépris sublime, — si l'on ne croyait point en Dieu, de tels hommes feraient croire au démon !.

## XIV

### L'ange sauveur.

Jean de Courtenay, usant de sa force prodigieuse, traîna contre la porte un lourd bahut de chêne, — de telle sorte qu'il aurait été impossible d'entrer dans la chambre sans renverser ce bahut, — en admettant toutefois comme certaine la non existence de quelqu'autre issue mystérieuse. Le prince revint ensuite auprès de la cheminée, et, jetant un regard à ses pistolets inutiles, il tira son couteau de chasse qu'il plaça à portée de sa main.

— C'est une bonne arme... — pensa-t-il, — mais à quoi me servira-t-elle ?... — pourrais-je seulement défendre ma vie contre ces misérables qui vont me tuer, de loin, à coups de carabine, comme un sanglier acculé dans sa bauge ?... et, encore, le sanglier peut au moins, lui, faire une trouée victorieuse parmi ses ennemis sanglants et vendre chèrement sa vie !... — mais, moi, rien !... rien !... l'impuissance !... — Il faut attendre et mourir, à moins que du ciel ne m'arrive un secours... — à moins que Dieu ne m'envoie un ange !...

Le dernier mot qui venait de se formuler dans sa pensée fit tressaillir le prince.

— Ange!... répéta-t-il, — cette jeune fille, un ange aussi, voulait me sauver!... elle l'essayera... mais, que pourra-t-elle? — seule, au milieu de ces assassins, elle est aussi impuissante que moi...

Jean de Courtenay se laissa tomber dans le grand fauteuil, l'œil vigilant, l'oreille aux aguets, il attendit qu'un bruit ou un mouvement quelconque lui vinssent annoncer que sa dernière minute approchait. Son regard rencontra de nouveau cet antique portrait de chevalier bardé de fer dont nous avons déjà parlé.

— Ah! — murmura-t-il, — gentilhomme du temps passé, guerrier au dur visage, — toi qui combattis, toi qui mourus peut-être pour le roi que tu servais, en portant au plus épais de la mêlée le cimier blasonné de ton casque d'acier, — ne tressailles-tu pas dans ta tombe de honte et de colère, lorsque tu vois ce que deviennent aujourd'hui ceux qui portent ton nom!... — Vieux soldat d'une noble race, tes fils sont des assassins et des voleurs, et de ton manoir déshonoré ils ont fait un coupe-gorge!... — héros des anciens jours, je t'évoque!... — Descends de ce cadre où tu dors, et viens protéger l'hôte de ta maison contre ton infâme descendant.

A peine le prince avait-il ainsi pensé, qu'une sueur froide mouilla son front, — ses cheveux se dressèrent sur sa tête, — il lui sembla que ce *souffle*, dont parle l'Ecriture, *passait devant sa face*. Ses yeux s'arrondirent dans leur orbite agrandi, et, soulevé à demi, appuyant sa main droite sur l'un des bras du fauteuil et se renversant en arrière, il se sentit dominé par une indicible épouvante. L'ordre des choses naturelles se bouleversait pour lui! Il entrait, tout éveillé, dans le domaine des visions fantastiques!... Les mots, que son âme seule venait de prononcer, avaient été entendus!... Le chevalier, — peint depuis des siècles, — sortait de son cadre terni et s'avançait de son côté!... Ainsi donc, le tombeau lâchait sa proie !... — le bois se faisait chair !... — un miracle s'accomplissait !... Jean de Courtenay était brave, — brave comme un Français, — comme un gentilhomme, — comme un prince. — Mais il était superstitieux. — A cette époque, qui ne l'était pas ? En ce moment, il eût préféré voir dirigés contre lui les canons des pistolets du comte et de ses complices, plutôt que de se trouver ainsi face à face avec cette vision de l'autre monde ! Le prince, malgré lui, ferma les yeux. Quand il les rouvrit, — au bout d'une seconde, — le vieux seigneur avait disparu, et, à sa place, dans une sorte d'embrasure béante et noire, apparaissait la figure pâle et sublime, et la taille frêle et souple de mademoiselle de Tiphaine, qui tenait une lanterne sourde dans sa main gauche. Jean de Courtenay, à l'instant même, comprit tout. Le portrait avait tourné sur des gonds invisibles, en démasquant un couloir inconnu. L'ange était venu à son aide !... Le prince allait parler. La jeune fille appuya sur ses lèvres un doigt, pour l'engager à garder le silence, — et lui fit signe d'approcher. Il remit son couteau de chasse dans le fourreau et il obéit.

— Venez, — lui dit Ange d'une voix basse et entrecoupée, — venez, monseigneur, je vous sauve...

En même temps elle se reculait, afin de laisser une place à côté d'elle. Le prince s'élança et la rejoignit. Elle toucha un ressort, et le panneau reprit sa place. Jean de Courtenay et la jeune fille se trouvaient en ce moment dans une sorte de corridor très-étroit, pratiqué dans l'intérieur de l'épaisse muraille. Ange passa la première et dit :

— Fuyons... hâtons-nous...

Mais presque aussitôt elle ajouta :

— Ecoutez...

Le prince prêta l'oreille. — On entendait distinctement ébranler la porte de la chambre qu'il venait de quitter.

— Ils sont là, — murmura la jeune fille, — une minute de plus, il eut été trop tard...

Et elle se prit à courir, suivie par le prince. — A peine avaient-ils fait une trentaine de pas, qu'un bruit sourd et prolongé, pareil au fracas d'un tonnerre lointain, arriva jusqu'à eux. Evidemment, la porte venait d'être forcée, et c'était la chute du lourd bahut qui produisait ce bruit. Le prince s'arrêta.

— Connaissent-ils ce passage? — demanda-t-il d'une voix que l'émotion rendait tremblante.

— Non, monseigneur... Marchons donc sans crainte, car vous êtes hors de danger...

Pendant plus d'un quart d'heure, le prince et sa compagne parcoururent de longs couloirs, — descendirent d'interminables escaliers, — passèrent sous des voûtes sombres et humides. Enfin, la jeune fille arriva à une sorte de petite poterne qu'elle ouvrit, après avoir éteint sa lanterne sourde. Cette poterne donnait accès dans une tour en ruine, — située à la lisière des bois, — de l'autre côté de l'étang, — à un quart de lieue du château.

— Monseigneur, — dit alors mademoiselle de Thiphaine, — tout péril est fini pour vous... — votre château de Sussy est de ce côté, — adieu, monseigneur...

— Quoi! mademoiselle, — s'écria le prince, — vous voulez me quitter ainsi?...

— Vous n'avez plus besoin de moi, monseigneur...

— Mais, où irez-vous?

— Je retourne au château.

— Parmi ces misérables!...

— Il le faut bien.

— Mais, s'ils découvrent que c'est à vous que je dois mon salut, ils vous tueront!...

— Dieu me protégera peut-être, monseigneur...

— Je ne puis consentir à vous laisser retourner dans cet antre de crime et d'infamie !

— Eh ! que voulez-vous que je devienne, monseigneur ? — je n'ai pas d'asile !...

— Au nom du ciel, — au nom de votre mère, mademoiselle, ne repoussez pas l'humble prière de celui qui vous doit tout...

— Parlez, monseigneur, que voulez-vous de moi ?...

— Consentez à m'accompagner, mademoiselle !... — Placez-vous sous la loyale protection d'un gentilhomme qui n'a jamais trompé la confiance que l'on avait mise en lui...

— Je ne le peux pas... je ne le dois pas, monseigneur...

— Mademoiselle, — poursuivit le prince, — l'une de mes parentes est la supérieure d'un couvent d'Augustines, à Bourges ; — dès demain matin, si vous le voulez, mademoiselle, j'aurai l'honneur de vous remettre moi-même entre les mains de cette douce et sainte femme, et elle sera bien heureuse de pouvoir vous offrir auprès d'elle un asile digne de vous.

— J'accepte alors, monseigneur, — répondit simplement mademoiselle de Thiphaine, — j'accepte et je vous remercie du fond du cœur.

— D'ici à mon château de Sussy, — reprit Jean de Courtenay, — il y a près de trois lieues... — pourrez-vous marcher jusque-là ?

— Oh ! monseigneur, je suis forte et courageuse... j'arriverai sans peine.

— Pensez-vous que nous courions le risque d'être poursuivis ?

— Je ne le crois pas, monseigneur... et de plus, en nous enfonçant dans les bois, il nous serait facile d'échapper à toute recherche... — Tenez, d'ailleurs, regardez là-bas...

Du point un peu élevé où se trouvaient placés le prince et

la jeune fille, on distinguait nettement le château et ses alentours éclairés par la lune. C'est de ce côté que le geste d'Ange attirait l'attention du prince. Il regarda et il vit, non loin de la passerelle, le comte de Pessac et les deux bandits, — cherchant quelques traces sur la terre, au-dessous de la fenêtre du cabinet, car c'est par cette fenêtre qu'ils supposaient que le prince avait dû s'échapper.

— Vous voyez, — reprit la jeune fille, — que nous avons une avance considérable, et que, d'ailleurs, on ne nous cherchera point par ici... — Quand vous le voudrez, monseigneur, nous nous mettrons en route...

— A l'instant, mademoiselle.

Tous deux, en effet, se dirigèrent de façon à atteindre le chemin qui conduisait de La Châtre à Sussy, et qui serpentait, on le sait, à travers le bois. Ils ne tardèrent point à le joindre, et ils hâtèrent le pas autant que possible. Mais mademoiselle de Thiphaine avait trop présumé de sa force, en supposant qu'elle arriverait sans peine au château de Sussy. Les émotions de la soirée précédente l'avaient épuisée. Peu à peu ses pas chancelants devinrent incertains et inégaux.

Elle fut obligée de se suspendre, pour ainsi dire, au bras du prince pour ne pas tomber. Enfin, la force l'abandonna tout à fait. — Il restait encore environ une demi-lieue à faire, et le jour commençait à poindre. Jean de Courtenay la souleva dans ses bras, et il arriva au château chargé de ce fardeau charmant. Ange fut remise aux mains de femmes, qui la déshabillèrent et la mirent au lit sans retard. Une fièvre ardente, accompagnée de délire, se déclara presque aussitôt.

## XV

### Une plainte au criminel.

**Nous devons** à nos lecteurs une explication, — à peu près inutile, ce nous semble, et à laquelle leur intelligence suppléerait facilement, — mais, enfin, nous la devons, et nous allons la donner en quelques lignes.

La pièce dans laquelle le comte de Pessac avait introduit ses deux complices, lors de leur arrivée au château, était une sorte de petit cabinet, sombre et sans issue, dans lequel on ne pénétrait que rarement, et qui se trouvait au-dessous de la chambre d'Ange de Thiphaine. Par une particularité digne de remarque, mais qui se rencontre assez fréquemment dans les constructions anciennes, un conduit acoustique, qui ne devait son existence qu'au hasard, transmettait avec une admirable fidélité, à l'étage supérieur, le son de toutes les paroles prononcées dans ce cabinet. La jeune fille entendit donc, sans en perdre un seul mot et avec une indicible terreur, tous les détails de l'abominable complot tramé par son oncle et par les deux bandits, Jacomé et Combons. Elle résolut de sauver, — au péril de sa propre vie, — le prince de Courtenay. Mais comment?

— Dieu m'inspirera!... — pensa-t-elle.

Ange de Thiphaine, élevée depuis son enfance au château de Pessac, où elle menait l'existence la plus solitaire et la plus triste, avait exploré mille fois tous les recoins de cette antique demeure. Un jour, — elle avait alors dix ou douze ans, tout au plus, — le hasard, ce grand meneur des destinées humaines, lui fit découvrir, dans les ruines de la partie abandonnée du manoir, l'issue d'un passage ignoré de tout le monde. Avec une audace singulière, Ange s'aventura dans cette voie mystérieuse, et ne tarda point à se convaincre, non sans surprise, que d'étroits couloirs régnaient dans l'épaisseur de toutes les murailles, et que certaines pièces, — entr'autres la chambre rouge, — communiquaient avec ces couloirs par des panneaux mobiles ou par des trappes, dont le secret ne lui échappa point.

§

Cette fièvre ardente, qui s'était emparée du corps brisé de mademoiselle de Thiphaine, — ce délire, qui troublait son imagination trop violemment bouleversée, durèrent trois jours. Durant ces trois jours, Jean de Courtenay souffrit, certes, plus que la jeune fille. D'heure en heure, — de minute en minute augmentaient ses anxiétés, ses angoisses. Il ne pénétrait point dans la chambre de la malade, mais il restait, jour et nuit, dans la pièce qui précédait cette chambre, afin de pouvoir interroger sans cesse les femmes et les médecins. Il ne se souvenait pas d'avoir éprouvé, depuis qu'il était au monde, des émotions aussi cruelles et aussi poignantes. Enfin, dans la nuit du troisième au quatrième jour, le délire céda, puis la fièvre. Ange était sauvée ! Quand le prince apprit cette nouvelle, il courut à la chapelle du château, et là, — lui qui sans être un impie, était bien loin d'être pieux, — il pria pendant quelques instants avec une ardeur qui dut être agréable à Dieu. La convalescence de la jeune fille commença. Au bout de deux jours, elle put s'habiller et recevoir Jean de Courtenay, qu'elle n'avait point revu depuis la nuit où il avait été si miraculeusement sauvé par elle. Dans cette entrevue, Ange lui demanda deux choses : D'abord, de ne point tarder à la faire conduire, ainsi qu'il le lui avait promis, au couvent des Augustines. Ensuite, d'abandonner tout projet de vengeance, — s'il en avait conçu, — et de ne point rechercher judiciairement le comte de Pessac, au sujet de la tentative de vol et d'assassinat. Sur ces entrefaites, arriva à Sussy la nouvelle la plus étrange, — la plus inouïe, — la plus invraisemblable ! Il s'agissait d'un acte de si incompréhensible démence, que le prince refusa tout d'abord d'y ajouter foi ! Cependant il devint bientôt impossible de douter. Le comte de Pessac venait de déposer entre les mains de MM. du parlement de Bourges, une plainte au criminel contre le prince Jean de Courtenay, accusé par lui de rapt de mineure. Cette plainte perdait de réputation Ange de Thiphaine, car l'infâme gentilhomme affirmait sous serment que sa nièce était grosse des œuvres de M. de Courtenay. Cette plainte monstrueuse, — ce monument d'impudente audace, — s'explique facilement. Le comte de Pessac, — furieux de la fuite de celui qu'il voulait assassiner, — furieux de la perte d'une grosse somme qu'il regardait déjà comme lui appartenant, — furieux de ce qu'il appelait la trahison de sa nièce, — sachant d'ailleurs qu'aucune preuve n'existait contre lui, puisque le crime, jusque-là seulement en projet, n'avait en réalité point été commis, — craignit une dénonciation du prince et jugea prudent de la prévenir par une accusation calomnieuse.

Mais, en cela, il dépassa le but qu'il croyait atteindre. M. de Courtenay avait juré à la jeune fille de ne point rechercher judiciairement son oncle. L'attaque insensée de ce dernier le relevait de son serment. Il conduisit Ange à Bourges, — il la remit lui-même aux mains de la noble supérieure du couvent des Augustines. Puis il se présenta devant les juges et il mit sous leurs yeux tous les faits que nous venons de retracer. Le comte de Pessac et ses deux complices furent à l'instant même décrétés de prise de corps. On instruisit leur procès dans les formes, et ces misérables furent, tout d'une voix, condamnés à la peine de mort. Par l'influence de M. de Courtenay, il y eut commutation de peine en faveur de l'oncle de mademoiselle de Thiphaine. On lui fit grâce de la vie, et, — muni d'une somme qui provenait de la libéralité du prince, — il put passer en Amérique. Quant à Combons, le faux-monnayeur, et à Jacomé, l'usurier, — on les pendit l'un et l'autre haut et court, et ce faisant, on fit justice!...

§

Cependant Ange de Thiphaine n'en restait pas moins déshonorée par les infâmes allégations du comte de Pessac. La pauvre enfant, — victime de son courageux dévoûment, — n'avait d'autre avenir que de se consacrer à Dieu et de prendre le voile dans la maison des Augustines, s'il ne se présentait pas un honnête homme qui la vint laver de tout soupçon injurieux, en lui donnant sa main et son nom. Cet honnête homme se présenta. Ce fut le prince Jean de Courtenay. Il ne faisait qu'acquitter une dette de reconnaissance, mais il l'acquittait de tout son cœur et de toute son âme, car il aimait Ange éperdûment, et, depuis qu'il avait vu la jeune fille pour la première fois, ses idées au sujet du mariage avaient bien changé. Ange, de son côté, — malgré la grande différence de l'âge, — donnait sa vie avec bonheur à celui pour qui elle avait été véritablement un ange gardien. Bref, le mariage de Jean de Courtenay avec mademoiselle de Thiphaine fut célébré, en présence de l'élite de la noblesse du Berry, par monseigneur l'évêque de Bourges, dans la chapelle du palais épiscopal.

## XVI

*Les bohémiens.*

Le duc de B... — ce grand seigneur qui, nous le savons, comptait pour lui et pour les siens sur l'héritage de Jean de Courtenay son parent, n'apprit point sans désappointement et sans colère le mariage de ce dernier. Il fit cependant contre mauvaise fortune bon cœur, et, comme il était homme de cour et que, pour rien au monde, il ne se serait écarté de la ligne des strictes convenances, il répondit à la lettre de faire part de Jean de Courtenay par une lettre dans laquelle il le complimentait chaudement au sujet de son mariage.

— Peut-être n'aura-t-il pas d'enfant... — se disait-il à part lui, — et alors, il n'y aurait que demi-mal...

Mais l'espoir du duc de B... ne devait point se réaliser. Après une année de la plus heureuse union, Ange de Thiphaine, princesse de Courtenay, mit au monde un fils. Ce fut pour son mari une grande joie, suivie, presqu'aussitôt, d'une immense douleur. Une fièvre de lait, qui se déclara après l'accouchement, emporta la jeune mère en quelques jours. Jean de Courtenay, inconsolable, jura de ne jamais se remarier et de ne plus vivre que pour son enfant, qui reçut au baptême le nom de Pierre, — nom historique dans la famille des Courtenay. Le prince tint parole. L'ordre d'exil, rendu contre lui, avait été rapporté, — il était libre de revenir à Paris et de reparaître à la cour. Il refusa de le faire, et préféra rester dans ses domaines du Berry, afin de pouvoir s'y consacrer tout entier à l'éducation de son fils. Trois ans s'écoulèrent. L'enfant croissait en grâce et en beauté. Il avait les traits charmants et la douce pâleur de sa mère. Le prince Jean l'idolâtrait, et présageait que le vieil arbre héraldique des Courtenay allait refleurir plus brillant que jamais, dans ce nouveau rejeton.

§

Un jour, une compagnie de ces Bohémiens nomades, qui parcouraient les provinces et vivaient du produit d'étranges industries, telle que de dire la bonne aventure, de vendre aux garçons des talismans pour se faire aimer des filles, et aux filles des philtres pour rendre les garçons fidèles, — vint établir son campement dans une clairière des bois de Sussy, à une très-petite distance du château. Le soir de ce même jour, le jeune Pierre de Courtenay disparut. L'enfant avait été volé dans une des salles du château, où il dormait, et dont la fenêtre était restée ouverte. Le prince, désespéré, mit en campagne les agents les plus habiles, et promit des sommes énormes à qui lui donnerait des nouvelles de son fils bien-aimé. Tout fut inutile. La province entière se souleva contre les Bohémiens qu'elle accusait de ce vol abominable, — ils furent arrêtés et conduits à Bourges. Là ils protestèrent de leur innocence, — ils affirmèrent que les vrais coupables devaient être un homme, une femme et une petite fille, bannis par eux de la tribu, avec éclat et devant de nombreux témoins, — trio devenu soudainement invisible et introuvable. En l'absence de toute présomption, même légère, on dut mettre en liberté la horde nomade. Brisé par des chocs successifs et trop violents, — rongé par le chagrin et l'ennui, Jean de Courtenay se voyait lentement dépérir et s'abandonnait à une sombre mysanthropie. Il songeait, — assurait-on, — à entrer en religion et à léguer tous ses biens à un couvent. — Ce bruit parvint jusqu'à Paris. Sur ces entrefaites, arriva au château de Sussy le duc de B... en personne. Il avait appris, — disait-il, — quoique bien tardivement, le dernier malheur arrivé à son cher parent... — il venait lui prodiguer les consolations de la plus tendre amitié, et il allait l'emmener à Paris où, du moins, les distractions ne lui manqueraient pas. Le prince n'avait plus de force, — même pour la résistance. — Il suivit le duc. Ce dernier le réinstalla dans son hôtel de la rue Payenne, — prit soin de lui remonter sa maison, et ne le quitta, pendant quelque temps, pas plus que son ombre. Les projets de M. de B... étaient simples. Il voulait inoculer de nouveau dans l'âme de son parent les goûts et les instincts de sa nature autrefois dissolue. Il y parvint. Jean de Courtenay ne chercha d'abord dans les orgies auxquelles son parent le contraignait en quelque sorte d'assister, qu'un moment de trêve et d'oubli, pour ses douleurs et pour ses regrets. Mais, bientôt, il se reprit à aimer l'orgie pour elle-même et la débauche pour la débauche. Alors, il s'y vautra tout entier, — corps et âme, — sans modération et sans pudeur, — jusqu'à l'ivresse et jusqu'à l'impuissance. Il oubliait, — il se trouvait heureux. Le duc de B... souriait à son œuvre et s'applaudissait du succès si complet de sa machination infernale. Au milieu de cette joie d'héritier futur, la mort le frappa. Il mourut, laissant plein de vie, — sinon de santé, — celui dont il convoitait l'héritage.

— Ma foi, j'en suis fâché!... dit Jean de Courtenay, à qui l'on annonça cette nouvelle, entre des filles d'Opéra et des bouteilles de vin de champagne, — les unes et les autres décoiffées et frappées de glace, j'en suis vraiment fâché!... — c'était un bon parent et un galant cavalier que ce pauvre duc!... donnons à sa mémoire une ou deux larmes... et buvons!...

Ce fut là toute l'oraison funèbre de M. de B... et, franchement il ne méritait même pas celle-là. Les années s'écoulèrent. Le prince de Courtenay était arrivé par les excès à l'épuisement le plus absolu. Dans son corps affaibli il ne survivait rien de cette vigueur reconquise sous les ombrages séculaires des belles forêts du Berry.

## XVII

### Ziska.

Il était deux heures de l'après-midi. Le prince avait passé la nuit précédente tout entière dans un souper, ou plutôt dans une orgie, — il ne s'était couché qu'au point du jour, et, après s'être levé à midi, il sommeillait dans un large fauteuil au coin du feu de la chambre à coucher de son hôtel de la rue Payenne. Ce n'était plus Jean de Courtenay, le vigoureux et hardi veneur, faisant retentir les forêts de ses hallalis victorieux. C'était un vieillard décrépit et morose, — l'œil terne, — la lèvre pendante, — les joues flasques, — le front sillonné de rides profondes qui ne disparaissaient qu'à grand-peine sous les cosmétiques et sous le fard. Germain, le premier valet de chambre du prince, entra, sur la pointe du pied, sans avoir été appelé. M. de Courtenay, nous l'avons dit, ne dormait pas, il sommeillait. Au bruit, si léger qu'il fut, des pas du valet de chambre sur le tapis moelleux, il releva la tête, et il demanda :

— Eh bien! qu'est-ce, Germain? — Qu'y a-t-il?...

— Monseigneur, — répondit le valet de chambre, — il y a là deux personnes qui sollicitent l'honneur d'être introduites devant monseigneur...

— Je ne reçois point ce matin... — N'as-tu donc pas répondu cela ?

— Pardon, monseigneur...

— Eh bien ?

— L'une de ces personnes insiste, et elle affirme qu'elle possède un secret qui intéresse monseigneur au plus haut point, et qu'il importe que ce secret lui soit révélé sans retard...

— Un secret, dis-tu, Germain ?

— Oui, monseigneur, un secret de haute importance.

— Et, quelles sont ces personnes ?

— Une jeune fille, de la plus grande beauté, vêtue d'un costume singulier, et un enfant... un petit garçon...

— Et, cette jeune fille est jolie ?

— Admirable, monseigneur.

Une étincelle de lubricité éclaira les prunelles atones du vieux seigneur.

— Allons, Germain, — dit-il, — introduis cette jeune fille... — pour arriver auprès de moi, la beauté est le meilleur de tous les sauf-conduits...

Le valet de chambre sortit et revint au bout d'un instant conduisant les deux visiteurs.

— Voilà monseigneur le prince de Courtenay, mademoiselle... — dit-il à demi-voix.

Puis il se retira discrètement. Le prince se retourna, et jeta un regard sur la nouvelle venue. C'était une jeune fille de dix-huit ou vingt ans, tout au plus, et d'une merveilleuse pureté de traits et de formes. L'enfant qui l'accompagnait était vêtu très-simplement, — Jean de Courtenay ne fit aucune attention à lui. La jeune fille salua le vieillard à la manière asiatique, en croisant les deux bras sur sa poitrine et en inclinant doucement la tête. Le prince lui rendit son salut avec cette courtoisie dont il ne se départissait jamais vis-à-vis des femmes, — quelles qu'elles fussent.

— Mademoiselle, — lui dit-il ensuite, — que souhaitez-vous de moi, et que puis-je faire qui soit agréable à une aussi charmante personne?...

— Rien, monseigneur... — répondit la bohémienne d'une voix un peu gutturale.

— Comment, rien? — s'écria le prince.

— Pour moi, vous ne pouvez rien, monseigneur... — et, pour vous, moi je peux beaucoup...

Un sourire d'incrédulité railleuse vint aux lèvres de Jean de Courtenay.

— Je ne vous comprends pas parfaitement, mademoiselle, — dit-il ensuite.

— Je vais m'expliquer, monseigneur, et, quand je l'aurai fait, — jusqu'au dernier des jours qui vous restent à vivre, — vous bénirez le nom de Ziska!...

— Ziska, c'est vous, mademoiselle?

— Oui, monseigneur.

— Alors, mademoiselle Ziska, j'attends.

La jeune fille prit par la main l'enfant qui l'accompagnait, et le fit avancer jusqu'à deux ou trois pas du prince, puis, le plaçant de façon à ce que la lumière, qui venait de deux larges fenêtres, éclairât vigoureusement son visage, elle reprit :

— Monseigneur, regardez cet enfant...

Le prince obéit machinalement et attacha sur le petit garçon un regard vague d'abord et incertain, puis, bientôt, ému et profond. Dans les traits si pâles et si doux qui s'offraient à sa vue, il retrouvait la vivante image de la chaste beauté d'Ange de Thiphaine. Jean de Courtenay se souleva à demi, et murmura d'une voix étouffée :

— Cet enfant !... Quel est cet enfant ?...

— Votre fils que je vous ramène, — répondit Ziska avec une sublime simplicité.

Le prince retomba en arrière, anéanti par l'émotion.

— La preuve !... — Avez-vous une preuve de ce que vous dites ?...

— J'en ai plus d'une, monseigneur...

— Parlez !... parlez...

— Cet enfant vous fut ravi, il y a neuf ans, dans la province du Berry et de votre château de Sussy...

— C'est vrai... — Quels furent les ravisseurs ?...

— Mon père et ma mère, monseigneur... — et ils se sont repentis à leur lit de mort...

— Mais, qui les avait poussés à ce crime abominable !...

— L'intérêt...

— Comment cela ?...

— Un de vos parents, qui voulait hériter de toute votre fortune, leur avait donné une somme considérable pour les engager à faire disparaître votre fils...

— Et, ce parent, quel était-il !

— Le duc de B...

— Est-ce possible ?...

— Non-seulement possible, mais certain, et de cela aussi j'en ai la preuve, monseigneur...

— Voyons ces preuves...

— Voici d'abord le témoignage unanime et collectif de toute ma tribu. — Voici un acte authentique et irrécusable, rédigé à Venise par un membre du *Conseil des Dix*, deux *procurateurs* de Saint-Marc, deux *avogadors*, des *garanties civiles et criminelles*, et le chancelier de la sérénissime république, envoyés au lit de mort de mes parents, comme témoins et tabellions, pour recevoir leur déposition... — Cet acte fut fait en double et j'en mets sous vos yeux, monseigneur, une copie certifiée... — Voici, enfin, deux lettres écrites à mon père par votre parent, le duc de B..., lettres dans lesquelles il lui donne des ordres relatifs à l'enlèvement de votre enfant... — Lisez, monseigneur, — examinez, — jugez, et, ensuite, si vous le pouvez, doutez encore !...

Ainsi parla Ziska. Le doute, en effet, n'était plus possible. Jean de Courtenay put appuyer contre son cœur et couvrir de ses baisers et de ses larmes de joie ce fils qu'il avait tant pleuré, ce fils que Dieu lui rendait, en se servant de la jeune bohémienne comme d'un instrument docile. Le prince voulut récompenser splendidement Ziska. La jeune fille n'accepta rien... — Elle embrassa Pierre en fondant en larmes, car elle avait conçu pour lui toute la tendresse d'une sœur. puis elle retourna rejoindre sa tribu nomade dans quelques contrées lointaines. Jean de Courtenay sembla d'abord avoir pour son fils toute son affection d'autrefois, et, pendant quelque temps, la présence de ce cher enfant dans l'hôtel apporta un grand changement dans les habitudes désordonnées du maître du logis. Malheureusement la gangrène inoculée par le duc de B... dans l'âme du prince, était de celles qui ne se peuvent plus guérir, surtout chez un vieillard. Peu à peu Jean de Courtenay reprit ses goûts de débauche et ses habitudes dépravées. Bientôt Pierre ne tînt aucune place dans la vie et dans la pensée de son père qui ne le voyait presque jamais. Ce n'est pas que le jeune homme manquât de quelque chose, — au contraire. Pierre, en atteignant l'âge ou l'enfance finit par faire place à l'adolescence, était un cavalier accompli. Tout le monde s'en apercevait, excepté son père, et rien au monde ne semblait plus douloureux au jeune homme que la froideur que lui témoignait le prince. Durant les trois dernières années de la vie de ce dernier, le père et le fils, quoique habitant le même hôtel, ne se parlèrent pas dix fois par an. Il est vrai que, pendant des mois entiers, Jean de Courtenay ne faisait, rue Payenne, que de rares et courtes apparitions. Le prince mourut. On s'attendait à trouver, non pas une opulence princière, mais une belle fortune. Cette attente fut complétement déçue. Ainsi que nous l'avons appris déjà par une conversation du marquis de Louvois et du comte de La Châtre, les domaines avaient été vendus sous main et mystérieusement, — l'hôtel était grevé d'hypothèques qui absorbaient sa valeur, et au-delà. Il ne restait à Pierre de Courtenay que quelques meubles, — ses effets personnels, — trois chevaux, — des livres, et une certaine quantité de bijoux assez beaux. Le jeune prince, vendit tout cela, et, s'armant d'un courage stoïque, il résolut de vivre avec les débris de cette opulence disparue.

FIN DE LA DEUXIÈME PARTIE

# TROISIÈME PARTIE

## LES AMOURS D'UNE ROSE

### I

#### Marcel.

Nos lecteurs se souviennent sans doute que nous avons laissé Nanette Lollier tout en larmes, dans le petit boudoir de son appartement de la rue Saint-Honoré. Peu à peu, cependant, — disions-nous à la fin de l'un des premiers chapitres de la seconde partie de ce livre, — cette émotion douloureuse s'usa, en raison même de sa violence. Peu à peu, le violent chagrin de Nanette dégénéra en une rêverie, qui, — pour être peut-être un peu triste, — ne manquait cependant point de douceur. Cette rêverie fut interrompue brusquement, et d'une façon à laquelle la jeune fille s'attendait si peu qu'elle jeta un cri. C'est qu'un beau jeune homme, entré furtivement dans le boudoir et qui s'était approché de Nanette assez doucement pour ne point éveiller son attention, venait de déposer un baiser sur la main blanche et effilée qui soutenait une tête charmante. Nanette, irritée autant que surprise, se retourna vivement. Mais un tendre sourire fit place aussitôt à la stupeur impatiente, et elle tendit la main au téméraire, qui n'était autre que son frère Marcel, celui qui lui ressemblait tellement, qu'habillés de la même façon on aurait pu les prendre l'un pour l'autre. Nous avons dit que ce jeune homme était entré chez M. Panckouke, l'éditeur de l'Encyclopédie.

— Mon bon Marcel, — dit Nanette en souriant, — sais-tu bien que tu m'as fait grand'peur...

— Moi, chère petite sœur!... et pourquoi?...

— Dam!... ce baiser...

— Un baiser n'a rien d'effrayant!...

— J'en conviens, — mais je ne savais pas que ce fut toi...

— Tu devais t'en douter...

— Mon Dieu, non... — au contraire...

— Au contraire!...

— Oui.

— Et, pourquoi?

— Les frères, d'habitude, ne baisent guère la main de leurs sœurs... ils gardent cette galanterie pour leurs fiancées...

— Je n'aurai jamais de fiancée qui ait d'aussi jolis doigts que ceux de ma petite sœur Nanette...

— Flatteur!...

— Ah! tu le sais bien!...

— Moi? — par exemple!...

— Allons, allons, Nanette, ne sois pas modeste comme la violette... une fleur charmante, j'en conviens, mais moins humble qu'on ne le pense, car, si elle prend soin de se cacher, elle trahit sa présence par son parfum...

— Et tu trouves que je lui ressemble ? — dit la jeune fille en riant.

— Sans doute, — répondit Marcel du même ton, — à cela près, cependant, que tu ne te caches pas...

— Cela me serait difficile.

— Je le crois bien !... — Figure-toi, petite sœur, que si tu disparaissais tout à coup, il y aurait un véritable tumulte dans Paris...

— A mon sujet ?

— Oui, certes, à ton sujet !

— Tu plaisantes ?

— En aucune façon. — On ne s'occupe que de toi, — on ne pense qu'à toi... — on ne parle que de toi... — jusque chez les encyclopédistes...

— Va-t-on m'imprimer toute vive, par hasard ? — demanda Nanette avec un sourire.

— Ma foi, je ne dirais pas non ! — Figure-toi que, ce matin, j'ai assisté, à ton sujet, au débat le plus original...

— Ah ! vraiment ? — et où donc cela ?...

— C'était chez M. Diderot, — répondit Marcel avec un indicible sentiment d'orgueil, — chez M. Diderot lui-même, le grand homme, l'illustre écrivain, l'immortel auteur des *Bijoux indiscrets*, de *Jacques le fataliste*, du *Neveu de Rameau*, de la *Religieuse* et de tant d'autres chefs-d'œuvre...

— Ah ! tu vas chez M. Diderot ?

— Sans doute, — il me reçoit même avec la plus grande bonté, — quoiqu'il ignore que je sois ton frère, — ce qui serait un titre...

— Enfin ?

— Bref, je lui portais de la copie qu'il avait demandée pour une correction... — il avait dans son salon une quantité de gens de lettres et de grands seigneurs... — c'était le comte de Lauraguais... le connais-tu ?...

— Que trop! — il m'a poursuivie de ses fades et insupportables adulations pendant quinze jours...

— Ah! ah!... eh bien! ce que tu me dis ne m'étonne point!

— Pourquoi?

— Tu le verras tout à l'heure. — Je reprends; — il y avait encore le duc de Nivernais, M. de Marmontel, M. le baron d'Holbach... les connais-tu?

— A peu près tous.

— Et enfin, — poursuivit Marcel avec enthousiasme, — et enfin, le beau, le charmant, l'excellent prince de Courtenay... un jeune homme que j'aime de toute mon âme, par exemple, et pour qui je donnerais mon sang!... — le connais-tu aussi, celui-là?

Nanette appuya la main sur son cœur, pour en comprimer les battements impétueux.

— Oui... oui... je le connais aussi... continue...

— Quand j'arrivai, — dit-il, — on parlait de Nanette, de *Nanette la belle bouquetière*, de Nanette, *la Perle du Palais-Royal...* — Les amis de M. Diderot me prenaient tout simplement pour le *singe* de notre imprimerie, et ne se gênèrent point pour continuer devant moi l'entretien commencé... — C'est le comte de Lauraguais qui parlait, — et, je dois l'avouer, il t'attaquait avec plus de méchanceté que d'esprit.

— « Ma foi, non, messieurs, — disait-il, — je ne crois point à la vertu de Nanette la bouquetière, — elle est trop jolie pour être sage, — elle a eu des amants, elle en a, elle en aura, — chacun le dit, chacun le croit, et je fais comme tout le monde... ».

— Quelle horreur! — s'écria Nanette, — un gentilhomme calomnier une pauvre fille parce qu'elle n'a pas voulu l'écouter!... ah! c'est bien mal! ah! c'est bien lâche!...

— Attends... attends! — reprit Marcel, — tu vas voir...

— M. de Lauraguais, pendant quelques minutes, continua sur ce ton, — j'étais sur les épines, — je souffrais horriblement, — je me sentais pâlir et rougir, — j'allais trahir mon incognito, prendre ta défense et dire son fait à ce vilain comte... et d'une façon assez leste, je t'en réponds, mais, heureusement, je n'eus pas besoin d'en venir là...

II

Un défenseur.

— Que se passa-t-il donc? — balbutia Nanette, qui, haletante, respirant à peine, écoutait ce récit avec un intérêt et une anxiété faciles à comprendre.
— Ce qui se passa, ma sœur? — écoute : — Le comte de Lauraguais avait à peine fini de débiter ses sots et méchants propos, lorsque le prince de Courtenay, ce bon et admirable jeune homme, se leva. — Il était pâle, je t'assure, encore plus pâle qu'à l'ordinaire, et ses grands yeux noirs, qui sont presque aussi beaux que les tiens, lançaient des éclairs...
« — Non, monsieur le comte, — s'écria-t-il, — chacun ne dit pas, chacun ne croit pas que Nanette ait des amants car, pour si méchant que soit le monde, il ne calomnie point la vertu la plus pure!... — Comment pouvez-vous, sans rougir, répéter les contes odieux inventés par quelques libertins désœuvrés, qui se vengent sans doute ainsi des dédains de Nanette!... — Laissez-leur ce triste passe-temps, monsieur, il est indigne de vous, — il est indigne de tout honnête homme!... — Nanette est sage autant que belle, je

le prétends, je le soutiens, et je le soutiendrai envers et contre tous!... »

— Il a dit cela! il a dit cela!... — murmura Nanette en levant les yeux vers le ciel avec une sublime expression d'ivresse. — Oh! noble cœur! noble cœur!...

— J'ai retenu son discours mot pour mot, — répliqua Marcel, — et je ne crois pas y changer seulement une virgule en te le répétant... — Ce bon prince!... ah! ma foi, je l'aurais embrassé bien volontiers, je te le jure!...

— Et le comte de Lauraguais, qu'a-t-il répondu?

— Sa vilaine figure a pris une expression de sarcasme et d'ironie; — il a souri d'un sourire faux et méchant, et il a dit :

« — Ainsi, cher prince, vous vous faites le chevalier de mademoiselle Nanette?...

« — Oui, monsieur, — a répondu le prince.

« — Une bouquetière!...

« — Une bouquetière vaut plus qu'une duchesse, quand la bouquetière est honnête et quand la duchesse ne l'est pas!...

« — Ainsi, don Quichotte d'un nouveau genre, vous allez rompre des lances pour cette vertu plébéienne?...

« — Je suis du moins prêt à mesurer mon épée avec celle de tous ceux qui l'attaqueraient!...

« — Vous vous fâchez, prince, — donc vous avez tort!...

« — Je ne me fâche pas, monsieur, je m'indigne!...

« — C'est la même chose.

« — Non pas.

« — Mais, cette vertu que vous défendez, prouvez-la.

« — C'est bien facile.

« — En vérité? — Eh bien! j'attends.

« — Ne disiez-vous pas, monsieur le comte, tout à l'heure que chacun, dans Paris, parlait des amours de Nanette?...

« — Je l'ai dit et je le répète.

« — Eh bien! précisez un peu plus. — Ces amants doivent être connus : — qui nomme-t-on ?

« M. de Lauraguais baissa la tête et, après un instant d'hésitation, répondit :

« — On ne nomme personne... mais la rumeur publique... *vox populi*...

« Le prince de Courtenay interrompit le comte.

« — Assez, monsieur, — dit-il sévèrement, — vous êtes vaincu, et vaincu avec vos propres armes. — Si Nanette avait un amant, tout Paris, dès ce soir, saurait le nom du bienheureux; mais jusqu'à présent, vous pouvez m'en croire, il ne se trouve dans aucune légende !...

« Puis le prince, se tournant vers les assistants, ajouta :

« — Ai-je raison, messieurs ?... — Vous êtes des juges impartiaux autant qu'éclairés, je m'en rapporte à vous...

« — Oui, prince, dix fois raison! — s'écrièrent le baron d'Holbach, le duc de Nivernais et M. de Marmontel.

« M. Diderot, lui, ne répondit qu'en prenant la main du prince et qu'en la serrant... Mais cela voulait tout dire, n'est-ce pas, ma petite sœur ?... Quant à M. de Lauraguais, honteux et confus de sa défaite et de la rude leçon qu'il venait de recevoir, il n'ajouta plus un seul mot et il ne tarda pas à se retirer. Aussitôt après son départ, le prince reçut d'unanimes félicitations sur sa conduite généreuse et chevaleresque.

« — Cher prince! — s'écria monsieur Diderot, — il vous a railleusement appelé *don Quichotte*! — Quel éloge !... — Don Quichotte était un fou, c'est vrai ; mais quelle noble et généreuse folie que la sienne, et combien cette folie valait mieux que la froide raison de notre siècle !... »

— Et, que répondit M. de Courtenay à tout cela ? — demanda Nanette.

— Je n'en sais rien.

— Comment ?

— Non, en vérité. — M. Diderot qui jusqu'alors n'avait pas fait attention à moi, s'aperçut de ma présence. — Il me prit la copie et les épreuves que j'apportais, et me congédia... — Mais j'en avais entendu bien assez, et je sortis, enchanté de ce qui venait de se passer et tout joyeux de pouvoir te le redire... — T'ai-je fait plaisir, petite sœur ?...

— Mieux que cela, mon bon Marcel...

— Mieux que cela ?...

— Oui, tu m'as rendue heureuse... bien heureuse !...

— Ah ! bah ! et pourquoi ?...

— Pourquoi ? — répondit-elle enfin, — parce que, si quelques méchants m'attaquent, j'ai pour moi tous les nobles cœurs !

— Tu as bien raison ! — répliqua Marcel. Quant à moi, parmi les nobles cœurs, je n'en connais pas de plus noble que celui de ce jeune prince de Courtenay... Est-ce que tu n'es pas de mon avis, petite sœur ? — demanda Marcel.

— Oh ! si... balbutia Nanette.

— Tu m'as dit, je crois, que tu connaissais le prince ?...

— Oui, en effet...

— Je comprends, tu le connais de vue... — ou tu l'auras rencontré en passant... — Peut-être ne l'as-tu remarqué qu'à peine... — Mais si tu le voyais de près... si tu l'entendais parler... si tu pouvais lire dans ses yeux où se peint toute la beauté de son âme, je suis bien sûr, petite sœur, que tu l'aimerais autant que je l'aime... — Mais, mon Dieu, qu'as-tu donc ?... tu pâlis...

Les joues de Nanette, en effet, devenaient blanches comme les pétales veloutés du lis

— Est-ce que tu souffres ?... — s'écria Marcel ; — veux-tu que j'appelle ma mère ou mes sœurs ?...

— Non !... non !... — répondit vivement la jeune fille, — cela va mieux, — beaucoup mieux... — c'est fini...

Et, en effet, elle reprenait peu à peu ses couleurs habituelles.

— Tu ne sais pas, — dit-il, petite sœur, — une idée m'était venue...

— Une idée ?...

— Oui, et que je crois bonne...

— A quel sujet ?

— Au sujet du jeune prince de Courtenay... J'ai pensé qu'après ce qui s'était passé ce matin, — après la manière dont le prince a pris ta défense, — ce serait faire preuve d'une véritable ingratitude que de ne lui point témoigner ta reconnaissance...

— Et comment le pourrais-je faire, mon Dieu ? — s'écria Nanette.

— Rien n'est plus facile.

— Ah ! tu trouves ?...

— Sans doute; c'est ici l'intention qui sera tout. — Envoie-lui, tout simplement, un bouquet de tes plus belles fleurs... — Je te réponds qu'il en sera flatté...

— Je n'oserais jamais... — murmura Nanette.

— Enfant ! — dit Marcel avec un petit air de supériorité comique, — et si je me chargeais de les lui remettre ?...

— Toi, mon frère ?...

— Moi-même. — J'ai une occasion excellente.

— Tu vas donc chez lui ?...

— Je n'y suis jamais allé, mais j'irai demain matin. — Je lui porte un magnifique exemplaire de notre édition in-folio du *Télémaque*, avec gravures de Bernard Picard, — reliure en maroquin rouge, — tranches dorées, — armoiries des Courtenay sur les couvertures ; — c'est une galanterie de M. Panckouke, — un cadeau princier... — Tu vois que rien ne me serait plus facile que de remettre les fleurs en même temps... sans compter que cela me fournirait l'occasion de dire au prince que je suis ton frère... ce qui me serait fort agréable... et je ne manquerais point de le remercier de ta part en un petit compliment très-bien tourné...

— Mais, — demanda Nanette, préoccupée en ce moment d'une idée fixe, — puisque tu vas chez lui demain, tu dois savoir où il demeure...

— Si je le sais?... oui, sans doute. — Rue Culture-Sainte-Catherine, — hôtel Carnavalet. — Le vieux prince de Courtenay, le père de celui-ci, avait un superbe hôtel rue Payenne ; mais il paraît qu'avant de mourir il a complétement ruiné ou déshérité son fils... on ne sait ni comment ni pourquoi... — Toujours est-il que cet excellent jeune prince est pauvre, — et c'est bien dommage, car je lui souhaiterais, moi, une fortune de roi !... — Je suis bien sûr qu'il en ferait bon usage... — Qu'en penses-tu, ma sœur ?... — Mais que je suis sot !... — tu ne peux rien en penser... Tu ne le connais point assez pour avoir une opinion sur son compte... Enfin, — poursuivit Marcel, — j'en reviens à mon idée... — Décidément, l'approuves-tu ?...

— Quelle idée?

— Celle du bouquet dont tu me chargerais pour le prince ?...

— Non, mon bon frère, je crois qu'il vaut mieux n'en rien faire...

— Je t'assure, pourtant...

— Je t'en prie, — dit-elle, n'insiste pas ; — tu me ferais de la peine...

—Alors, n'en parlons plus, petite sœur... n, i, ni c'est fini... — Prenons que je n'ai rien dit...

## III

### Une matinée.

Nanette avait hâte de rester seule. Elle trouva moyen d'éloigner son frère, et, aussitôt que le jeune homme se fut retiré, elle ferma au verrou la porte de son boudoir, afin d'être bien certaine que personne ne viendrait l'y surprendre. Elle ouvrit un petit meuble en bois de rose, elle y prit du papier, de l'encre, des plumes, et elle se mit à écrire avec une vivacité fébrile. Quand elle eut achevé, elle relut les lignes un peu irrégulières qui couvraient presque entièrement une grande feuille de papier.

Sans doute, elle n'en fut pas satisfaite, car elle déchira cette page et en recommença une autre. Trois fois de suite elle sacrifia de la même façon ses essais infructueux. Enfin, la quatrième lettre lui parut de tout point convenable. — Elle ne la déchira pas, et, pliant le papier en quatre, elle l'introduisit dans une large enveloppe. Elle traça l'adresse sur cette enveloppe, puis sans cacheter, elle remit le tout dans le petit meuble de bois de rose qu'elle referma soigneusement.

§

Le lendemain matin, vers dix heures, le prince Pierre de Courtenay était seul dans le très-humble appartement qu'il occupait, rue Culture-Sainte-Catherine, hôtel de Carnavalet. Son unique domestique, vieux valet de chambre qui était au service de la maison de Courtenay depuis plus de quarante ans, et qui restait attaché au jeune prince bien plus par dévouement que pour toucher les gages modiques que Pierre pouvait lui donner, introduisit auprès de son maître le comte de la Châtre. Après avoir échangé les premiers compliments, les deux gentilshommes s'assirent, et M. de la Châtre, non sans un embarras visible, entama l'entretien en ces termes :

— Je vais, mon cher prince, aborder avec vous un sujet d'une délicatesse infinie... — je vais marcher sur un terrain brûlant... — J'hésite... j'hésite beaucoup avant de vous apprendre le véritable motif qui m'a conduit chez vous ce matin... — je voudrais être bien certain que vous ne regarderez point comme indiscrètes les paroles qui vont s'échapper de mon cœur pour s'adresser au vôtre...

— Mais, — répondit Pierre de Courtenay, un peu étonné de ce début mystérieux, — s'il ne faut que cette assurance pour vous rassurer entièrement, je vous la donne bien volontiers, mon cher comte...

— Alors, j'entre en matière nettement et sans préambule...

— C'est toujours, selon moi, la meilleure manière de procéder...

— Vous vous rappelez notre rencontre d'hier matin dans le jardin du Palais-Royal ?...

— Elle m'a été trop agréable pour en avoir si vite perdu le souvenir...

— Vous souvenez-vous aussi, cher prince, des quelques paroles échangées entre nous ?...

— Sans doute, — le marquis de Louvois et vous, vous m'engagiez à me présenter à la cour, et vous blâmiez fortement ma résolution de n'y point paraître... — Est-ce ce sujet-là que nous devons encore traiter aujourd'hui ?...

— Précisément.

— Alors, cher comte, — dit M. de Courtenay en souriant, — il est bon de vous prévenir d'avance que ma décision est irrévocable... — Renoncez donc à l'ébranler, je vous le conseille...

M. de la Châtre secoua la tête.

— C'est ici que ce que j'ai à vous proposer devient épineux... — fit-il.

— Epineux?

— Oui, et beaucoup.

— En quoi ?

— Allons, du courage ! — Je me risque... — Eh bien ! cher prince, j'ai cru deviner sur quoi se basait cette irrévocable décision dont vous parlez...

Pierre de Courtenay rougit légèrement. Le comte de la Châtre poursuivit :

— N'est-il pas vrai que, si vous refusez de paraître à la cour où votre nom et votre rang vous appellent, c'est parce que votre fortune actuelle ne vous permettrait point de le faire d'une façon digne de vous ?...

— C'est vrai, — répondit Pierre après un instant de silence, — c'est vrai, je suis pauvre, et les pauvres doivent se faire oublier... — J'espère que la pitié est un sentiment que je n'inspirerai jamais !...

— Moi, — continua M. de la Châtre, — je suis riche, — trop riche même, car, au dire de tous les gens de bon sens, je fais de mes revenus un usage déplorable... — Or, j'ai une très-humble requête à vous adresser...

— Laquelle, cher comte?...

— Permettez-moi de mettre à votre disposition, — oh! à titre de prêt bien entendu, — telle somme qui vous sera nécessaire pour faire une brillante figure et mener un état de prince... — En repoussant cette prière, vous me désobligeriez infiniment?...

Pierre de Courtenay prit la main du comte de La Châtre et la serra fortement à plusieurs reprises.

— Merci, — murmura-t-il avec émotion, — merci, cher comte... vous êtes un ami... un véritable ami...

— Et, vous acceptez?... — s'écria joyeusement le gentilhomme.

— Non, — Je refuse.

— Vous refusez?...

— Formellement.

— Et, pourquoi?

— Parce que mes principes m'interdisent d'emprunter une somme que, peut-être, je ne pourrais rendre jamais.

— Jamais!... — Mais vous n'y pensez pas!...

— J'y pense, au contraire, et c'est ce qui me décide à refuser.

— Songez donc que le roi vous connait déjà, par tout le bien qui lui a été dit à votre sujet... — songez qu'il a parlé de vous avec intérêt... — Qu'à peine auriez-vous paru à la cour que les grâces, les faveurs, les dignités, les emplois fondraient sur vous, — que votre fortune serait faite et qu'un mariage digne de votre position vous permettrait de rendre au nom de Courtenay son antique splendeur...

— Ce mirage est séduisant, je n'en disconviens point, — répliqua Pierre, — mais, à l'avenir tel que vous venez de le peindre, je préfère, mon ami, les tristes et froides réalités du présent....

— C'est de la folie, cher prince!...

— Peut-être... — pensez que je suis fou, si vous voulez. mais dites-vous bien que cette folie n'exclut point de mon cœur la reconnaissance, et que je n'oublierai jamais l'offre généreuse que votre affection pour moi vous a dictée... — entre nous, comte, désormais, c'est à la vie et à la mort !...

— Mais, en attendant, vous refusez !...

— Il le faut, et j'attends une nouvelle preuve de votre amitié, — c'est de ne plus revenir sur ce chapitre, car il m'en coûte beaucoup de vous résister, si fermement résolu que je sois à le faire jusqu'au bout...

— Soit, cher prince... — mais j'espérais mieux...

En ce moment, et comme s'il arrivait pour fournir une transition facile à un autre entretien, le vieux valet de chambre entra.

— Monseigneur, — dit-il, — il y a dans l'antichambre un jeune homme qui se présente de la part de M. Panckoucke...

— Faites entrer... — répondit le prince.

Le valet de chambre revint, conduisant Marcel, qui, rouge comme une pivoine, portait sous son bras, soigneusement enveloppé, le magnifique exemplaire du *Télémaque* dont nous avons entendu parler la veille à Nanette.

— Mon ami, — lui dit le prince, — vous venez de la part de M. Panckoucke ?...

— Oui, monseigneur... — balbutia Marcel, — M. Panckoucke, mon patron, prie monseigneur de vouloir bien agréer l'hommage de ce livre...

Et, tout en parlant, le jeune homme démaillotait de ses quadruples langes de papier le splendide volume qu'il présenta à Pierre de Courtenay, éblouissant sous son maroquin rouge armorié et sous ses tranches dorées.

— Mais, — s'écria Pierre, — c'est là un présent royal !..

— A peine digne de vous, monseigneur... — articula Marcel fort peu distinctement.

— Voyez donc, mon cher comte, — reprit Pierre en

s'adressant à M. de La Châtre, — voyez quelle admirable édition ! — quel caractère ! — quelles gravures !...

— En effet, cela est fort beau... — répliqua froidement La Châtre, — qui n'était ni un érudit, ni un bibliophile, loin de là !...

Le prince de Courtenay admira avec enthousiasme pendant quelques instants encore. Puis il dit à Marcel :

— Je me réserve d'aller, aujourd'hui même, témoigner à M. Panckoucke combien son beau présent m'est agréable... Quant à vous, mon ami, prenez ceci, je vous prie...

Et il voulut mettre un double louis d'or dans la main de Marcel. Mais ce dernier, plus rouge que jamais, se recula vivement.

— N'acceptez-vous donc pas cette bagatelle ? — demanda Pierre fort étonné.

— Oh ! monseigneur... s'écria Marcel, — si j'osais...

— Osez, mon ami.

— Il est une chose qui me serait mille fois plus agréable que tout l'or du monde...

— Une chose qui dépend de moi ?...

— Oui, monseigneur, — de vous seul...

— Et c'est...

— C'est d'avoir l'insigne honneur de vous baiser la main.

— Me baiser la main !... — répéta le prince stupéfait, — mais pourquoi ?

— Ah ! monseigneur, je vous aime tant !...

— Vous m'aimez ? — Mais, mon ami, vous ne me connaissez pas !...

— Oh ! si, monseigneur, je vous connais bien !... et, ainsi que je le disais hier à ma sœur, je donnerais ma vie pour vous !...

## IV

#### Une parente inconnue.

Pierre de Courtenay, en entendant ces paroles prononcées avec l'exaltation la plus chaleureuse, se demanda très-sérieusement s'il avait affaire à un fou. Pour la première fois, il regarda son interlocuteur bien en face, afin de chercher à saisir sur sa figure quelques symptômes de démence.

— Vous avez parlé de votre sœur, ce me semble, mon ami?... demanda-t-il.

— Oui, monseigneur.

— Est-ce que je la connais?

— Oh! oui, monseigneur, vous la connaissez... et, quoiqu'elle m'ait défendu de vous le dire, elle vous est joliment reconnaissante aussi, allez, monseigneur!...

— Reconnaissante? — répéta Pierre, — et de quoi?...

— De ce que vous avez fait pour elle hier...

— Hier!!...

— Monseigneur, je vois que vous ne me comprenez pas... mais un mot vous expliquera tout... — J'étais hier chez M. Diderot, en même temps que vous, monseigneur, et je suis le frère de Nanette Lollier, que vous avez si généreusement défendue....

— Mon ami, — répondit le prince de Courtenay très-ému, — je n'ai fait que ce que méritait votre charmante sœur...

— C'est vrai, monseigneur, car Nanette est un ange, et digne de tous les respects... — Mais combien d'autres, à votre place, n'auraient pas daigné prendre le parti d'une pauvre fille... d'une bouquetière !... ainsi que le disait ce comte de Lauraguais, avant que vous l'ayez réduit au silence !... — Ah ! c'est bien beau et bien grand, ce que vous avez fait là, monseigneur !... et c'est depuis ce moment-là que je vous aime !... — A côté de mon dévouement pour vous, la tendresse d'Oreste pour Pylade, de Pythias pour Damon, et de tous les héros de l'antiquité les uns pour les autres, est fort peu de chose !... — Je sais bien que vous n'avez que faire de mon dévouement, je sais bien que vous êtes un grand seigneur, et que je ne suis, moi, qu'un pauvre diable d'apprenti... — Mais s'il fallait mourir pour vous, je serais là, monseigneur !...

— Votre affection, votre dévouement, noble enfant, — je es accepte et j'en suis fier !... — Ce n'est pas ma main que je vous donne à baiser, — ce sont mes bras que je vous ouvre, et je veux vous presser sur mon cœur...

Marcel poussa un cri de joie. Il s'élança au cou du prince et il l'embrassa avec effusion et avec larmes. Pierre se tourna vers le comte de La Châtre.

— Voilà ce qu'ils sont, — fit-il en lui montrant Marcel, — voilà ce qu'ils sont ces fils du peuple, que des gentilshommes comme Lauraguais dédaignent et méprisent !...

Ensuite il reprit, en s'adressant au jeune homme :

— Ainsi, mon ami, vous avez raconté à votre sœur la scène dont vous avez été témoin hier chez Diderot ?...

— Oui, monseigneur.

— Lui avez-vous tout dit ?

— Tout absolument.

— Et qu'a-t-elle répondu ?

— Elle a pleuré, monseigneur...

— De chagrin de se voir ainsi attaquée, sans doute ?...

— Non, monseigneur, de joie de se voir ainsi défendue...

— Vous m'avez nommé à elle?

— Pouvais-je faire autrement, monseigneur?...

— Mais, elle ne me connaît pas, sans doute?

— Pardon, monseigneur, elle vous connaît.

— Vous en êtes sûr?

— Elle me l'a dit.

— Ah! — murmura le prince en devenant rêveur.

Pour la troisième fois, depuis que nous avons introduit nos lecteurs dans le logis de la rue Culture-Sainte-Catherine, le vieux valet de chambre entra dans la pièce où se trouvaient nos personnages. Sur un plat d'étain, très-brillant et qui jouait l'argent à s'y méprendre, il portait une large enveloppe, fort épaisse, qu'il présenta respectueusement au prince, en disant :

— Une lettre très-pressée, qu'on vient d'apporter à l'instant même pour monseigneur...

Pierre de Courtenay prit l'enveloppe.

— Vous permettez? — demanda-t-il en s'adressant au comte de La Châtre.

— Comment donc! — s'écria ce dernier, — mais, je vous en prie!...

Pierre, fort intrigué, déchira l'enveloppe. Un papier plié en quatre s'en échappa, en même temps qu'un grand nombre de *billets au porteur* signés par messieurs les fermiers-généraux et qui étaient les billets de banque de l'époque. Le prince déploya le papier et il en parcourut vivement le contenu. A mesure qu'il lisait, un étonnement de plus en plus profond se peignait sur son visage. Quand il eut achevé, il compta les billets de caisse.

— Etrange! — murmura-t-il, — incompréhensible!...

— Qu'est-ce donc? — demanda le comte de La Châtre, — un héritage, cher prince?

— Ecoutez, — répondit Pierre.

Et reprenant la lettre, qu'il avait posée sur une table à côté de lui, il lut tout haut les lignes suivantes :

« Mon cher cousin,

« Je suis vieille, sans enfants, et, quoique vous ne me connaissiez pas, votre proche parente. Je m'afflige, plus que je ne saurais vous le dire, de vous voir si loin de la place que vous devriez occuper et à laquelle vous donnent tant de droits votre naissance, votre figure et votre mérite... Faut-il que vous viviez à Paris, dans l'obscurité, lorsque tant de gens, de moindre qualité, font les délices de Versailles et de la cour... Je ne puis souffrir, sans m'irriter, une injustice aussi révoltante et j'y veux absolument remédier. Vous êtes pauvre, mon cher cousin, et moi je suis riche. — Vous êtes jeune et je suis vieille. — Mon âge m'interdit tous les plaisirs qu'on recherche au vôtre... Permettez-moi donc, en considération des rapports de sang qui nous unissent, de vous offrir une partie de ce qui est le superflu pour moi, et de ce qui est pour vous de nécessité absolue. — Ce n'est d'ailleurs, à proprement parler, qu'un avancement d'hoirie, car ma résolution bien arrêtée est de vous laisser toute ma fortune par un testament en bonne forme. Au premier jour de chaque mois, il vous sera remis, de ma part, une somme de quatre mille livres, et, cette fois, qui est la première, je vous envoie vingt-quatre mille livres, qui suffiront peut-être aux frais indispensables d'un établissement convenable. J'ai, quant à présent, mon cher cousin, des raisons majeures de ne point me faire connaître de vous... — Ces raisons peuvent subsister longtemps, comme aussi, d'un jour à l'autre, elles peuvent cesser d'exister. Je vous prie donc de vouloir bien ne faire, ni faire faire aucune démarche pour pénétrer le mystère dont je juge indispensable de m'entourer. — Ceci est mon désir et ma volonté. Sur ce, mon cher cousin, je vous adjure de ne point douter de mes sentiments à votre égard, et je prie Dieu qu'il vous ait en sa sainte et bonne garde. »

Il n'y avait ni signature, ni lettres initiales. — Rien.

— Eh bien? — demanda Pierre de Courtenay au comte de La Châtre, — vous avez entendu. Qu'en pensez-vous?...

— Par ma foi! — répliqua le comte, — je dis que vous avez là une bien admirable et bien précieuse parente inconnue, et que, quand bien même elle ne tiendrait aux Courtenay que de fort loin et quelque peu de la main gauche, je vous conseillerais de la reconnaître comme vôtre, sans hésiter! — Recevez mes compliments, mon cher prince, — il était écrit là-haut que la fortune vous sourierait aujourd'hui!...

— Mais, cette fortune, — répondit Pierre, — je n'ai pas dit que je l'acceptais...

— Comment!... comment! — s'écria le comte, — que voulez-vous dire...

— Songez que j'ignore quelle est, au vrai, la source de cet argent...

— Mais, pas le moins du monde!... Vous le savez à merveille, au contraire!... — Cette source, digne d'éloge, est une vieille et respectable parente. — Son épître en fait foi!

— Puis-je croire à une parenté dont je n'ai jamais entendu parler?...

— Eh! qu'importe?... — La parenté n'est pas douteuse, puisque l'honorable dame vous appelle : *mon cousin*, et vous institue son héritier universel...

— Vous avez beau dire, cher comte... — tout ceci n'est pas clair, et je ne sais si je dois...

— Ah! vous m'impatientez à la fin!... — interrompit

brusquement La Châtre, — vous perdez la tête, cher prince avec vos scrupules !... — je pense me connaître en délicatesse, et je déclare, sur mon honneur, que la vôtre n'a pas le sens commun... — si vous refusez de me croire, je ne vous reverrai de ma vie...

— Quel feu ! — répliqua Pierre en souriant, — allons, peut-être avez-vous raison, mais, dans une conjoncture aussi grave, deux avis valent mieux qu'un... — je verrai, je consulterai...

— Voyez donc et consultez... seulement je déclare d'avance plats bélîtres et sots personnages, ceux qui ne seront pas de mon avis !...

§

Ainsi qu'il l'avait dit à M. de La Châtre, Pierre de Courtenay consulta en effet. Il s'adressa à deux très-graves et très-illustrissimes personnages, juges compétents en ces matières, le comte de Brosses et le président de Montesquieu. Désormais son existence changea du tout au tout, — il était riche. On le vit paraître dans l'équipage le plus brillant, — il se présenta à la cour et le roi l'accueillit avec une faveur marquée. Une seule chose étonnait outre mesure ses amis : — Pierre de Courtenay, jeune, beau et recherché comme il l'était, ne se montrait empressé auprès d'aucune femme, — on ne lui connaissait pas de maîtresse, et toutes les tentatives faites pour le sonder à cet égard restaient infructueuses. Ajoutons que chaque matin, — à l'heure accoutumée, — Pierre de Courtenay venait au jardin du Palais-Royal, — s'approchait de Nanette, sans prononcer une parole, lui prenait un bouquet qu'il payait six livres, — une simple fleur le plus souvent, — et que, pendant tout le reste de la journée, il portait ce bouquet à sa main, ou cette fleur à sa boutonnière.

## V

### Un avis anonyme.

Un matin, au moment où Nanette s'apprêtait à sortir comme de coutume, on frappa doucement à sa porte
— Qui est là ? — demanda-t-elle.
— Moi, petite sœur, — répondit la voix de Marcel.
— Tu peux entrer, mon bon frère.
— Je t'apporte quelque chose... — dit le jeune homme après avoir embrassé sa sœur et en cachant sa main derrière son dos.
— Quelque chose ?... quoi donc ?
— Devine.
— Oh ! dis-moi plutôt tout de suite.
— Eh bien ! je ne te ferai pas languir... c'est une lettre... et qui m'a tout l'air d'un billet doux... cela sent le musc et l'ambre...
En parlant ainsi, il présentait à Nanette une petite enveloppe carrée, satinée et parfumée. L'écriture de la suscription semblait déguisée à dessein. Au lieu d'armoiries, le cachet portait ce mot : DÉFIANCE !...
— Qui t'a remis cela ? — demanda Nanette.
— Un valet sans livrée, une sorte de grison que j'ai rencontré dans l'escalier, au moment où j'allais descendre... — regarde donc un peu ce que ce *poulet* chante...
Nanette brisa le cachet et elle lut tout haut :

« Mademoiselle,

« Un ami inconnu, qui désire garder l'incognito, croit devoir vous prévenir d'un complot tramé contre vous. Ce soir, à l'heure où vous quittez habituellement le Palais-Royal, vous devez être enlevée par les gens du comte de Lauraguais qui a parié avec ses amis qu'il vous donnerait ce soir à souper dans sa maison de campagne de Fontenay-aux-Roses. N'allez donc point au Palais-Royal aujourd'hui, ou, si vous y allez, soyez sur vos gardes et bien accompagnée. Ne dédaignez pas cet avis, mademoiselle, il est dicté par un intérêt bien sincère.

« *Prudence et défiance.* »

— Quelle infamie!... — s'écria Marcel.
— Et quel ennui!... — ajouta Nanette.
— Que vas-tu faire, petite sœur?
— Je ne sortirai pas aujourd'hui.
— Ainsi, tu veux rester ici prisonnière à cause de cet odieux comte de Lauraguais!...
— Il le faut bien...
— Ah! si j'étais seulement un peu gentilhomme!...
— Qu'arriverait-il?
— Il arriverait que je provoquerais le comte, et que je me battrais avec lui, jusqu'à ce que je l'aie tué!!...
— Merci, cher frère... — répondit Nanette en souriant. Puis elle ajouta :
— Qui peut m'avoir écrit ce billet?
— Sans doute quelqu'un des amis du comte... un gentilhomme un peu meilleur que lui.
— C'est probable, en effet.
— Dis donc, petite sœur, je pense à une chose.
— Voyons.
— Si j'allais prévenir mon bon ami, le prince de Courtenay, — c'est lui qui saurait bien te protéger!... — qu'en dis-tu?

Nanette avait extrêmement rougi.

— Garde t'en bien ! — s'écria-t-elle.
— Et pourquoi ?
— Le prince provoquerait peut-être M. de Lauraguais.
— Justement.
— Et il risquerait de recevoir quelque méchant coup d'épée...
— Au fait, je n'y pensais pas, il vaut mieux ne rien dire...
— Oui, cent fois mieux... — mais, malheureusement, le projet avorté aujourd'hui peut recevoir son exécution un autre jour... je ne vais plus avoir un instant de tranquillité...

Marcel se frappa le front.
— J'ai une autre idée ! — s'écria-t-il.
— Aussi bonne que la première ? — demanda Nanette en souriant.
— Meilleure.
— Et cette idée ?
— Tu la sauras demain.
— Mieux vaudrait aujourd'hui, ce me semble...
— Non, non, demain, pas avant...
— Comme tu voudras, mais point de folies !...
— Sois tranquille. — Promets-moi seulement que tu ne mettras pas les pieds au Palais-Royal de toute la journée.
— Oh ! je t'en réponds.
— Alors, tu resteras ici ?
— Je ferai mieux.
— Quoi donc ?
— Je vais envoyer chercher un fiacre, et j'irai, avec notre mère, voir mon frère Eustache et ma bonne petite sœur Rosette et mes petits neveux... — nous y resterons jusqu'au soir, et Eustache, qui est un soldat, nous ramènera ici en voiture.

— Bravo !... bravo !... je vais chercher le fiacre moi-même...

— Est-ce qu'on ne t'attend pas chez M. Panckoucke ?

— Bah ! on m'attendra ! — une fois n'est pas coutume ! — j'aurai l'esprit en repos quand je t'aurai vu partir...

— Va donc, puisque tu le veux !

Marcel s'élança dehors. Au bout d'un quart d'heure il revint.

— Le *char numéroté*, comme dit M. Boileau Despréaux, surnommé *le legislateur du Parnasse*, est en bas, — s'écria-t-il.

Nanette et Marie-Jeanne Lollier étaient prêtes.

§

Chose bizarre !... Deux heures après ce moment, Nanette la bouquetière, que nous avons vue se diriger en compagnie de sa mère vers la rue des Ménétriers, faisait son entrée, un peu tardive, dans le jardin du Palais-Royal. Chose plus bizarre encore !... La jeune fille, comme si elle eût pris à tâche de prouver qu'elle dédaignait l'avis du billet anonyme arrivé le matin, n'était point accompagnée des deux grands valets de pied, qui d'habitude ne la quittaient jamais. Dans la journée, le comte de Lauraguais traversa le Palais-Royal, mais sans s'approcher de Nanette. Il remarqua le détail dont nous venons de prendre note, et, se frottant les mains, il murmura :

— Décidément, le diable est pour moi !...

Nanette se mit en devoir de regagner la rue Saint-Honoré, avec une lenteur qui, véritablement, aurait pu paraître calculée. Au coin de la rue qui contournait le Palais-Royal, elle tomba tout au beau milieu d'un fort notable embarras. Deux crocheteurs ivres se battaient dans le ruisseau, à côté d'un grand carrosse. Un cercle de curieux les entourait. Bref, il n'y avait, pour passer, que la place d'une seule personne, entre la muraille et la voiture. Nanette s'engagea dans cette sorte de couloir. A peine avait-elle accompli la moitié de ce trajet périlleux que la portière s'ouvrit. Deux grands et forts gaillards qui se trouvaient derrière la jeune fille la saisirent, la soulevèrent et, sans lui faire le moindre mal, la placèrent dans l'intérieur de la voiture, où l'attendait un personnage dont on ne pouvait distinguer les traits dans la demi-obscurité. La portière fut refermée et l'attelage partit au galop. Nanette poussa quelques petits cris, et fit mine de se jeter bel et bien par la portière. Mais, somme toute, hormis ces manifestations anodines, son désespoir se maintint en des bornes fort raisonnables. Peu à peu ses cris s'éteignirent et l'on n'entendit plus que quelques sanglots modérés et qui n'étaient point exempts d'une certaine coquetterie... Alors, le personnage qui occupait avec Nanette le fond du carrosse et qui n'avait point eu trop de peine à contenir la jeune fille, jugea que le moment était venu de la rassurer complètement.

— Que craignez-vous, charmante Nanette? — dit-il d'un ton passionné et pathétique, — aucun danger ne vous menace!... — n'êtes-vous donc pas en sûreté auprès de votre esclave?...

— Mon esclave? vous? — répliqua la jeune fille.

— Sans doute, et le plus passionné de tous!...

— Vous vous dites mon esclave, et je suis votre prisonnière!...

— Les seules chaînes que je prétende vous faire porter sont celles d'un amour tendre et soumis...

— Si votre amour est soumis, pourquoi m'enlevez-vous malgré moi?

— Parce que c'est ma seule ressource pour vous pouvoir

peindre une flamme dont jusqu'ici vous avez repoussé l'aveu...

— J'ai repoussé l'aveu de votre flamme !... moi ?...

— Vous-même, cruelle !... — trop charmante, trop séduisante et trop inhumaine tigresse !...

— Qui donc êtes-vous, monsieur, s'il vous plaît ?...

— Je suis la victime de vos dédains, belle Nanette !... — le martyr de vos beaux yeux ! — Je suis le comte de Lauraguais !...

## VI

La petite maison de Fontenay-aux-Roses.

— Ah ! vous êtes le comte de Lauraguais ? — répliqua Nanette avec un sang-froid fort extraordinaire dans sa position, — eh bien ! monsieur le comte, votre conduite est abominable !...

— Hélas ! je le sais bien ! oh ! mon inhumaine ! — mais j'ai une excuse !...

— Laquelle ?

— L'amour.

— L'amour ?... allons donc !...

— Il n'en est pas de plus vif, de plus impétueux, de plus exalté !...

— Je n'en crois pas un mot.

— Par quoi voulez-vous que je vous jure ?...

— Ne jurez point ! — L'amour, monsieur le comte ne procède point de cette façon...

— Et comment donc, farouche sœur des roses ?...

— Par de petits soins... par des attentions délicates... par la constance... par la soumission... par la douceur... par la docilité... — C'est en agissant ainsi que l'on plaît, et point autrement...

— Aurais-je donc une chance de vous plaire, sœur cadette des trois Grâces et cousine germaine de Vénus, en faisant tout ce que vous venez de me dire?...

— Peut-être bien, monsieur le comte...

— Eh bien! je profiterai de la leçon... et, à l'avenir...

— Commencez tout de suite, — interrompit Nanette.

— Je ne demande pas mieux!

— Montrez-vous soumis et docile, — faites arrêter votre carrosse, et laissez-moi libre...

— Tigresse de l'Hircanie!... vous me brisez le cœur?...

— Vous refusez?

— Demandez-moi tout, tout au monde! excepté cela!...

— Mais, enfin, où me conduisez-vous?

— A ma maison de campagne de Fontenay-aux-Roses... — un petit palais dont vous serez la reine...

— Et qu'y prétendez-vous faire de moi?..

— Vous toucher par l'expression du plus parfait amour! vous décider à me rendre heureux...

— Je doute que vous y réussissiez...

— Ah! laissez-moi du moins l'espoir... — pour vous obtenir aucun sacrifice ne me coûtera!...

— Qu'entendez-vous par *sacrifice*, monsieur le comte?

— J'entends que je suis riche... immensément riche, et que je vous prie de considérer ma fortune comme étant la vôtre...

— Qui dit trop ne dit rien, monsieur le comte. — Si c'est une offre que vous prétendez me faire, précisez, je vous prie...

— Ah! la petite gaillarde!... — pensa le comte, —

17

comme elle joue serré !... — Quand je pense que c'est pour une vertu de ce calibre que ce sot de Courtenay aurait pu se couper la gorge avec moi !... — Puis, tout haut, il reprit :

— Je vous offre, divine Nanette, en échange de votre cœur, d'abord cent cinquante mille livres comptant...

— Peuh ! — fit Nanette, — vingt fois j'ai refusé mieux...

— Attendez donc !... attendez donc !... — s'écria le comte, — je vous offre ensuite trois mille livres par mois pour vos dépenses courantes, — un petit hôtel à Paris, — une maison de campagne dans la banlieue, — des diamants, — un carrosse, — quatre chevaux, — un gros cocher, — un suisse, — un cuisinier, — un valet de chambre, — deux valets de pied, — un petit laquais et trois filles de chambre... le tout payé par moi, et entretenu à mes frais...

— Ah ! c'est un peu mieux, — dit Nanette.

— Voyons, sommes-nous d'accord ?...

— Il faut voir... — Quoi ? — Je demande à réfléchir.

— Répondez-moi : *oui*, tout de suite...

— Non pas ! la chose est importante et mérite bien qu'on y pense...

— Et, quand aurez-vous réfléchi, belle Nanette ?...

— Ce soir, après souper... car j'imagine que vous me donnez à souper ?...

— Certes !...

— Mais pas en tête à tête, surtout !... — Vous êtes un homme trop dangereux, monsieur le comte, pour que je me risque...

— J'avais prévu ce scrupule...

— Et, qu'avez-vous fait ?

— J'ai invité quelques amis...

— Ah ! ah !... — Alors nous serons en nombreuse compagnie ?

— Quinze ou vingt gentilshommes, à peu près...

— Fort bien !

— Daignerez-vous, ravissante Hébé, faire les honneurs du souper ?

— Songez que j'ai bien peu d'habitude...

— Vous n'en aurez que plus de grâce...

— Décidément, comte, on ne peut rien vous refuser...

— Adorable !... adorable !... — s'écria M. de Lauraguais, en saisissant et en portant à ses lèvres une main qu'on ne lui retira pas trop vite.

Le carrosse s'arrêta. Le comte descendit le premier et donna la main à Nanette, qui sauta lestement sur la première marche du perron. Le souper était pour dix heures, aucun des invités n'avait encore paru. M. de Lauraguais profita de cette solitude pour faire visiter à la jeune fille toutes les merveilles de sa petite maison. Elle admira suffisamment, mais sans enthousiasme, comme si elle avait passé sa vie entière au milieu des splendeurs et des raffinements du luxe le plus extravagant.

— Délicieuse Nanette, — dit le comte, — j'ai pensé qu'il vous conviendrait peut-être de rehausser ce soir vos charmes par des ajustements un peu moins simples que votre costume de tous les jours... et j'ai fait préparer cette robe...

— Comment la trouvez-vous ?

— Fort belle... — répondit Nanette.

— Aussitôt que ces pierreries, — dit-il, auront touché votre cou charmant, elles seront à vous. — Vous ne refuserez point de vous en parer, n'est-ce pas ?...

— Non, sans doute, monsieur le comte.

— L'heure se passe... — nos conviés vont arriver d'un instant à l'autre... — je vais vous envoyer vos femmes...

— Mes femmes ? — à quoi bon ?...

— Mais, à vous habiller, ce me semble...

— Monsieur le comte, je m'habille toujours seule...

— Vraiment?...

— C'est une habitude... une manie... tout ce que vous voudrez... mais j'y tiens...

— Dieu me garde de vous contrarier... — Je vous laisse seule... — Si vous aviez besoin de quelque chose, vous agiterez cette petite clochette et on accourra aussitôt...

— Je n'y manquerai point...

— Je sors, mais auparavant, oh! divine inhumaine, ne m'octroyez-vous pas un baiser sur vos lèvres de roses?...

— Plus tard... monsieur le comte, plus tard...

— Allons, je me contente de cette promesse qui m'enivre! Surtout, ne perdez pas un instant!...

— Oh! je serai prête avant l'heure...

— Du bout de ses doigts maigres et jaunâtres, M. de Lauraguais envoya à Nanette une demi-douzaine de baisers.

Puis il pirouetta sur ses talons rouges, et il sortit, en se donnant les airs évaporés d'un jeune homme. A peine avait-il refermé la porte, que Nanette se laissait tomber sur un fauteuil, et donnait enfin carrière à un accès de rire homérique qu'elle comprimait depuis longtemps.

§

Cependant les invités du comte arrivaient. M. de Lauraguais les recevait dans un petit salon, attenant à la salle à manger. Parmi ces convives, il y avait plusieurs de nos connaissances, — le marquis de Louvois, — le comte de La Châtre, — Diderot, — M. de Marmontel, — le duc de Nivernais, etc... Bientôt tous les invités se trouvèrent au rendez-vous excepté un seul. Mais, alors, M. de Lauraguais commença à donner des signes manifestes d'inquiétude.

— Qui donc attendez-vous encore, cher comte? — lui demanda quelqu'un.

— J'attends le prince de Courtenay, — répondit-il, — et, d'honneur! je ne voudrais pas, pour cinquante mille livres, que ce soir il me manquât de parole!...

## VII

### Un pigeon pour une tourterelle.

L'incertitude anxieuse de M. de Lauraguais ne fut pas de bien longue durée. A peine achevait-il de prononcer les paroles qui terminent le précédent chapitre, qu'on entendit le bruit d'un carosse, sillonnant rapidement le sable fin de l'avenue et s'arrêtant devant le perron. Une seconde après un valet de chambre annonçait :

— Monseigneur le prince de Courtenay.

— A la bonne heure !... — murmura le comte. — Mon triomphe, en son absence, ne m'eut point semblé complet !

— Cher prince, — s'écria-t-il, — enfin vous voilà ! si vous saviez comme nous vous désirions tous !...

— Suis-je en retard, monsieur le comte ? — demanda Pierre assez froidement.

— Non point, quant à l'heure du rendez-vous... mais au gré de notre impatience, oui, un peu.

— Ceci est en vérité trop gracieux !...

— Jamais trop avec vous, cher prince... jamais assez... — et puis, vous le dirais-je... je craignais...

— Quoi donc ?

— Que vous ne vinssiez pas ce soir.

— J'avais promis.

— Sans doute, mais je me rappelais certaine discussion...

— Une discussion ? répéta le prince, de l'air d'un homme qui ne comprend pas.

— Eh! oui... — chez Diderot... — vous souvenez-vous ?...

— Non, en vérité.

— Au sujet d'une chose sans importance d'ailleurs... de Nanette la belle bouquetière... de la *Perle du Palais-Royal.*

— En effet, — dit-il, — mais comme, dans cette discussion, l'avantage ne m'avait pas paru rester de votre côté, franchement, je n'y pensais plus...

— Il est certain que, ce jour-là vous m'avez battu, cher prince, mais, depuis...

M. de Lauraguais s'interrompit.

— Eh bien ! depuis ? — demanda Pierre.

— Je pense que votre opinion s'est modifiée quelque peu.

— Et qui vous fait supposer cela, monsieur le comte?

— Est-ce que je me trompe ?...

— Entièrement.

— Quoi ! aujourd'hui comme alors, vous vous feriez le défenseur de la vertu de Nanette Lollier ?...

— Plus que jamais !

— Cependant, si quelqu'un venait vous dire que cette fleur immaculée, que ce modèle de sagesse est au moment de laisser là son éventaire et ses bouquets pour devenir une de nos impures à la mode, la maîtresse en titre d'un grand seigneur ?...

— Je répondrais que ce quelqu'un-là en a menti...

— Mais, si ce quelqu'un offrait de prouver ce qu'il avance ?...

— Je le mettrais au défi de le faire.

— Et, s'il le faisait !

— S'il le faisait?... — s'écria le prince avec une sorte de fureur. — Mais, non, c'est impossible !...

— Messieurs, — dit le comte de Lauraguais, — le souper nous attend, — à table, je vous prie...

— Il me reste à vous présenter quelqu'un, — reprit-il, — la reine de la fête, — celle qui veut bien, ce soir, vous faire à tous les honneurs de ma petite maison...

— Qui donc est cette reine? demanda une voix.

— Mademoiselle Nanette Lollier, — répondit le comte avec un sourire.

— Ceci, monsieur le comte, est un nouveau mensonge!.. — Mademoiselle Lollier n'est point ici!... elle n'y peut pas être!... et je la défendrai jusqu'au bout, l'épée à la main, s'il le faut, contre vos calomnies...

— A votre aise, cher prince, — répondit Lauraguais en riant et en se dirigeant vers la porte de la chambre aux costumes, — à votre aise... — Dégaînez!... — Mettez flamberge au vent! — la Perle du Palais-Royal va vous remercier, comme il convient, de vous montrer pour elle un si chaud défenseur !...

Et le comte, ouvrant la porte, ajouta :

— Venez, divine Nanette, venez, et montrez-vous à nos yeux éblouis...

Il n'avait point achevé ces mots qu'il recula, stupéfait, abasourdi, furieux, confondu, grotesque. Par cette porte ouverte, un jeune homme venait de sortir et saluait les convives avec une bonne grâce parfaite. C'était, sous un costume du temps de Louis XIII, le plus joli page du monde. Un sourire, d'une incroyable ironie, plissait ses lèvres roses et charmantes.

— Si j'ai bien entendu, cher comte, — dit-il en s'adressant à M. de Lauraguais, — vous attaquiez tout à l'heure la vertu de Nanette la bouquetière... la Perle du Palais-Royal... — Eh bien ! à votre aise !... — dégaînez!... — C'est là ce que vous disiez, je crois?... — Vous le voyez, je suis en garde, et nul ne me contestera sans doute le droit de défendre ma sœur...

— Sa sœur!... répétèrent tous les convives.

— Marcel! — s'écria Pierre de Courtenay en s'élançant auprès de lui et en lui saisissant la main, qu'il serra chaudement.

— Oui, monseigneur, — répondit le jeune homme, — Marcel qui vous remercie une fois de plus...

Puis, se tournant vers Lauraguais, que la stupeur et le désappointement rendaient muet et immobile, Marcel ajouta :

— Mais quelle triste figure vous nous faites-là, mon cher comte!... — Pour Dieu! déridez-vous un peu!... — Vos filets étaient bien tendus!... — Si vous avez pris le pigeon au lieu de la tourterelle, ce n'est pas un bien grand mal, — les meilleurs oiseleurs s'y trompent quelquefois !...

Un immense éclat de rire s'éleva tout autour de la table pour accueillir cette saillie. Marcel reprit :

— Messieurs, il serait mal à moi de tromper l'espoir du cher comte... — Il m'a fait promettre de vous faire les honneurs de son souper... — Il y compte... Je tiendrai parole...

Et, en effet, le jeune garçon s'assit sans façon à la place d'honneur.

— Allons, cher comte, — dit-il ensuite, — asseyez-vous bien vite... là-bas, en face de moi... — Vous voyez que nous n'attendons plus que vous... — Prouvez-nous que vous buvez sec et nous porterons, tant qu'il vous plaira, la santé de ma sœur... — Ça ne pourra pas manquer, ce me semble, de vous faire un certain plaisir...

— Savez-vous bien, messieurs, — poursuivit-il, — que je pourrai bientôt, moi aussi, vous prier d'honorer de votre gracieuse présence les soupers de ma petite maison... car je vais avoir une petite maison... — Il est si riche et si généreux, ce cher comte!... — Ecoutez et jugez-en!... — Il me donne tout d'abord, et dès demain matin, — (juste rémunération du plaisir qu'il éprouve en ce moment) — cent cinquante mille livres comptant. — Ceci est peu de chose, mais vous allez voir mieux : — Il ajoute à l'argent mignon trois mille livres par mois pour mes menues dépenses, — un petit hôtel à Paris, — une maisonnette dans la banlieue, à Passy, à Auteuil, à Vaugirard, où je voudrai enfin ; — il y joint des diamants, — un carrosse, — quatre chevaux, — un gros cocher, — (s'il n'est pas gros, je n'en veux point !) — un suisse, — un cuisinier, deux valets de pied, — un petit laquais et trois filles de chambre, — bêtes et gens, bien entendu, payés et entretenus aux frais du cher comte.. Et, en échange de tout cela, savez-vous ce qu'il me demande, ce nouveau et illustrissime Jupiter?... — Eh ! mon Dieu, tout bonnement de lui servir de Ganymède !...

— Eh ! cher comte, dites donc !... — Est-ce à votre hôtel ou chez votre banquier que je dois envoyer toucher, demain matin, mes cent-cinquante mille livres et le premier quartier de la pension que Jupiter fait à Ganymède?...

Ce fut le coup de grâce. Le comte passa du jaune au vert et du vert au violet foncé. Il sentit qu'une attaque d'apoplexie était imminente, s'il ne donnait sur-le-champ à sa colère un puissant dérivatif. En conséquence, il s'approcha de M. de Courtenay et lui dit :

— Il me semble, prince, qu'un peu avant de nous mettre à table, vous avez prononcé, en parlant à moi, quelques mots bien vifs...

— Monsieur le comte, — répondit Pierre avec hauteur, j'ai simplement dit que vous mentiez... et vous voyez bien que j'avais raison...

— C'est possible ! — Mais, si je mens, je n'aime pas qu'on me le dise...

— Et moi, — voyez la différence ! — j'aime le dire à ceux qui mentent !...

— Prince, retirez-vous vos paroles ?...
— Au contraire, je les maintiens.
— Alors, je vous en demande raison.
— Comme vous voudrez et quand vous voudrez. — Je suis absolument à vos ordres.
— Eh bien ! tout de suite, je vous prie.
— Je serais désespéré de vous refuser.

Le comte et le prince descendirent au jardin, accompagnés de quatre témoins et suivis de domestiques portant des flambeaux pour éclairer les deux adversaires. Ils mirent habit bas sur la pelouse qui faisait face à l'habitation, et le combat s'engagea. Pierre de Courtenay et le comte de Lauraguais étaient, comme tireurs, à peu près d'égale force. Seulement, le prince avait sur son adversaire l'immense avantage de conserver tout son sang-froid, tandis que la colère trop longtemps contenue de M. de Lauraguais l'aveuglait et faisait trembler ses muscles et ses nerfs. Après quelques passes, l'épée de M. de Courtenay traversa de part en part l'avant-bras du comte, qui laissa tomber son arme et perdit connaissance.

— Ce pauvre comte! — fit Marcel, qui de l'une des fenêtres de la salle à manger avait assisté au duel en compagnie des autres convives, et qui faisait les vœux les plus ardents pour le prince de Courtenay, — ce pauvre comte !...
— Ah ! bah ! il ne faut pas trop le plaindre... ça lui tiendra lieu d'une saignée !...

## VIII

### Conversation.

Il était près de trois heures du matin quand la voiture du prince de Courtenay s'arrêta, rue Saint-Honoré, devant la maison qu'habitait la famille Lollier. Marcel en descendit, toujours revêtu du costume de page, qu'il comptait bien renvoyer le lendemain à l'hôtel du comte de Lauraguais. Il serra une dernière fois la main du prince, et il s'engagea dans l'allée. Aucun des Lollier n'était couché. L'absence inexplicable de Marcel, garçon rangé et fort régulier dans ses habitudes, plongeait tout le monde dans le désespoir. Chacun se faisait, au sujet du jeune homme, les idées les plus sinistres. Marie-Jeanne et Nanette surtout, le croyaient assassiné et sanglotaient à qui mieux mieux. Quand on le vit paraître, un cri de joie et de soulagement s'échappa de toutes les poitrines. La mère et les sœurs de Marcel ne se pouvaient lasser de l'embrasser en pleurant. Les premiers moments une fois passés, l'étrangeté de ses vêtements attira les regards et fixa l'attention. Comment se pouvait-il faire, en effet, que le jeune apprenti imprimeur se fût ainsi métamorphosé en page de cour du roi Louis XIII ? Qu'est-ce que cela voulait dire ? Ces questions furent formulées par une demi-douzaine de bouches à la fois. Marcel attendit pour répondre que cette fièvre de curiosité lui permît de placer une parole.

— Cela veut dire petite sœur, — fit-il en s'adressant à Nanette, — que désormais tu peux aller au Palais-Royal tant qu'il te plaira, et que tu n'as plus rien à redouter du vilain comte de Lauraguais...

— Mais comment ?... comment ?... — demanda Nanette.

— Oh ! c'est toute une histoire...

— Raconte vite... nous écoutons...

Marcel commença, en effet, et mena à bien le récit de son aventure, récit coupé vingt fois par des exclamations qu'on devine. La burlesque déconvenue du comte de Lauraguais apprêtait à rire à tout le monde. Mais Nanette était devenue bien pâle, en apprenant que le prince de Courtenay s'était battu pour elle !...

§

Quelques semaines après les scènes auxquelles nous venons de faire assister nos lecteurs, le comte de La Châtre causait avec Nanette dans le jardin du Palais-Royal. Il était en train de lui débiter mille galanteries sans conséquence, que la jolie bouquetière écoutait en riant. Le marquis de Louvois s'approcha d'eux, et, après avoir échangé un salut avec les deux interlocuteurs, il s'adressa à M. de La Châtre.

— Comte, — dit-il, — sais-tu la nouvelle ?

— Cela dépend, — il y a dans Paris, chaque matin, autant de nouvelles que de nouvellistes. — Certains vous abordent en vous disant — « A propos, le roi Henri IV est mort ! » La nouvelle est-elle neuve ou vieille ?...

— C'est une nouvelle nouvelle, une vraie nouvelle et une nouvelle vraie... — répliqua le marquis en riant.

— Alors, voyons.

— Eh bien ! notre ami commun, ce pauvre Courtenay est fou !...

— N'est-ce que cela ? — demanda La Châtre.

— Il me semble que c'est bien assez !...

— Je l'ai vu hier au soir, il avait tout son bon sens.

— L'accès ne s'est déclaré que ce matin !

— Et, à quel propos ?

— A propos de mariage.

Nanette devint plus rouge que les œillets de sa corbeille.

— Quelle est cette raillerie ? — demanda La Châtre.

— Il n'y a pas de raillerie, et rien au monde n'est plus sérieux.

— Alors, explique-toi, — qu'y a-t-il !

— Il y a qu'on propose à Pierre un des plus beaux partis

de France, — un grand nom et huit cent mille livres de rentes, — et qu'il refuse...

— C'est invraisemblable.

— C'est comme ça.

— La personne à marier est peut-être vieille et laide?...

— Tu vas en juger. — C'est mademoiselle de Craon.

— Charmante! dix-huit ans! et des yeux!... — presqu'aussi beaux que ceux de Nanette!...

— Eh bien ! qu'en dis-tu?

— Je dis qu'il faut que tu sois mal renseigné, — jamais je ne croirai que Pierre dédaigne ainsi son bonheur!...

— Mal renseigné ! — s'écria le marquis de Louvois, — personne ne peut l'être mieux que moi!...

— Et comment ?

— J'ai été chargé de faire les premières ouvertures.

— Et Pierre a refusé?

— Nettement, — complétement, — irrévocablement.

— Il réfléchira...

— Je n'y compte pas. — Quand Pierre a dit : *non*, — c'est *non*.

— Alors, tu as raison, — il est fou !

— Tu vois.

— Mais, enfin, quelle raison donne-t-il ?

— Aucune.

— Quoi? — pas un mot d'explication ?

— Pas un. — Eloignement pour le mariage, — voilà tout.

— Alors, il cache quelque chose...

— Je le crois.

— Un amour, sans doute. — Il n'y a que le petit Cupidon qui puisse détraquer ainsi un cerveau si solide habituellement.

— Mais, qui pourrait-il aimer ? — dit M. de Louvois après quelques secondes de réflexion.

— Dam ! — à moins qu'il ne brûle pour une de mesdames de France... — répliqua La Châtre en riant.

— Oh ! j'en doute.

— Mais, alors ?

— Quelqu'une de nos impures, peut-être ? — une fille de théâtre...

— Ah ! marquis, tu calomnies Pierre !...

— Pourquoi donc ? — ne t'ai-je pas vu, bien souvent, toi, laisser tomber ton cœur dans les coulisses de l'Opéra... il est vrai que tu ne tardais guère à le ramasser, pour le reperdre un peu plus loin...

— Oui, mais entre Courtenay et moi, la différence est grande !... je ne suis qu'un franc vaurien !... un libertin, un débauché ! — Le prince est un sage, un Caton, et le vice lui fait horreur.. même le vice en robe de gaze, avec de blanches épaules, des cheveux noirs et des yeux éclatants ! — Si Courtenay est amoureux, je parierais qu'il ne peut l'être que d'une femme aussi charmante que sage...

— Une femme mariée, peut-être...

— Peut-être... — c'est possible, — mais si celle qu'il adore n'est ni libre, ni princesse, ni millionnaire, et si elle aime véritablement notre ami, je sais bien ce qu'elle devrait faire et ce que, moi, je ferais à sa place...

— Quoi donc !

— Je dirais à mon amant : — « Soyez libre ! — oubliez-moi ! — épousez mademoiselle de Craon ! — Moi, je vous aimerai toujours, et je ne vous reverrai jamais !... »

— Ah ! ce serait bien beau !... — Mais quelle femme aurait ce courage ?

— Une femme digne d'être aimée par un cœur comme

celui de Courtenay, doit être capable de ce dévoûment-là !
Qu'en dit la charmante Nanette ?...

— Moi, monsieur le comte, — répondit la bouquetière avec la plus parfaite insouciance, — je dis que je suis de votre avis.

La conversation en resta là. Les deux gentilshommes s'éloignèrent.

## IX

### Le choix d'une fleur.

Depuis son changement de fortune, Pierre de Courtenay n'habitait plus la rue Culture-Sainte-Catherine. Il occupait le premier étage de l'un des magnifiques hôtels de la place Royale. Le lendemain du jour où il avait déclaré au marquis de Louvois qu'il ne voulait pas se marier, le prince, vers midi, déjeunait solitairement dans sa chambre à coucher, en robe de chambre et en pantoufles. Le vieux valet dont nous avons parlé, entra d'un pas silencieux. Il posa sur la petite table un admirable coffret de Boule, en écaille rouge, incrusté de cuivre, d'argent, de nacre et de lapis-lazuli, et, en même temps, il présenta à son maître sur un plat d'argent (de véritable argent, cette fois) une lettre et une petite clé dorée, — celle du coffret, sans aucun doute. Le prince prit la lettre, et, avant de l'ouvrir, il l'examina avec attention. La suscription était bien de l'écriture de cette vieille parente à laquelle il devait son opulence inattendue. Le cachet portait, en outre, ces mêmes armoiries, à demi-effacées, mais dans lesquelles se devinait encore vaguement le blason des Courtenay. Seulement, l'enveloppe était mince et ne contenait, à coup sûr, qu'une simple feuille de papier.

Pendant quelques secondes, il hésita à rompre le cachet. Mais enfin, triomphant de cette sorte d'émotion superstitieuse, il déchira l'enveloppe, — déploya la feuille de papier et lut ce qui suit :

« Mon cher cousin,

« J'apprends à l'instant même une nouvelle dont je ne puis malheureusement révoquer en doute la parfaite exactitude, et qui me fait plus de peine que je ne saurais vous le dire... Est-il bien vrai, est-il bien possible que vous vous refusiez à épouser mademoiselle de Craon? Songez, mon cousin, que ce parti, presqu'inespéré, réunit tout ce que vous et ceux qui s'intéressent à votre bonheur pouvaient souhaiter pour un mariage. — Mademoiselle de Craon, en effet, est jeune et charmante, — immensément riche, — son nom est presqu'aussi beau que le vôtre, et se relie, par des racines profondes, à tous les grands noms, à toutes les grandes familles de la monarchie.

« Oh! je sais ce que vous m'allez répondre, mon pauvre enfant! — *Vous aimez ailleurs!*... Quand on s'appelle le prince Pierre de Courtenay, — quand on a, comme vous, du sang royal dans les veines, on ne s'appartient point à soi-même, on n'est point le maître absolu de sa vie et de sa destinée... Vous devez à vos ancêtres, vous devez à votre pays, de ne point laisser une grande race, une race de héros s'éteindre en vous. Vous devez à vos enfants de leur donner pour mère une princesse de Craon, et d'assurer à votre descendance l'une de ces fortunes princières ,sans lesquelles les noms les plus éclatants sont des fardeaux bien lourds à porter... Si celle que vous aimez est digne de votre amour, — et je n'en veux pas douter, — si, — comme je le crois, — elle ne peut pas être votre femme, et si elle lisait ce que je vous écris, elle comprendrait, elle partagerait les sentiments que j'exprime ici... — elle serait heureuse, elle serait fière de sacrifier vaillamment son cœur et de vous offrir sa tendresse en holocauste... — elle vous dirait qu'avoir été aimée de vous est un assez grand bonheur pour remplir tout le reste d'une vie... et elle vous enverrait à l'autel avec une douleur profonde, inguérissable, mais aussi avec la conscience d'un grand devoir accompli... Cela, mon enfant, je vous le dis au nom de cette femme, — et je suis bien sûre qu'elle ne me démentira pas... En épousant mademoiselle de Craon, il est indispensable que vous apportiez dans votre ménage autre chose qu'une pension toute éventuelle et qui, d'un jour à l'autre, pourrait cesser d'être payée... Un petit coffret vous est remis en même temps que cette lettre... Ouvrez ce coffret, — vous y trouverez le capital de la rente qui vous était payée par mes soins, au premier de chaque mois... Acceptez aussi, pour votre femme, quelques antiques bijoux de famille que je joins à cet argent, et que je la prie de porter quelquefois, pour l'amour de votre vieille parente inconnue. Encore une fois, mon cher enfant, je vous demande, je vous prie, je vous conjure de donner aux derniers jours de ma vie la seule joie profonde qu'ils puissent ressentir... — je mourrai heureuse, si je vous vois épouser mademoiselle de Craon. Si vous consentez, comme je l'espère, et comme je le souhaite si ardemment, portez, pendant trois jours de suite, un œillet à la boutonnière de votre habit... Si, au contraire, vous refusez, portez une rose... »

— Ah! — dit le prince quand il eut achevé, — je sentais bien que ma destinée était là...

Il replia la lettre, — il la renferma sous son enveloppe déchirée, — ensuite il prit la clef d'or, et il ouvrit le coffret. Il contenait, en bons au porteur, sur la caisse des fermiers-généraux, une somme ronde d'un million.

Sous cet amas de chiffons précieux se trouvaient des diamants d'une grosseur et d'une eau magnifiques, et qui devaient avoir une valeur de deux ou trois cent mille livres, tout au moins. Seulement la monture en était gothique et ternie, et la plus récente de ces parures devait compter au moins un siècle d'existence. Sur le fermoir d'argent d'un bracelet se voyaient des traces d'armoiries. Pierre s'efforça de les déchiffrer, mais il ne put en venir à bout, car l'écusson avait été gratté et rayé dans tous les sens, et tout récemment, avec la pointe d'un couteau ou d'un canif.

— Etrange!... — répéta le prince, — Etrange!...

Il cacha sa tête dans ses deux mains, et il s'absorba dans une méditation profonde qui dura près d'une heure. Quand il releva la tête, son visage était calme, et un sourire d'une douceur infinie, quoiqu'un peu mélancolique, errait sur les coins de sa bouche. Il replaça les diamants au fond du coffret, — les billets de caisse sur les diamants, et la lettre sur les billets. Il fit tourner à deux reprises la clef dorée dans la mignonne serrure, puis il s'habilla et sortit, sans demander son carrosse. Pierre de Courtenay se dirigeait du côté du Palais-Royal.

§

La veille au soir, nous le savons, Nanette Lollier avait quitté le jardin plus tôt que de coutume. Ce matin-là, dès avant midi, elle en reprenait possession avec ses fleurs. Nanette était pâle. Un cercle d'azur autour des ses paupières trahissait une nuit sans sommeil, ou quelque secrète souffrance. Elle semblait distraite et préoccupée. Elle, toujours si vive, si accorte, si prête à la réplique, si prompte à la riposte, ne répondait qu'à peine et avec effort aux madrigaux et aux galanteries que lui débitaient une demi-douzaine de ses adorateurs les plus assidus. Vraiment, ce n'était plus Nanette la bouquetière!... — le Palais-Royal, ce jour-là, avait perdu sa perle !... Le prince de Courtenay venait du côté de la jeune fille. Nanette, les yeux baissés, ne le voyait pas, mais elle le sentait s'approcher. Lorsqu'elle comprit qu'il était arrêté devant elle, elle souleva lentement ses paupières, et le parcourut tout entier d'un seul regard. Il n'y avait à sa boutonnière ni rose ni œillet. Le prince était pâle comme la bouquetière, et semblait aussi troublé qu'elle. D'une main tremblante, la jeune fille lui présenta un bouquet. Dans ce bouquet, — comme à la boutonnière du prince, — il n'y avait ni œillet ni rose. Pierre de Courtenay le prit, — le regarda en souriant, puis le replaçant dans la corbeille, il dit, mais d'une voix si basse que Nanette ne put l'entendre qu'avec son cœur :

— Mon enfant, voulez-vous me faire présent d'une rose?

La jeune fille poussa un faible cri et tomba sans connaissance dans les bras du prince.

X

Demain !...

Lorsque Nanette revint à elle-même, elle se trouva étendue sur une chaise longue, et environnée de sa famille, dans le petit boudoir tendu de toile peinte à grandes fleurs.

— Que s'est-il passé?... — murmura-t-elle, — et comment suis-je ici?... — Je ne me souviens pas...

Sa mère et ses sœurs lui contèrent tumultueusement et

toutes à la fois qu'elle s'était évanouie dans le jardin du Palais-Royal, qu'un grand seigneur, le prince de Courtenay, l'avait relevée dans ses bras, et, sans demander une voiture, sans vouloir être aidé par personne, l'avait ainsi transportée jusque chez elle. Nanette délicieusement émue, s'informa de ce qu'était devenu le prince. On lui répondit qu'il avait attendu l'avis du médecin qu'on avait envoyé chercher en toute hâte et que, complètement rassuré par ses paroles, il s'était éloigné sans annoncer s'il reviendrait bientôt.

— Il reviendra, — se dit la jeune fille en appuyant la main sur son cœur, — il reviendra... Je le sens là...

En moins d'une heure le bruit de l'accident arrivé à la belle bouquetière se répandit dans tout Paris. Alors, gentilshommes, grands seigneurs, philosophes, encyclopédistes, et même quelques petits abbés, vinrent prendre de ses nouvelles et se faire inscrire chez elle.

Car, au fond, Nanette était heureuse, — bien heureuse!... Que lui manquait-il? Rien, puisque le prince ne voulait pas se marier, — puisqu'à coup sûr il aimait Nanette... La voix de son frère Marcel, parlant tout bas à son oreille, lui fit l'effet de ces voix qu'on entend dans un rêve. Marcel, pour s'approcher d'elle, avait fendu la presse des courtisans dorés. Nanette tressaillit et écouta.

— Petite sœur, — lui dit Marcel, — je viens de voir notre ami le prince de Courtenay.

— Où cela? — demanda vivement la jeune fille.

— Dans l'antichambre... — il venait s'informer de toi... — je lui ai répondu que tu allais de mieux en mieux.

— Et, pourquoi n'est-il pas entré?

— Il a dit qu'il y avait trop de monde chez toi, et qu'il ne voulait point se mêler à cette foule...

— Oh! — pensa la jeune fille, — vous avez bien fait, mon prince, car vous êtes seul dans mon cœur...

§

Le lendemain, dans la matinée, au moment où Nanette achevait sa toilette, sa femme de chambre vint l'avertir que le prince de Courtenay sollicitait l'honneur d'être reçu par elle.

— Faites entrer monseigneur de Courtenay dans le boudoir, — répondit-elle d'une voix qu'elle s'efforçait de rendre ferme, — et dites-lui que, dans quelques instants, j'aurai l'honneur de me rendre à ses ordres. La femme de chambre sortit. Nanette comprenait que le moment décisif était proche, que l'heure la plus solennelle de sa vie allait sonner. Elle se mit à genoux, et elle adressa à Dieu une courte mais ardente prière.

— Protégez-moi, mon Dieu! — dit-elle, — venez en aide à ma faiblesse, car, si vous ne me soutenez pas, je sens bien que la force me manquera!... Elle se dirigea vers le boudoir, mais sa main tremblait tellement qu'elle fut obligée de s'y reprendre à deux fois pour en ouvrir la porte. Pierre de Courtenay attendait, debout. Il vint au-devant de Nanette, — il lui prit la main, — il la conduisit jusqu'à un siége, et, s'asseyant lui-même en face d'elle, il lui dit, d'une voix émue, et cependant ferme et assurée :

— J'ai tout compris, mademoiselle, — j'ai lu dans votre cœur, comme vous avez lu dans le mien... Une vague de sang monta du cœur au front de Nanette, — elle cacha, entre ses deux mains blanches, son visage rougissant. Le prince poursuivit, avec cette simplicité d'accent et de parole qui donnait une si grande valeur à ses moindres discours,

— Je vous aime, mademoiselle, depuis le jour où je vous ai vue pour la première fois... — Depuis ce jour, je vous ai donné, invinciblement et pour toujours, ma vie, mon âme, toutes mes pensées, — non sans lutter, cependant, mademoiselle, — car j'ai lutté beaucoup, lutté longtemps contre

16.

mon propre cœur dont je redoutais l'entraînement irréfléchi et en quelque sorte forcé... — Je ne vous connaissais pas alors, ou plutôt je ne connaissais de vous que votre angélique beauté... — C'était assez pour vous aimer, mais non pour que cet amour fut exempt de trouble et d'épouvante, car je considère comme le pire malheur qui puisse arriver à un honnête homme, quel qu'il soit, de donner sa vie à une femme indigne de la plus chaste tendresse et du plus saint respect... La position que vous vous étiez faite à vous-même. les hommages incessants qui vous entouraient, me paraissaient d'infranchissables obstacles élevés entre nous... — Je regardais comme impossible, je l'avoue, qu'au milieu de tant de périls, une jeune fille pût conserver intacts, non-seulement sa vertu, mais encore l'auréole de virginale candeur qui doit rayonner autour d'un front sans tache... — Je me trompais... — Ce prodige auquel je ne croyais pas, vous l'avez réalisé... Non seulement ceux qui vous connaissent le mieux vous admirent autant qu'il vous aiment, mais encore l'opinion publique s'incline avec respect devant vous!...
— Ce n'est pas tout, mademoiselle. — Un jour, — et Dieu sait avec quel bonheur!... — j'ai compris que vous m'aimiez... — Ces bienfaits mystérieux que je ne rougis point d'avoir reçu, j'ai deviné quelle main me les envoyait. — Cette lettre adorable d'hier, ce chef-d'œuvre de la tendresse qui se dévoue et qui s'immole, et qui s'offre, vivant holocauste, au bonheur de celui qu'on aime, j'ai deviné quel était le cœur qui l'avait dictée... — Vous vouliez vous sacrifier pour moi. Ce sacrifice, je n'ai pas eu la force de l'accepter. — Oui, je serai heureux.., je serai heureux par vous, mais d'une autre façon... — nous le serons ensemble... — Cette fortune qui me vient de vous, je l'accepte, mais à la condition que vous la partagerez avec moi... — Mademoiselle... ma bien-aimée... voulez-vous être ma femme?...

En prononçant ces derniers mots, Pierre de Courtenay avait mis un genou en terre devant Nanette toujours assise. Elle étendit les mains, — elle prit la tête de Pierre de Courtenay agenouillé, et elle l'appuya passionnément contre son cœur. Le prince, en ce moment put comprendre comment ce cœur battait pour lui.

— Vous consentez !... — s'écria-t-il, — vous consentez, n'est-ce pas ?...

Et comme Nanette ne pouvait pas répondre, dix fois il recommença cette question. Enfin, la jeune fille balbutia :

— Demain... attendez jusqu'à demain.

— Oh! non... non, pas demain... mais aujourd'hui... à l'instant même... au nom du ciel, au nom de notre amour, ne me refusez pas... — vous voyez que j'attends... vous voyez que je me meurs d'impatience et d'angoisse... — si vous refusez de me répondre... Nanette, oh! Nanette... c'est que je me suis trompé... c'est que vous ne m'aimez pas...

— Demain... — répéta la jeune fille, — et jusque là, mon ami, ne doutez point de moi, car ce serait bien mal... et croyez que jamais... jamais... personne n'a aimé plus que je vous aime...

Le prince insista vainement. Nanette se montra inflexible, et, aux ardentes prières de son amant ivre d'amour, elle ne répondit que par ce même mot :

— Demain...

Pierre de Courtenay, vaincu, se retira désespéré.

— Pourquoi remettre au lendemain, — se disait-il, — cette réponse qu'il eût été si facile d'accorder sur-le-champ ?... — pourquoi différer le bonheur quand la vie est si courte ?... — pourquoi lui imposer toute une longue journée d'attente et d'angoisses? — Oh! Nanette était bien cruelle !... Et la conclusion obstinée de ces douloureux raisonnements était celle-ci :

— Ce que Nanette éprouve pour moi, c'est de la pitié !... mais point de l'amour !... — Elle ne m'aime pas !... elle ne m'aime pas...

## XI

### La dernière lettre.

Le lendemain matin, après une de ces nuits sans sommeil qui, en quelques heures vieillissent un homme de dix ans, Pierre de Courtenay, reçut, des mains de son valet de chambre, une lettre dont l'écriture bien connue le fit pâlir. La main qui en avait tracé la suscription était la même qui, deux fois déjà, lui avait écrit sous le prétexte trompeur d'un lien de parenté imaginaire. — La main de Nanette Lollier. Il déchira l'enveloppe, comme jadis Pandore dut soulever le couvercle de cette funeste cassette d'où s'échappèrent tous les fléaux qui règnent en maîtres sur le monde, — il lut et il demeura comme foudroyé. Voici ce que contenait cette lettre.

« Oh ! non, ne doutez pas de moi, mon bien-aimé, — oh ! non, ne me maudissez pas à cause de cette cruelle preuve d'amour que je vais vous donner en brisant mon cœur et, hélas ! aussi le vôtre... Pierre, je ne peux pas, — entendez-vous bien, — JE NE PEUX PAS être votre femme. Il y a entre nous une barrière. Ce n'est pas mon humble naissance... — ni l'état que je quitte, — ni les vains préjugés du monde... Cette barrière est plus sérieuse, — elle est terrible, — elle est infranchissable... — et, malheureuse folle que je suis, dans mon aveuglement fatal, je l'avais oubliée !... Lorsque j'ai entendu prononcer votre nom pour la première fois, — lorsque j'ai su que vous étiez le prince Pierre de Courtenay, j'aurais dû fuir... j'aurais dû m'exiler à l'autre bout du monde, — j'aurais dû mourir, s'il l'avait fallu, pour ne plus vous revoir... Mais je vous aimais déjà... et le courage m'a manqué, et voici que nous sommes deux à souffrir... Quand vous recevrez cette lettre, Nanette la bouquetière, — Nanette que vous avez aimée, — aura quitté le monde pour n'y rentrer jamais... elle aura été offrir à Dieu, dans un cloître, ce cœur qui est tout à vous... triste hommage, que Dieu seul est assez grand, assez bon, pour accepter. Je laisse à mes parents la part de ma fortune que j'ai gagnée en vendant des fleurs. — Quant au million que vous avez reçu au nom de votre parente, conservez-le, *il est à vous*, — écoutez-moi et comprenez-moi, Pierre, — *il est à vous*, bien à vous, — ce n'est pas un présent, c'est une RESTITUTION. — Si vous m'aimez encore, ne cherchez point à découvrir le sens fatal de ces paroles... il y a là un secret, Pierre, il y a là un crime, mais je pourrai lever le front devant mon Dieu, sans rougir, car de ce crime, je suis innocente... Pourrez-vous lire cette lettre?... — les traces de mes larmes effacent chaque ligne... — je souffre... — il me semble que je vais devenir folle ou mourir... — mon cœur se brise, — ma tête s'égare... — et cependant j'ai bien besoin de force encore, car je ne suis pas au bout et l'épreuve commence à peine. Vous souvenez-vous, Pierre, de ce que, sous le nom d'un autre, je vous écrivais il n'y a pas longtemps?...

« — Avoir été aimée de vous », — vous disais-je «, — c'est un assez grand bonheur pour remplir tout le reste d'une vie... » — Je vais vous prouver que je disais vrai...

« Adieu... adieu, mon fiancé d'une heure, adieu!... — pensez parfois à la pauvre fille qui, du fond du cloître, vous aimera toujours et priera sans cesse pour vous...

« Adieu encore !... — nous nous reverrons un jour, bientôt peut-être... mais plus en ce monde...

« NANETTE. »

Pierre de Courtenay, quand il eût bien compris toute l'étendue de son malheur, — quand il fut revenu au sentiment de sa situation, — s'élança hors de chez lui, comme un fou, — tête nue, — sans épée. Il courait à la rue Saint-Honoré. A quelques pas de la maison des Lollier, il rencontra Marcel.

— Où est Nanette ? — lui cria-t-il.

— Monseigneur, — répondit le jeune homme, stupéfait du désordre et des yeux hagards de son interlocuteur, — Nanette est sortie il y a deux heures...

Elle a fait demander un fiacre, et elle nous a dit qu'elle allait à l'Archevêché... je pense qu'elle rentrera bientôt...

— Bientôt ! — répéta le prince avec un éclat de rire insensé, — elle ne rentrera pas !... elle ne rentrera jamais !..

— et vous l'avez laissée partir !... — ah ! vous ne l'aimez pas !... vous ne l'aimez pas !...

Et Pierre de Courtenay, abandonnant Marcel sans ajouter une parole, reprit sa course furieuse en se dirigeant vers l'Archevêché. Les valets du prélat connaissaient le prince et répondirent à ses questions. Une heure avant ce moment, l'archevêque de Paris avait demandé son carrosse et il était sorti, accompagné de son grand vicaire et d'une jeune fille. Seulement on ne savait pas où monseigneur était allé, non plus que quand il rentrerait. Pierre de Courtenay s'évanouit. On le transporta chez lui, — il ne reprit connaissance que pour entrer dans les accès d'un délire furieux. Pendant quinze jours, il fut entre la vie et la mort, — au bout de ce temps il fut sauvé, mais ce ne fut qu'un mois plus tard qu'il apprit que Nanette Lollier venait d'être admise, comme novice, parmi les Carmélites de la rue du Bouloy. C'était là que l'archevêque de Paris la conduisait, toutes démarches pour se rapprocher d'elle étaient inutiles, — le prince n'en essaya aucune. Jamais on ne l'entendit à l'avenir prononcer le nom de Nanette, mais jamais il n'oublia la pauvre enfant qu'il avait tant aimée. Il ne se maria point, — il vécut seul et triste, — il mourut jeune et inconsolé. Nanette l'avait précédé d'un an là-haut, où se rejoignent les cœurs séparés sur la terre. La famille de Courtenay est éteinte.

§

Il ne nous reste que quelques mots à dire, mais ces quelques mots aideront à soulever le voile mystérieux qui s'étend sur certaines parties de notre récit. L'intendant du vieux prince Jean de Courtenay, alors qu'il remplissait, pour le compte de son maître, les honorables fonctions de Mercure galant, prenait, — dit une chronique secrète de l'époque, — le nom de guerre de *Grain-d'Orge*. Quant à la ruine subite et incompréhensible du même Jean de Courtenay, elle s'explique facilement. Le vieillard, au dernier moment de cette vie, mêlée de grandes vertus et de vices honteux, — avait cru pouvoir, en déshéritant son fils légitime, en vouant à la froide misère l'héritier de son nom, — avait cru, disons-nous, payer sa dette à la victime de ses impuissantes amours. C'était expier un crime par un autre crime, plus grand encore peut-être! Heureusement que la justice de Dieu et le cœur de Nanette Lollier en avaient décidé autrement.

FIN.

F. Aureau. — Imprimerie de Lagny

www.ingramcontent.com/pod-product-compliance
Lightning Source LLC
Chambersburg PA
CBHW070823170426
43200CB00007B/884